Wilfried von Bredow · Thomas Noetzel

Zombies

Politische Theorie für das 19. Jahrhundert

Dritter Teil

Daedalus Verlag

Umschlagabbildung aus:
Chris Baldick, *In Frankenstein's Shadow – Myth, Montrosity, and Nineteenth-century Writing*, Oxford 1990

Die Deutsche Bibliothek – CIP-Einheitsaufnahme

Bredow, Wilfried von:
Politische Theorie für das 19. Jahrhundert / Wilfried von Bredow;
Thomas Noetzel. - Münster : Daedalus
NE: Noetzel, Thomas:
Teil 3. Zombies. - 1996
ISBN 3-89126-056-3

Oderstraße 25 · D - 48145 Münster

Umschlagentwurf: Dieter Kreuchauff
Gesamtherstellung: WB, Rieden
Printed in Germany
ISBN 3-89126-056-3

Inhaltsverzeichnis

Einleitung

Menschen-Konstrukte: Haftungsprobleme der Individuen und ihre Anordnung zur Gesellschaft

Mit einer Messerspitze Sarkasmus nennen wir unsere Untersuchungen zur politischen Theorie für das 19. Jahrhundert, die auch eine politische Theorie vor dem 20. Jahrhundert ist, eine ›antizipatorische Archäologie‹. Es geht uns dabei um genau das, was die Überschrift dieser Einleitung ausdrückt – die Konstrukte der Menschen in der Moderne, die Blaupausen dafür und um das, was nach den komplexen Mischungen und Erhitzungen aus den vorgefertigten Schablonen für den ›neuen Menschen‹, den das 20. Jahrhundert beanspruchte, heraussprang.

Denen, uns, wird ja zugestanden oder zugemutet, als Individuen für sich selbst und alles, was sie, was wir, tun, restlos verantwortlich sein zu dürfen/müssen. Jedenfalls für die Zeitspanne zwischen auslaufender Jugendlichkeit und einsetzendem Altersstarrsinn. Zugleich unterliegen sie, wir, als Mitglieder von Gruppen und Kollektiven, zumal Gesellschaften, immer mehr Regeln, welche die Individualität beschneiden, abhandeln oder die sich als Gefäß anbieten, in das man diese Individualität wie eine milde Gabe in die Schale eines Bettlers hineinlegen kann. Damit man, im Bewußtsein korrekten Benehmens, nichts davon wiedersieht.

Zombies – handkoloriert

Die Formulierung Lyotards vom »Ende der großen Erzählungen« ist gerade dabei, zu einer allzu griffigen Formel zu erstarren. Doch wäre es nur ein zeit-versetztes Nachlaufen der intellektuellen Mode, wollte man sie deswegen als irrelevant abtun. Vielleicht ist die Wahl der Metapher von der Erzählung nicht ganz glücklich. Wofür diese aber steht, nämlich die Mythen des Menschheits-Fortschritts in ihren Projektionen auf ein hehres Ende oder ein schreckliches Ziel der

Geschichte, das kann nicht einfach so abgedrängt werden, wenn es auch, aus Furcht und Bequemlichkeit, immer auf's Neue zu widerlegen versucht wird. Die »großen Erzählungen« haben versucht, einen »großen Prozeß« zu beschreiben und in einen Rahmen einzupassen. Kurios ist, daß diese Mühen in dem Augenblick bodenlos werden, in dem der »große Prozeß« der planetarischen Globalisierung eine neue Dynamik erfährt.[1]

Diese eigenartige Konstellation läßt sich in zwei Thesen zusammenfassen:

– Die Expansion des europäischen zum globalen System politischer, wirtschaftlicher und kultureller Beziehungen sowie das Entschwinden der Verbindlichkeit von transzendenten Lebensperspektiven bewirken eine Art Diesseits-Universalismus, dem die Ruhe für einen verläßlichen Sinn der eigenen und der Existenz von allen und allem anderen abgeht. Auch die nachdrücklichsten Bekräftigungen einer individuellen oder kollektiven Sonderbeziehung mit einer aus irgendeinem Jenseits irgendwie legitimierten Autorität bleiben immer fragil, weil der vitriolischen Wirkung der Sinn-Erosion ausgesetzt.

– Die »Umwandlung der Eschatologie in Utopie«, Folge der Säkularisierung im europäischen 18. Jahrhundert, spiegelt(e) die Möglichkeit vor, die Verlaufsstruktur der Geschichte (im Diesseits) zu erkennen und sein eigenes und das Handeln der anderen so zu planen, daß Fortschritt akkumuliert werden könne.[2] Am Ende des 20. Jahrhunderts stehen wir auch nicht viel anders da mit unserem Umwandlungs-Latein; nur sind wir um ein paar schreckliche Erfahrungen reicher. Es funktioniert nicht, weder im Kleinen, noch im Großen.[3]

Selbstverständlich hat es immer auch Gegenbewegungen gegeben. Der Diesseits-Universalismus wird aufgehalten durch die ununterbrochene Folge von Renaissancen religiöser Gruppen und Bekenntnisse. Er stößt auf den erbitterten Widerstand aus diesen Reihen, keineswegs nur am Rande der Reichweiten christlich-abendländischer Weltbild-Traditionen. Die großen und vor allem die nicht ganz so großen Erzählungen vom verbürgten Sinn des Lebens in der Transzendenz finden immer wieder Zuhörer, und diese Nachfrage schafft sich immer erneut ein Angebot. Allerdings sind die Zuhörer als Medienverbraucher oft unaufmerksam und zudem beunruhigt, weil sie Angst haben, sie könnten ihre Zeit zu verplempern. Und Utopien, selbst wenn sich ihretwegen gerade einmal wieder Katzenjammer ausbreitet, werden ja nicht einfach ad acta gelegt, sondern recycelt und modisch umgeschliffen.

Da wir gerade mit dem Begriffspaar Nachfrage/Angebot operieren – es läßt sich auch noch auf einer anderen Ebene in der Geschichte der Moderne anwenden. Der Siegeszug von technischer Rationalität, Kapitalismus und industrieller Produktionsweise kam erst richtig in Schwung, als mehr und mehr soziale, politische und wirtschaftliche Haftungen sich zu lösen begannen. Hier versprach die Entwicklung, so postulierten es ihre Protagonisten, eine völlig neue Gesellschaft mit völlig neuen Menschen. Der emphatisch so bezeichnete Neue Mensch wird von ihnen »als durch die gesellschaftlichen Kräfte herstellbar, planbar und in der Vorstellungswelt einiger Strömungen auch biologisch züchtbar gedacht«.[4]

Die Entlarvung des vorgefundenen Menschen als antiquiert, prähistorisch, unbrauchbar und die Herstellungskataloge für den neuen Menschen, der als zeitgemäß, auf der Höhe der geschichtlichen Anforderungen und vielfältig einsetzbar gedacht wird, das ist unser Thema. Die Menschen-Schablonen-Bastelei ist nun eine Beschäftigung, die in der Moderne[5] immer schon eifrig betrieben wurde. Sie hat jedoch am Ende des 19. und in Erwartung des nächstfolgenden Jahrhunderts einen mächtigen Auftrieb bekommen.

Die Resultate... nun, sie sind im günstigsten Falle zwiespältig. Wir sprechen von Zombies. Hübsch verziert sind sie ja manchmal. Zombies heißen uns nicht gegen ihren Willen durch Zaubermagie zu Untoten gemachte Menschen; sondern die geplanten, erzogenen, coupierten, dressierten, eingepaßten, auf die ihrerseits durch eigentümliche Wahrnehmungsfilter hindurchgetriebe Bedürfnisse moderner Gesellschaften hin ausgerichteten, einheitlich bebrüteten und gebürsteten Individuen, die ihren vorgeblichen Zweck in dem mit unterschiedlichsten Inhalten aufgefüllten Satz »einer für alle« finden sollen. Den Legitimationen der Großgruppen, als Nation, Klasse, Rasse, Sekte, Firma usw., kommt hier oberste Priorität zu. Widersprüche zwischen dieser Forderung und der ja auch immer weiter proklamierten Individualität (jeder ist einmalig, und jede auch, aber alle sind gleich) sowie unterschiedlichen Akzentuierungen bei Mehrfachzugehörigkeiten (die die Regel sind, und zwar ausnahmslos) geben den Stoff ab für Kulturkritik und Schriftstellerei. Zombies verfügen nicht über die Gewißheit oder auch nur berechtigte Gründe für die

Vermutung, daß sie nach ihrem Erdentod irgendwo anders weiterleben. Sie sind keine Untoten; sie wären es gern. Sie lassen es sich einreden, mit immer wieder neuen Tricks.

Da gibt es zum Beispiel die Inflation von Sinn-Angeboten für die Individuen, aber auch für Kollektive. Überall Surrogate für die verloren gegangene Gewißheit des Lebens nach dem Tode (eines darunter die sich modernisierenden Heilsversprechungen der Kirchen). Das ist nicht hämisch gemeint – für manche ergeben sich durch die Annahme des einen oder anderen Sinn-Angebots lebenslange Stützungen. Sie würden es deshalb gar nicht verstehen, bezeichnete man ihre Selbst- und Weltkonstruktion als zur Tugend verklärte Not oder als ersatz-schaffende Handlung.

Heikler wird es indessen, wenn über solche Sinn-Konstrukte die Individuen in Macht- und Gewaltverhältnisse gezogen werden. Macht und Gewalt können in sehr verschiedenen Formen auftreten, von altertümlicher physischer Repression bis hin zu den raffiniertesten psychischen Manipulationen des Gedächtnisses. Alle möglichen Mischformen sind denkbar und ausprobiert worden. Als Objekte solcher Zugriffe werden die einzelnen dazu gebracht, was sie dann als riesenhafte Entlastung empfinden, ihrer Individualität eine Form zu geben, die sie in große Kollektive einpaßbar macht. Dieser Mechanismus bewirkt im Extremfall, daß ganz ›normale‹ Menschen, Zombies eben, unbeschwert an Massenmorden teilnehmen. »Nirgends wurden so viele Menschen in so kurzer Zeit umgebracht wie unter Hitler und Stalin. Diese neue Dimension war jedoch nur das Nebenprodukt eines weitaus entscheidenderen Merkmals. Der moderne Massenmord ist charakterisiert durch den vollkommenen Mangel an Spontaneität einerseits und das Vorherrschen rationaler, kalt berechnender Planung andererseits.«[6]

Schließlich spielt die Zeit hier eine besondere Rolle. Die Transzendenz macht das Leben im Diesseits, auf Erden, zu einer Episode; das Eigentliche ist die Ewigkeit. Wessen muß man also gewärtig sein, wenn die Lebens- und Sinn-Perspektive der Individuen über ihre eigene (aktive) Lebenszeit nicht hinausreicht? Es handelt sich dabei um eine überaus kurze Frist. Wenn sich innerhalb dieser Frist entscheiden muß, ob das eigene Leben als sinnvoll oder als mißglückt empfunden wird, erhalten Phänomene wie manifeste oder strukturelle Benachteiligung, Wohlstandsgefälle und das Ausbleiben von Chancen zur sofortigen Veränderung der Verhältnisse einen ganz anderen Stellenwert. Es gibt keine Vertröstungen mehr. Soziale Konstrukte, gleichviel ob mit tiefreichenden historischen Wurzeln wie die Familie oder erst relativ jungen Datums wie die Nation können zwar ›Fristverlängerungen‹ individueller Sinn-Perspektiven bewirken. Sie stehen jedoch in der Moderne immer und grundsätzlich unter dem Druck konkurrierender Sozialkonstrukte. Gewiß bieten sich jede Menge kleine Fluchten an: vom täglichen Horoskop bis zur Konversion auf dem Totenbett. Aber das sind nur Kurzzeit-Stützungen. Auch traut man ihnen nicht so ganz.

Die Moderne und ein Druckfehler

Walker Percy denkt, eine Theorie des Menschen sei möglich; nach diesem vielversprechenden Trompetenstoß bleibt es bei ihm doch eher ausgemacht, daß die Fähigkeit des Menschen, sich Definitionen zu entziehen, vielleicht wichtiger sei als all die Merkmale und Eigenschaften, die ihm zugeschrieben werden.[7] Das soll wohl so sein. Aber wenn schon einer unserer Lieblingsschriftsteller[8] einmal zu einer Theorie des Menschen sich aufschwingt (eigenartig, dieses Reflexivpronom!), dann glänzt er mehr mit einem Druckfehler als mit brillanten Einsichten vom Wesen oder Unwesen des Menschen. Percy verweist auf das Konzept der Existentialisten mit seiner Gegenüberstellung von *»world as opposed to an environment«*, und er gibt seinem Fund ein geographisch-kulturelles Etikett, indem er hinzufügt »Welt instead of Unwelt«[9].

In der angelsächsischen Welt werden deutsche Namen und Begriffe mit konstanter Nonchalance falsch buchstabiert, was weniger das eigene Nationalgefühl verletzt, eher ein bißchen irritiert und vergnügt. Hier nun beschert uns die Verwechslung zweier Buchstaben, das Weglassen eines Fliegenbeins sozusagen, ein kleines Aha-Erlebnis.

Die Moderne als historische Zeiteinheit ist nach einer längeren Vorlaufsphase geistig mit der Aufklärung, technisch-wirtschaftlich mit der Industriellen Revolution und politisch mit den Revolutionen in Nordamerika und Frankreich zum Durchbruch gekommen. Gerade wegen der zeitlichen Nähe dieser drei Ereignisse erscheint es sinnvoll, in der zweiten Hälfte des 18. Jahrhunderts eine Zäsur zu erkennen – danach beschleunigte sich der Prozeß der Modernisierung auch deshalb, weil die verschiedenen Sphären immer weniger voneinander getrennt gehalten werden. Das Entstehen von immer mehr verschiedenen Arbeitsbereichen und Lebensperspektiven bedeutet ja nichts anderes, als daß auch immer mehr neue Verklammerungs-Instrumente gefunden und wirksam werden müssen, die expandierende Gesellschaft zusammenzuhalten. Der wichtigste Instrumenten-Koffer hier ist die Politik, der die Aufgabe zufällt, die Muster der gesellschaftlichen Integration zu legitimieren und den Vorgang selbst steuerndem Zugriff zugänglich zu machen.

Die Moderne als historische Sequenz ist ferner dadurch gekennzeichnet, daß sie ihre Produktions- und Reproduktionsmuster global ausweitet. In früheren Epochen gab es häufig mehrere voneinander unabhängige internationale Systeme[10] ; im 19. Jahrhundert hat sich das europäische internationale System mit einem zweiten Kolonisierungsschub heftig (und gewaltsam) zu globalisieren begonnen. Dies hat zwar auf der einen Seite die regionalen europäischen Prämissen dieser Expansion verändert. Zugleich jedoch sind andere Kulturen, Produktions- und Reproduktionsweisen mehr und mehr zurückgedrängt worden. Der westliche »Diesseits-Universalismus« herrscht nicht unbestritten. Aber er herrscht[11]. Das läßt sich nicht zuletzt daran ablesen, daß alle Strömungen, die sich – etwa unter Hinweis auf eine für sie nach wie vor gültige Transzendenz – dem Modernisierungs- und Verwestlichungsprozeß entgegengestellt haben oder es heute tun, in dieser Haltung von der Modernisierung eingeholt und überrollt werden, ja sich vielfach, oft ungewollt und unbewußt, zu deren Agentur machen. Zwischenzeitlich entstehen dann eigentümliche Sinn-Synkretismen, Misch-Produkte von Lebenssinn, Todesfurcht und Diesseitsbewältigung.[12]

Die Menschen der Moderne wollen sich selbst gewinnen. Es gibt eine riesige Menge von Metaphern, Konzepten, Symbolen und cries de coeur, welche diesen Gewinn als das Ziel aller Ziele preisen; sapere aude, nichts zu verlieren als die Ketten, Emanzipation, Selbstverwirklichung, aufrechter Gang usw. Alles was sich dem entgegenstellt, wird als Unwelt entlarvt. Zugleich jedoch stellt sich immer neu heraus, daß die Balance von Ich und Welt, Individuum und Gesellschaft, Leben und Tod mit den alten Beständen an Normen, Werten und Verhaltensweisen nicht zu erreichen oder zu halten ist. Von daher rührt im übrigen auch jener lähmende Wiederholungszwang, dem die generationsspezifischen Auf- und Ausbrüche, speziell seit dem Ende des 19. Jahrhunderts, unterliegen. Ob das Steckenbleiben der soziokulturellen Reform- und Emanzipationsdiskurse bei gleichzeitiger Beschleunigung von Wissenschaft und Technik an den Katastrophen der

Politik im 20. Jahrhundert einen ursächlichen Anteil hat, wird uns noch beschäftigen.[13]

Untersuchungen an Menschen

Die Texte des 19. Jahrhunderts, in denen sich die Modernisierungsdynamik der Moderne zeigt, lassen sich heute oft genug als Verlustanzeigen lesen. Wer genügend Distanz besaß, nicht dem Rausch der Fortschrittsrhetorik zu verfallen oder sich im Wahn der säkularisierten Teleologie zu verlieren, konnte sich Anfällen von Transformations-Melancholie nicht erwehren. Ihr verdanken wir einen ganzen Kanon großer literarischer Texte, von Balzac bis Flaubert, von Dickens bis George Eliot, von Immermann bis Raabe. Freilich brachten auch die Fortschrittseuphoriker ihre Angebote auf den Markt, oft äußerlich simpel gemachte Komplexsysteme mit Mobilisierungs-Potential und dem Charme von circensischen Schwindelunternehmen. Zwischen einem Mesmer, einem Comte, einem Pius IX und einem Wilhelm II gab es diesbezüglich wenig Unterschiede.

Gegen Ende des 19. Jahrhunderts wurden die Dissonanzen schriller, die Ängste apokalyptischer. Die Patentrezepte zur Änderung des Menschen und zur Wendung seines individuellen Unglücks in Glück und Zufriedenheit aller mit allen (abzüglich einiger gar nicht so weniger) wurden auf der einen Seite der Skala immer gröber, auf ihrer anderen Seite immer subtiler.

Diese Dissonanzen, Ängste und Patentrezepte zu deren Heilung sind das Thema dieses Buches. Dabei fesseln uns insbesondere die Klagen über die Widerspenstigkeit der Welt, die dem Ich als Unwelt, als unechte Welt, erscheint, ihm keine Entfaltung erlaubt, es würgt und im äußersten Fall in den Tod treibt. Die eher stoisch bleibenden oder in einer solchen Haltung posierenden Beobachter (der Unterschied ist hier nicht so wichtig) konstatieren die Unvermeidbarkeit der Zwiespältigkeit von Modernisierungsprozessen, darunter der manchmal etwas mühsam die contenance bewahrende Max Weber oder der staunende Ironiker Heinrich Wolfgang Seidel. Die dem Bürgertum mit mal parasitärer, mal aristokratischer Abneigung (auch dieser Unterschied fällt hier nicht weiter ins Gewicht) verbundenen Künstler klagen über den Zerfall echter Bindungen zwischen den Menschen. Wer aus der Gesellschaft herausfällt, wird von ihr überwacht; und wie die Geisterstimme aus »17 und 4« ruft Friedrich Nietzsche sein »Rien ne va plus! So what?« dazwischen. Wie er ja auch zu verstehen gibt: Ihr sei die Zombies! Euch geht es, weil Gott tot ist und ich mich nicht gut fühle, ganz schön schlecht. Leise murmelt Robert Walser vor sich hin: »Täglich finde ich neue Lehren, aber ich nahm mir, gleichsam im Gleichgewichtsinstinkt, vor, mich nicht zu sehr mit ihnen zu beschäftigen... Um der Munterkeit willen will ich nicht zu viel beherzigen.«[14]

Im zweiten Teil führen wir dann, ebenfalls durchaus nicht mit dem Anspruch auf Vollständigkeit oder Repräsentanz, einige Beispiele für das *design* des neuen Menschen vor, der es unter den unwirtlichen Verhältnissen der großen Transformation besser aushalten kann, der besser in sie einpaßbar ist und der somit seinen Beitrag liefern kann zum größten Glück der größten Zahl. Solange es sich dabei um Simulationen handelt, für die zwischen Innigkeit und Sarkasmus alle Ausdrucksmöglichkeiten passen, macht es Laune: Bayreuth als Zombie-Kurort. Jedoch wird es umstandslos ernst, es geht in den »Ernstfall« über; was im späten 19. und im ganzen 20. Jahrhundert immer heißt: physische Gewalt, Folter, Krieg.

Dies ist nämlich das Markenzeichen des neuen Jahrhunderts: physische Gewalt, Folter und Krieg als Mittel zur Neuordnung gesellschaftlicher Verhältnisse. Dafür braucht es Zombies, nur solche können das aushalten. Sie werden, damit man sie unterscheiden kann, coloriert; die edleren Exemplare sogar mit der Hand.

In diesen Sog von Gewalt wird schließlich alles hineingezogen, auch die dunklen Kontinente und die letzten Inseln des Exotismus. Ein Sonderfall der Untersuchungen an Menschen stellt die Psychoanalyse dar, die wir mit großem Respekt behandeln, jedoch auch mit wachsender innerer Distanz.

Am Ende des 20. Jahrhunderts mit seinen Schreckensbilanzen sehen wir erstaunt, wie bruchlos das 19. Jahrhundert in das nächste überging. Unsere politische Theorie für dieses 19. Jahrhundert ist kein Regelsystem mit Prämissen und Deduktionen. Sie soll allerdings ein Zuordnungs-Kurs für Beobachtungen und Horizonte sein, ein Probe-Gelände für die Auslegung des 20. Jahrhunderts, von dem wir gerade wahrnehmen, wie es sich anschickt, bruchlos in das nächste überzugehen. Keinesfalls haben wir eine Art »Verfallsgeschichte« der Moderne im Sinn, was ja nur eine auf den Kopf gestellte Teleologie wäre. Angesichts der Massenvernichtungen im 20. Jahrhundert erscheinen nicht nur uns Konzepte wie geschichtlicher Fortschritt oder geschichtlicher Verfall längst nicht mehr recht handhabbar. Und im übrigen muß man sich auch bei diesen Geschichten vor billigem oder teurem Moralisieren hüten. Das Moralische versteht sich, unter uns, immer von selbst. Was sich nicht von selbst versteht, ja immer neu ganz unverständlich wird, wenn man darüber nachdenkt, ist der Erfolg der Zombiisierung, der »Verheißungen vor dem Tode« in einer Welt, in der jeder und jede »einmalig wie wir alle« sind.[15]

1.
Vermessung der Devianz: Schablonen für böse und bessere Monster

Für viele Gemäldesammler, Museumsdirektoren und Kunsthistoriker muß Giovanni Morelli (1816-1891) eine Plage gewesen sein. Unermüdlich besuchte der italienische Arzt (mit dem Schwerpunkt vergleichende Anatomie), Politiker und Connoisseur die berühmten Sammlungen Europas; unermüdlich dabei vor allem sein Bemühen, die ausgestellten Werke neu zu klassifizieren. So manches Original – insbesondere der italienischen Renaissancemalerei – entpuppte sich unter dem gnadenlosen Blick dieses Kritikers als vermessene Kopie. Was bis dahin als Werk eines der alten Meister angesehen worden war, entschleierte sich für Morelli oft allerhöchstens als die bemühte Arbeit von Schülern und Gehilfen. Da ging manches Geschäft, manche Spekulation mit dem Wert der Kunst kaputt. Mancher Sammler mußte bittere Enttäuschungen hinnehmen. Ab und zu gab es für die jeweiligen Besitzer auch erfreuliche Aufwertungen. So hat Morelli etwa die Urheberschaft Giorgiones an der »Schlafenden Venus« nachgewiesen, die bis dahin als Kopie eines im Original verlorengegangenen Bildes von Tizian von Sassoferrato gegolten hatte.[1] Allerdings hängt den Mühen des Entlarvens immer etwas Abwertendes an.

Morellis Arbeit erschien diesem selbst so brisant, daß er seine ersten Veröffentlichungen über den Lug und Trug in den Gemäldegalerien unter einem Pseudonym veröffentlichte. Aus dem Italiener Giovanni Morelli wurde der Russe Iwan Lermolieff (ein etwas verunglücktes Anagramm), dessen Schriften angeblich von einem Deutschen namens Johannes Schwarze (die deutsche Übertragung von Giovanni Morelli) übersetzt worden waren. Morelli alias Lermolieff alias Schwarze ging also ein wenig getarnt an die Darstellung seiner Untersuchungsergebnisse. Und diese Skizze einer Störung des europäischen Kunstbetriebs könnte hier beendet werden, wenn sich mit seinem Namen nicht mehr verbände als kunsthistorische Skurillität. Aber die Geschichte Giovanni Morellis ist über diesen Kontext hinaus wichtig für eine Beobachtung von sozialen und politischen Wahrnehmungsweisen an der Wende zum 20. Jahrhundert, weil in ihr ein Modell der Wirklichkeitserkundung erfunden und durchexerziert wird, welches die Konstruktionen des Realen tiefreichend verändert.

Der Blick fürs Detail

Schaut man in die kunsthistorischen Veröffentlichungen Morellis, so fallen sofort die vielen anatomischen Detailabbildungen auf. Besonders haben es dem Autor Serien von Ohren, Ohrläppchen, Fingern, Knöcheln, Nägeln, Falten usw. angetan. Doch diese Reihungen manifestieren nicht nur das Interesse des Anatomen an der Kunst, sondern sind die wichtigsten Unterscheidungsmerkmale des Kunstkenners. Galt bis Morellis neuer Methode der Kunstbetrachtung ein eher holistisches Vorgehen bei der Klassifizierung von Gemälden, das vor allem auf den »Geist« des Werks zielte und über eine Untersuchung von Bildinhalten, -themen und -gegenständen auf den Künstler schloß, so wandte sich Morelli vermeintlich unwichtigen Einzelheiten zu: »... nach dem Antlitze (ist) die Hand der vergeistigste, charakteristischste Theil des menschlichen Körpers. Nun sind die meisten Maler, und das mit vollem Recht, gewohnt, den Hauptaccent ihrer Kunst auf das Gesicht zu legen, und dasselbe so bedeutungsvoll wie möglich darzustellen, wobei es bei Schülern oft vorkommt, daß sie Seitenblicke auf die Werke ihres Meisters werfen. Das Nämliche geschieht aber nicht wohl oder nur sehr selten bei der Darstellung der Hände und der Ohren, die in jedem Individuum doch wieder verschieden gestaltet sind. Jeder bedeutende Maler hat, so zu sagen, seinen ihm eigenthümlichen Typus von Hand und von Ohr. Man vergleiche z. B. die Hände in den Bildern des jugendlichen Raffael... mit den Händen in den Werken seines Lehrers Perugino, und man wird in denselben einen sehr merklichen Unterschied finden zwischen dem Schüler und dem Meister. Namentlich in den Bildern seiner (Raffaels, d. Verf.) s. g. zweiten Manier... ist die Hand breit und etwas platt im Metacarpium, fett, knorrig in den Fingergelenken, hat sie zumal mit ihren flachen, abgeschnittenen und über die Fingerspitzen hinausragenden Nägeln einen, wenn ich mich so ausdrücken darf, hausbackenen bürgerlichen Charakter. Nach 1507 ungefähr, als er mehr mit Leuten aus der höheren Gesellschaft in Berührung gekommen, veredelt Raffael ein klein wenig die Hand..., um dann später zur idealen, aristokratischen Hand... zu gelangen.«[2]

Demgegenüber ist etwa die Hand in den Bildern Fra Filippos «... nicht schön geformt, sondern plump, schwerfällig und schlecht in der Modellirung; auch sein Ohr hat eine runde, klotzige Form und ist gewöhnlich einwärts gebogen.«[3] Ein anderer Maler sei an dem »Ansatz der Finger an der Hinterhand« zu identifizieren, die so scharf gezeichnet seien, daß «... diese zwei Theile nicht in einander gewachsen, sondern fast wie an einander geleimt aussehen. Die Finger sind lang, hölzern und wenig belebt.«[4] Genau werden Vorder-, Mittel- und Hinterhand untersucht, die Fingergestaltung wird nach den einzelnen Knöcheln systematisiert. Nägel spielen eine wichtige Rolle; die Gestaltung des Nagelbettes findet Erwähnung ebenso die jeweilige Form des Nimbus. Ähnliche Unterscheidungskraft beweist Morelli in seinen Abschnitten über die Ohren und Augen; bei letzteren lauten einige Basiskategorien: eingesackt/nicht eingesackt, umrändert, faltig, tiefliegend.

Dem anatomischen Detail kommt nun deshalb eine besondere Bedeutung zu, weil ihm gemeinhin keine Beachtung geschenkt wird: »Wie die meisten Menschen, sowohl die redenden als die schreibenden, beliebte Worte und Phrasen, angewöhnte Redensarten haben, die sie, ohne dessen sich zu versehen, oft anbringen und nicht selten auch da, wo sie gar nicht hingehören, so hat auch fast jeder Maler solche angewohnte Manieren, die ihm entschlüpfen, ohne daß er derselben gewahr werde. Ja es geschieht selbst, daß der Künstler manche seiner physischen Gebrechen und Unarten in sein Werk überträgt.«[5]

Authentizität fußt in dieser Wahrnehmung auf dem beiläufigen Ausdruck unbewußter Charaktereigenschaften. Die Wahrheit entsteht absichtslos. Und gerade weil dem Individuum diese Verbindung selbst unbewußt bleibt (jedenfalls solange ein an Morelli geschulter Maler noch nicht anfängt, das Beiläufige zu simulieren), findet der Kunstkenner hier ein sicheres Fundament, um die Urheberschaft an Gemälden, Skulpturen etc. zweifelsfrei feststellen zu können. Morelli entwirft in diesem Zusammenhang ein Vokabular, dessen sich u. a. Freud bedienen wird, der an einer Stelle seiner Schrift über Michelangelo Morelli auch erwähnt: »Lange bevor ich etwas von der Psychoanalyse hören konnte, erfuhr ich, daß ein russischer Kunstkenner, Iwan Lermolieff.., eine Umwälzung in den Galerien Europas hervorgerufen hatte, indem er die Zuteilung vieler Bilder an die einzelnen Maler revidierte, Kopien von Originalen mit Sicherheit unterscheiden lehrte und aus den von früheren Bezeichnungen frei gewordenen Werken neue Künstlerindividualitäten konstruierte.... Ich glaube, sein Verfahren ist mit der Technik der ärztlichen Psychoanalyse verwandt. Auch diese ist gewöhnt, aus geringgeschätzten oder nicht beachteten Zügen, aus dem Abhub - dem refuse - der Beobachtung, Geheimes und Verborgenens zu erraten«.6 Das Bedürfnis Freuds, bei der Erkundung der Individuen zu einer unbestreitbaren, sicheren Basis zu gelangen, läßt ihn auf Morelli stoßen, dessen Methoden zwar neu, aber keineswegs »sicher« und unumstritten waren.[7] Autoritätsgewinn durch Autoritätszuschreibung gehört zur Grundausstattung des Freudschen Denkens. Doch der psychoanalytischen Vermessung des Subjekts wird an anderer Stelle ausführlich nachgegangen. Schon hier kann aber auf die Semiotik der Psychoanalyse hingewiesen werden. Freud u. a. entziffern Traum und Rede von Zigarren, Regenschirmen und Pfeifen als sexuelle Symbole; die Nase spielt auch in diesem Kontext eine übergeordnete Rolle, wobei sie für Wilhelm Fließ gleich doppelt codiert als männliches und weibliches Sexualorgan gedeutet werden kann, und der Fließ ist ja damit auch reingefallen.

Dem Kenner von Anatomie und Kunst geht es um die Enträtselung von Malweisen, die dem Künstler »entschlüpfen«, über die er nicht nachdenkt, die er sprachlich nicht faßt, die er nicht kontrolliert, in denen er sich als das Individuum, das er »wirklich« ist, ausdrückt. Ursprünglichkeit und Unwillkürlichkeit werden zu Signaturen des Subjektiven. Dabei verweist die Gestaltung von Fingern, Nägeln, Ohren nicht nur auf wahre oder unwahre Urheberschaft, sondern verrät auch etwas über die Persönlichkeit des Malers selbst. Das Detail verrät also zwei Geheimnisse: über das Werk und seinen Schöpfer.

Hinter dieser (Neu)Erfindung der Detailbeobachtung steht das Muster einer spezifischen Logik der Schlußfolgerung. Bestimmte Gemäldedetails verraten dem geübten Auge etwas über den Maler. »Hölzerne Finger« weisen etwa auf Fra Filippo als Künstler hin und auf spezifische Merkmale des »hölzernen«, uninspirierten, gezwungenen, eher langweiligen Charakters des Malers. Vom Symptom wird auf die Ursache(n) geschlossen.

Und was Morelli auf dem Gebiet der Kunstkennerschaft anwendet, beweist auf den verschiedensten Gebieten seine Fruchtbarkeit. Neben der Kunstgeschichte sind hier vor allem die moderne Medizin und die moderne Kriminologie zu nennen. Schließt der Kunstkritiker vom Maldetail auf den Künstler und dessen Persönlichkeit, verbindet der Arzt bestimmte Krankheitssymptome mit bestimmten Krankheiten und deren Auslösern und deutet der Detektiv Indizien, um dem Schuldigen auf die Spur zu kommen. Wobei die Ausprägung dieses Wahrnehmungsrahmens deutlich an Beobachtungstechniken der modernen, naturwissenschaftlich ausgerichteten Medizin orientiert ist. Das erschließt sich schon aus knappen biographischen Angaben zu den bekanntesten Enträtselern dieser Zeit. Morelli war von Beruf vergleichender Anatom, Freud arbeitete als Arzt, genauso wie Arthur Conan Doyle, dem darüber hinaus noch sein ärztlicher Lehrer Joseph Bell als Vorbild für Sherlock Holmes gedient hat. Bell schrieb 1893: »Versuchen Sie, sich mit den Merkmalen einer Krankheit oder einer Verletzung so vertraut zu machen, wie es Ihnen die Gesichtszüge, der Gang und die Angewohnheiten Ihres besten Freundes sind. Ihn werden sie selbst in einer Menschenmenge sofort erkennen. Dabei können alle Menschen um ihn herum genau wie er gekleidet und, was Augen, Nase, Haare und Gliedmaßen betrifft, sein genaues Ebenbild sein. In jedem wesentlichen Merkmal sehen sie ihm gleich; sie unterscheiden sich nur in unwesentlichen Kleinigkeiten - und doch: wenn Sie diese Kleinigkeiten genau kennen, so gelingt Ihnen ein Erkennen, eine Diagnose mit Leichtigkeit. Dasselbe gilt für jede Krankheit, ob sie nun Geist, Körper oder Moral betrifft. Rassische Besonderheiten, erbliche Angewohnheiten, ein Akzent, der Beruf oder das Fehlen eines solchen, Bildung und jegliche Art von Milieu formen und gestalten den Einzelnen, indem sie geringfügige Eindrükke in ihn einmeißeln, die der Experte anhand der hinterlassenen Fingerabdrücke oder Kerben aufdecken kann. Die offensichtlichen Charakteristika, die auf einen Blick als Anzeichen für ein Herzleiden, für Schwindsucht, Trunksucht, oder anhaltenden Blutverlust erkennbar sind, sind Gemeingut... für den medizinischen Anfänger, während für den Meister seiner Kunst Myriaden von Zeichen sprechend und lehrreich sind, die zu entdecken es jedoch eines geschulten Auges bedarf.... Die Bedeutsamkeit des unendlich Kleinen ist unermeßlich.«[8]

Bell weist darauf hin, daß diese Beobachtungsmethode über die Medizin hinaus überall angewandt werden kann und überall Wissen zu Tage fördert; gerade auch im Bereich der »moralischen« Krankheiten, den sozialen Pathologien, der Kriminalität. Bevor auf die politischen Implikationen dieser Orientierung am Detail, am »unendlich Kleinen« eingegangen werden soll, muß noch auf eine Voraussetzung dieser Art des Schließens hingewiesen werden. Die Identifizierung eines Subjekts, einer Malschule, einer Krankheit mit Hilfe scheinbar nebensächlicher Kleinigkeiten setzt eine genaue Sammlung, eine genaue Übersicht über die Details und ihre Differenz voraus. Ohne »indexikalische Codes«[9] kann diese Methode nicht funktionieren. So muß der Kunstkenner wissen, welche Ohrformen es gibt, wie sich etwa das einwärts gebogene Ohr des Fra Filippo vom einwärts, höckerig gebogenen Ohr des Botticelli unterscheidet. Folgerichtig bieten beispielsweise die Bücher Morellis ein Archiv an genau vermessenen und beschriebenen Ohren, Fingern, Zehen etc. Hier präsentiert sich eine Art kunsthistorisches, ästhetisches Erkennungs- und Fahndungsbuch.

Die ärztliche Deutung körperlicher Symptome greift auf solche Sammlungen, Serien und Reihen genauso zurück wie die Hermeneutik der Psychoanalyse und die Indizieninterpretation des Detektivs. Einen großen Teil seiner Arbeitszeit widmet Sherlock Holmes der Erstellung solcher Enzyklopädien. Erwähnt werden sollen in diesem Zusammenhang seine Systematisierung der Aschebeschaffenheit und -formen aller Zigarrentabake, seine vergleichenden Studien zum Abdruck von Fahrradreifen in Lehmböden oder - für uns besonders interessant – sein im »Anthropologischen Journal« veröffentlichter Aufsatz über Ohren und ihre Unterscheidungsmerkmale.

Monster in der Masse

Kehren wir noch einmal zu Joseph Bells Hinweis zurück, daß die Kraft der Beobachtung scheinbarer Nichtigkeiten auch zur Diagnose sozialer Krankheiten eingesetzt werden kann. In der Verallgemeinerung des ärztlichen Blicks beweist sich die Medizin als universale Orientierungswissenschaft und Reservoir jedweder Weltexpertise.[10] Bell artikuliert die große Besorgnis (nicht nur des ausgehenden 19. Jahrhunderts) über eine scheinbar ständig steigende Kriminalität. Vor allem das schnelle Wachstum der Städte macht Angst. Wobei viele Beobachter den Eindruck gewinnen, daß die Individuen den Massen, dem rasenden Betrieb, der bedrohlichen Unübersichtlichkeit isoliert und allein gelassen gegenüberstehen. In der Großstadt werden Orientierungsfähigkeit und Einordnungskraft zur Überlebensfrage. Die Individuen müssen sich gegenseitig genau anschauen; sie müssen genau beobachten, mit wem sie es zu tun haben. Gleichzeitig darf über die eigene Person nicht zuviel mitgeteilt werden.[11]

Das Problem der Delinquenz macht Techniken der Identifizierung von Personen notwendig. Wird die mit der Durchsetzung der bürgerlichen Gesellschaft einhergehende Differenzierung des Strafrechts und der Vermehrung der Straftatbestände auch durch den Ausbau eines modernen Gefängniswesens institutionalisiert, so stellt sich schon bald das Problem der Rückfälligkeit; zwischen 50 und 80 Prozent der Gefangenen werden wieder straffällig.[12] Der Strafvollzug hält die Häftlinge offensichtlich nur zu geringen Teilen davon ab, nach ihrer Haftentlassung wieder Straftaten zu begehen. Damit erfährt Kriminalität aber auch eine spezifische Einhegung, die ihre Kontrolle möglich macht. Kommt es doch jetzt vor allem darauf an, potentielle Rückfalltäter zu identifizieren, um durch ihre Überwachung Vergehen und Verbrechen zu verhindern oder wenigstens schnell aufklären zu können.

Alphons Bertillon, Leiter des Erkennungsdienstes der Pariser Polizei, entwickelt Ende des 19. Jahrhunderts, sein »Lehrbuch der Identifikation von Verbrechern, Angeklagten oder Verhafteten, von Verunglückten, Selbstmördern etc.«. Im Zentrum aller Identifizierungsarbeiten steht das »Anthropometrische Signalement«. Dabei werden acht Messungen am Beobachtungsobjekt vorgenommen: 1. Körperlänge, 2. Spannweite, 3. Sitzhöhe, 4. Kopflänge, 5. Kopfbreite, 6. Rechtes Ohr, 7. Linker Fuß, 8. Linker Mittelfinger, 9. Linker Vorderarm. Genaue Anweisungen über die Körperhaltung der Messenden und Maßgenommenen sollen Meßfehler vermeiden. Zur exakten Vermessung kommt die Beschreibung von Körperdetails hinzu. So kann der Nasenrücken nach eingedrückt, geradlinig, gebogen, wellenförmig-eingedrückt, wellenförmig-geradlinig, wellenförmig-gebogen unterschieden werden. Kategorien wie Einbiegung der hinteren Ohrleiste, Umriß des Ohrläppchens, Antitragus im Profil, Antitragus nach seiner Ausbiegung, Ohrläppchen nach seinem Anwuchs, Ohrläppchen nach seiner Oberfläche, Basis der Nase, Stirnprofil und Augenform und -farbe dienen der weiteren Bestimmung.[13] Selbstverständlich fächern sich diese Maßstäbe wiederum in zahlreiche Untergruppen und Einzelheiten auf. Bertillons erkennungsdienstliches Handbuch umfaßt Serien von Ohren, Nasen, Ohrläppchen, Augenformen/-farben und könnte auch gut von Morelli verfaßt worden sein. Schließlich soll durch diese Messungen und Beschreibungen die Identität des Vermessenen zweifelsfrei feststehen.

Diese Bertillonage erleichtert nun nicht nur das Vorgehen der Polizei gegen Rückfällige und - wie es heißt - international operierende Anarchisten, die ihre »Namen wechseln« und Ausweispapiere fälschen. Der Basler Professor für gerichtliche Medizin und Übersetzer Bertillons ins Deutsche, von Sury, entwirft die weitergehende Vision einer allgemeinen Bevölkerungsmessung zur Klärung vieler Identitätsfragen: »Aber nicht nur für die Verbrecher ist die Bertillonage geschaffen worden, sondern diese letztere wird auch noch vielen andern Zwecken dienen können; wenn einmal überall Untersuchungsstationen werden geschaffen sein, was bei der Vortrefflichkeit, der Einfachheit und der absoluten Sicherheit des Systems sicherlich nur eine Frage der Zeit sein wird, wird dadurch manche große Schwierigkeit im sozialen Verkehr gehoben werden können.... Damit diese Vorteile aber wirklich auch eintreten können, müssen möglichst viele Personen anthropometrisch gemessen werden und so wird es hoffentlich dazu kommen, dass nicht nur das Signalement derjenigen, die mit der Polizei in unliebsame Berührung kommen und deshalb unfreiwillig gemessen werden, ins Archiv gelangt, sondern dass möglichst die ganze, wenigstens die männliche Bevölkerung zur Aufnahme gelangt; es wäre ja so leicht, dies zu thun bei den Militäraushebungen, wo die ganze Jungmannschaft des Landes versammelt wird.«[14]

So weit kommt es nicht, denn die scheinbar »absolut sichere« Methode ist schwierig anzuwenden. Die Erkennungskarten wachsen sich mitunter zu Büchern aus, verlieren ihre Übersichtlichkeit und Handhabbarkeit. Als größter Nachteil erweist sich die Feindifferenzierung des Systems. Zuweilen kann es schwierig sein, eine höckerig-gebogene Nase von einer gebogenen-höckerigen zu unterscheiden.[15] Vor allem aber ermöglicht die Anthropometrie nur die Identifizierung von Personen, derer die Polizei schon habhaft geworden ist. Am Tatort bleibt der Detektiv auf seine sonstigen Fähigkeiten des Spurenlesens angewiesen. Die Bertillonage eignet sich (mehr oder weniger) als Instrument zur präventiven Kriminalitätsbekämpfung durch Kontrolle einer spezifischen Subkultur der Delinquenz. Sie ist eher Teil eines sozialtechnologischen Operationsbestecks als kriminalistische Aufklärungsmethode. So soll Sicherheit produziert werden. Mehr Wissen, mehr Informationen über die Devianz vergrößert die Übersichtlichkeit der Massengesellschaft. Man kann die bösen Monster rascher identifizieren. Man kann bessere Prognosen über das Verhalten der Vermessenen aufstellen und sich präventive Maßnahmen überlegen. Mit der Überwindung der komplizierten Bertillonage durch Galtons (Er)findung oder (Wieder-)entdeckung der Papillarlinien als unverwechselbare Zeichen unverwechselbarer Individualität vervollkommnet sich diese Semiotik des verbrecherischen Subjekts.[16] Der Fingerabdruck wird zur Metapher für Subjektivität, die sich leicht entschlüsseln läßt. Ein Jahrhundert später kommen DNA-Tests hinzu.

Im Vorwort der deutschen Übersetzung des wirkungsmächtigen Buches »Der Verbrecher in anthropologischer, ärztlicher und juristischer Beziehung« (Turin 1885) von Cesare Lombroso stellt der deutsche Jurist von Kirchenheim fest: »... (daß) sich der Verbrecher als ein besonders gearteter Mensch darstelle. Das Verbrechen ruht in somatisch-psychischen Eigenthümlichkeiten, die durch Erziehung und Umgebung zurückgehalten werden können, aber plötzlich unter dem Einflusse gegebener Umstände wieder hervortreten.«[17] Lombroso möchte die Anthropometrie so vervollkommnen, daß die körperlichen und psychischen Merkmale der Subjekte zu sicheren Indizien im Strafprozeß werden können: »Und wer kann leugnen, dass bei den Processen wegen Päderastie, Vergiftung, Mord, wo so viele Indizien zu fehlen pflegen, die Einführung der anthropologischen Kriterien viel nützlicher werden kann, als manches unsichere anatomische Merkmal und manche jener chemischen Reactionen, die alljährlich verschwinden und wieder auftauchen? Die Tätovirung z. B. verräth sowohl durch ihre Obscoenität, als auch durch ihren Sitz in gewissen Fällen das begangene Verbrechen weit nachdrücklicher, als manche anatomische Läsion...«.[18]

Der Verbrecher muß nach solchen verräterischen Spuren peinlich genau abgesucht werden. Wieder kommt es auf das Detail an, welches die mörderische Gesinnung, das betrügerische Vorhaben, die sexuelle Perversion ausdrückt, ohne daß der Täter dies bewußt kontrollieren könnte. Im verbrecherischen Individuum verkörpert sich danach ein bestimmter Menschentyp, ein Monster, dessen physische und psychische Struktur sich »objektiv« vom nicht-kriminellen Menschen unterscheidet. Die abweichende Subjektivität kann so zum Gegenstand empirischer, materialistischer, naturwissenschaftlicher Untersuchungen werden. Es verwundert nicht, daß Zeitgenossen Lombrosos immer wieder rühmen, dieser habe endlich eine Naturgeschichte der Kriminalität geschrieben und das Wissen über den Menschen, wie er wirklich sei, unermeßlich vergrößert.

Lombroso findet dann Verbrechen als überhistorische, natürlich-pathologische Erscheinung schon im Reich der niederen Organismen. Selbst kriminelle Vereinigungen gibt es bereits: »Die Biber sind meist sanft und gesellig; dennoch spricht Figuier von drei Bibern, die sich an geeignetem Orte in der Nähe eines Flußes niederliessen und dort ihren Bau ausführten, während ein vierter für sich allein lebte; sie besuchten ihn und wurden von ihm gastlich aufgenommen; als er ihnen aber den Besuch erwiederte, tödteten sie ihn. Man erzählt, dass ein kleiner Hund, der von einem Bullenbeisser mißhandelt worden war, mehrere Tage hindurch Knochen sammelte und in einen Keller schleppte, wohin er alsdann mehrere Nachbarhunde einlud. Nachdem sie sich satt gefressen hatten, hetzte er sie gegen seinen Feind und rächte sich auf diese Weise.«[19]

Bei der Systematisierung von Verbrechen, ihren Ursachen und Subjekten kann dann auch ein allgemeines Schema auf Tier- und Menschenwelt gelegt werden. An erster Stellen stehen Verbrechen aufgrund genetischer Defekte (die Zeit der Wende vom 19. zum 20. Jahrhundert ist besessen von der »Erbkrankheit«). Danach folgen: Tötung aus irrationaler Abneigung, Devianz und Alterung, Tobsüchtige Anfälle, Verbrechen im Affekt, Körperliche Schmerzen, Tötungen aus Liebe, Überbevölkerung, Betrug, Diebstahl, Alkoholika, Nahrungsmittel, Abrichtungen, Meteorische Einflüsse, Widerwille gegen Neuerungen. Taten und die Erkennungszeichen der gefährlichen Individuen, der Täter, werden indexikaliert, wobei sich auf die Untersuchung der verbrecherischen Neigungen von niederen Organismen, die Analyse von Wilden und Kindern anschließt. Kriminalität unter »Kulturmenschen« stellt danach immer eine Regression auf kindliche, wilde, tierische Entwicklungsphasen des Menschen dar. Lombrosos Indiziensammlung weist folgerichtig auf Atavismus und Regredierung. Bei jugendlichen Verbrechern findet er folgende Kainsmale: abstehende Ohren, kleine und niedrige Stirn, Plagiokephalie (extreme Querköpfigkeit), vorragende Jochbögen, Leistenform der Schädelnähte, große Unterkiefer, Asymmetrie des Gesichts, Flaum auf der Stirn, kretinhaftes Gesicht, Kropf, unförmliche Nase, kleine und ausdruckslose Augen, vorragende Stirnhöhlen, Hydrokephalie, Schrägheit der Ohren, Schielen, Entwicklungsstillstand, sehr dichtes Haar, vorzeitige Reife des Gesichtsausdrucks, Ultradolichokephalie (extreme Langköpfigkeit), voluminöse und lange Ohren, flache Stirn mit vorragendem Orbitalrande des Stirnbeins, Spuren von Verletzungen am Kopfe, Ultrabrachykephalie (extreme Kurzköpfigkeit), unförmlicher Mund, Prognathismus (vorstehender Oberkiefer), rechtsgekrümmte Nase, zurücktretendes Kinn, düsterer Blick, Herzfehler, Skrophulose, Persistenz der Stirn-Kreuz-Naht, Platykephalie (extremer Flachkopf), Oxykephalie, vorzeitiges Grauwerden des Haares, voluminöses Gesicht, übereinander gedrängte Zähne, Glotzauge, Nystagmus (Augenzittern), ungleiche Pupillen.[20] Diesen körperlichen

Symptomen entsprechen bestimmte Verhaltensweisen wie Rachsucht, Neid, Masturbation, Alkoholsucht. Fast alle der Auffälligen sind genetisch belastet, bei allen ist die Prognose schlecht.

Seine Fahndungen weitet Lombroso schließlich auf einzelne Körperteile aus, die nach verbrecherischen Kennzeichen befragt werden. So finden sich in seinem Verbrecher-Album Kapitel über pathologische Anatomie von Verbrecherschädeln, Abnorme Beschaffenheit des Gehirns, Pathologische Anatomie des Herzens, der Gefäße, der Leber, des Gesichts usw.. Anmerkungen zur Psychologie der Übeltäter, ihrer Handschrift, ihrer Moral, ihrer Bildung, ihrem Verstand schließen sich an. Für verschiedene Verbrechertypen empfiehlt Lombroso unterschiedliche juristische Behandlungsweisen. So sollten die »geborenen Verbrecher« von anderen getrennt werden. Da eine Resozialisierung kaum gelingen kann, votiert der Turiner Professor für langjährige Internierung, Fortpflanzungsverbot und Todesstrafe. Die Empfehlungen seiner deutschen Anhänger, zu denen u. a. Hans Gross (der Vater von Otto Gross) zählte, klingen ähnlich: »Aufhebung der Schwurgerichte, Vermeidung der kriminalistischen Ansteckung in den Gefängnissen, Hemmung des übermäßigen Einflußes des Advocatenstandes, kalte Douchen und körperliche Züchtigung, vor allem aber Vorbeugung durch Minderung des Alcoholconsums, der Jahrmärkte u. A. m.«[21] Wenn möglich sollen die besonders Belasteten identifiziert und präventiv eingesperrt werden.[22] Die immer wieder beschworene Sicherheit des Zeichenlesens fußt auf der Objektivierung des Abweichenden. Bedeutungszuschreibungen, kulturelle Signaturen spielen in diesen Vermeßungsbüchern keine Rolle. Wie die ganze Natur, so offenbart sich auch das Subjekt dem richtigen, medizinischen, detailorientierten Blick. Ihm kann vertraut werden; er tut Wahrheit kund. Interpretationsspielräume gibt es nicht. Entsprechend rigoros sind die empfohlenen Strategien zur Ausmerzung der Devianz.

Allerdings kann sich Lombroso nicht endgültig entscheiden, ob die Todesstrafe nicht auch kontraproduktive Folgen haben könne. Da Verbrecher in der Regel gemütskalt seien und sich mit ihren brutalen Taten brüsteten und auch durch drastische Körperstrafen abschreckbar seien: »Es ist sogar einer der wichtigsten Gründe für die Abschaffung der Todesstrafe, da dieselbe sicherlich weniger Leute von Verbrechen absschreckt, als sie dazu verführt, zufolge des Gesetzes der Nachahmung, die einen so mächtigen Einfluss auf die Massen ausübt. Dazu kommt noch die fürchterliche Anziehungskraft, welche das feierliche Schauspiel auf die Menge und der Kitzel der Eitelkeit, den es auf die

Missetäter selbst ausübt, deren Körper nicht selten gleich denen heiliger Reliquien verehrt werden. Unter 167 in England zur Todesstrafe Verurtheilten hatten 164 öffentlichen Hinrichtungen beigewohnt.«[23] Hier hat sich offensichtlich der Autor im Labyrinth seiner Zeichensuche verirrt. Einerseits kokettieren die Verbrecher mit ihrer Hinrichtung und genießen den Ruhm, andererseits besitzen sie aber ansonsten Charaktereigenschaften, die nur auf Gewalt überhaupt reagieren und Maßnahmen der Resozialisierung unmöglich machen. Die Devianz bekommt so etwas Apokalyptisches, weil alles gegen sie unternommen werden muß und doch nichts hilft.

Dr. Jekyll and Mr. Hyde

Der eigentliche Schrecken in diesen von Lombroso und anderen entworfenen Szenarien geht von der Regression des Verbrechers zum Tiermenschen aus. Damit haben viele andere Subjektvermessungen dieser Zeit ihr Thema gefunden. Insbesondere die psychologischen, psychoanalytischen Modelle zentrieren sich um das Problem des Atavismus, des Rudiments, der Rückschau, des Rückfalls in eigentlich überwundene Entwicklungsetappen. Im Gegensatz zu der kruden Vererbungslehre Lombrosos betonen moderne Psychologien die Nähe des Normalen zum gefährlich Pathologischen. Wobei die entscheidende Grenzlinie in die Innenwelt der Subjekte verlegt wird: Die Monster sehen ganz normal aus, tagsüber jedenfalls. In der Hypnose, im Traum können dann die Zeichensysteme der Schattenseiten, der Wünsche und Ängste, der Triebe erfaßt und gedeutet werden. Einer der tiefen Abgründe des 19. Jahrhunderts, die Einfügung des Menschen in die Natur, sein tierisches Erbe und die Gefahr des Entwicklungsabbruchs, der Entwicklungsumkehr, der allgemein drohenden Degeneration[24] liefert auch den Anlaß für die Entstehung einer umfassenden Zeichenlehre moderner Individualität. Dabei verändert sich die Sicherheit der Identifizierung in Unsicherheit über die »wahren« Eigenschaften des Menschen. Die Wahrnehmung der verräterischen Einzelheiten, der unermeßlichen Kleinigkeiten, der »entschlüpften« Authentizität dient auch der Entlarvung des vermeintlich Normalen und Guten. Dabei verliert auch die Trennung zwischen den stigmatisierten Unterschichten, den dumpfen Massen und den gesunden Ober- und Mittelschichten ihre Logik. Die Folgerung liegt nahe: Man muß noch radikaler eingreifen. Man muß nicht nur das Monströse ausmerzen, sondern das Nützliche züchten.

2. Entlarvung als Maskenspiel: Nietzsches Triebhydraulik

Bei Konstruktionen moderner Subjektivität werden immer konsequenter alle Fragen nach Sinn, Ziel und moralischen Orientierungen der menschlichen Existenz an das Konzept von der Selbstbestimmung der Subjekte gebunden. Gesellschaftliche und politische Ordnungen gelten nur dann als legitim, wenn sie die Zustimmung der in ihnen lebenden Individuen finden, die aus sich heraus, d. h. frei, den jeweiligen Ordnungsprinzipien zustimmen müssen. Herrschaft wird so zur Selbstherrschaft, und Moral kann nur noch als Selbstbindungskonzept Geltungsansprüche durchsetzen.

Dieser säkulare Prozeß der Individualisierung[1] verlangt nun gleichzeitig nach Ideen einer Versöhnung des Besonderen, Abgesonderten, Selbstbestimmten mit einem »Allgemeinen«. Wie zwischen den Freiheiten der Einzelnen eine Sphäre der Intersubjektivität konstituiert werden kann, steigt zur leitenden Fragestellung der aufgeklärten Gesellschaft auf. Wobei lange Zeit eine Ontologie der Vernunft die wichtigste Antwort abgibt: Trotz aller Absonderungen und Unverträglichkeiten stiftet das allgemein-menschliche, in jedem gesunden Subjekt vorhandene Vermögen, vernünftig zu denken und zu handeln, Gemeinsamkeit. Bei der Anwendung der allgemeinen Vernunft entsteht Wahrheit; der Plural verbietet sich hier von selbst. So sollen die unzähligen individuellen Wahrheitsansprüche übersichtlich gemacht werden. Die Selbsttätigkeit der Individuen, ihr Kampf um Selbstbehauptung kommt ohne diese vernünftige Wahrheitsproduktion nicht aus. Ohne das Vertrauen in die Kraft der Rationalität wären das expansive Wissensprogramm der Moderne, die Entfaltung von Wissenschaft und Technik nicht möglich gewesen. Vernunft wird zur Voraussetzung eines ubiquitären »Willens« zum Wissen und zur Wahrheit.

Dieser Dynamik einer praktisch werdenden Vernunft können sich auch modernitätskritische Positionen nicht entziehen. Der Sog der

Rationalität besteht nicht nur in ihren beispiellosen Erfolgen bei der Domestizierung äußerer und innerer Natur, der Verbesserung menschlicher Lebensbedingungen, sondern in der Form menschlicher Weltvergewisserung. Vernunft verweist neben ihrer Instrumentalität noch auf ihr intersubjektives Fundament der (argumentativen) Mobilisierung von Gründen. Rationalität ist an derartige Begründungsfähigkeit gebunden. Wer »vernünftig« spricht, versetzt sich in andere, orientiert seine Rede also an intersubjektiven Kategorien von Sprech- und Rationalitätsregeln. Schon der Weg zum Ziel des vernünftigen Handelns ist durch die Sprache der Vernunft definiert. Deshalb ist im Projekt der Aufklärung, der Vernunftentfaltung die Selbstaufklärung immer schon angelegt. Der Diskurs der Rationalität hat kein Ende.

Allein Positionen der willkürlichen Wissens- und Diskursverweigerung können sich diesem Sog der Vernunft entziehen; allerdings nur zum Preis ihrer Randständigkeit. Begründungsverzicht markiert Schwäche. Solche Ausschließungen prägen auch das 19. Jahrhundert. Kann philosophiegeschichtlich dabei an die Entschärfung der »Ästhetik« zur Vernunftwissenschaft gedacht werden, so wird am Beispiel der Professionalisierung naturwissenschaftlicher, experimentell orientierter Medizin und ihres (erfolgreichen) Kampfes gegen alternative Krankheits- und Heilkonzepte die praktische Bedeutung solcher Vernunft-Monopolisierung deutlich.

Auch auf dem Gebiet der moralischen Gebote verlegt die doppelte Vernunft der Aufklärung ihre Leitschienen. Auch auf diesem Feld sollen »vernünftige« Setzungen möglich sein. Dabei tritt eine solche Vernunft-Ethik genauso objektivistisch auf wie ihre (natur)-wissenschaftlichen, juristischen oder ökonomischen Schwestern. So wie die Vernunft der modernen (Natur)-Wissenschaften sich selbst als »Spiegel der Natur«, als Realitätssonar beschreibt, so will sie auch moralische Wirklichkeiten objektiv spiegeln.

Objektivitätskritik

Gegen Ende des 19. Jahrhunderts und, schon seine spätere Wirkung vorwegnehmend, als selbsternannter »Europäer von Übermorgen und Erstling des 20. Jahrhunderts«[2] macht sich Friedrich Nietzsche daran, diese scheinbaren Sicherheiten der Vernunft zu dekonstruieren: »Der Eifer und die Feinheit, ich möchte sogar sagen: Schlauheit, mit denen man heute überall in Europa dem Probleme »von der wirklichen und der scheinbaren Welt« auf den Leib rückt, giebt zu denken und zu horchen; und wer hier im Hintergrunde nur einen »Willen zur Wahrheit« und nichts weiter hört, erfreut sich gewiss nicht der schärfsten Ohren. In einzelnen und seltenen Fällen mag wirklich ein solcher Wille zur Wahrheit, irgend ein ausschweifender und abenteuernder Muth, ein Metaphysiker-Ehrgeiz des verlornen Postens dabei betheiligt sein, der zuletzt eine Handvoll »Gewissheit« immer noch einem ganzen Wagen voll schöner Möglichkeiten vorzieht, es mag sogar puritanische Fanatiker des Gewissens geben, welche lieber noch sich auf ein sicheres Nichts als auf ein ungewisses Etwas sterben legen. Aber dies ist Nihilismus und Anzeichen einer verzweifelnden sterbensmüden Seele: wie tapfer auch die Gebärden einer solchen Tugend sich ausnehmen mögen.... Es gibt immer noch harmlose Selbst-Beobachter, welche glauben, dass es »unmittelbare Gewissheiten« gebe, zum Beispiel »ich denke«, oder, wie es der Aberglaube Schopenhauer's war, »ich will«: gleichsam als ob hier das Erkennen rein und nackt seinen Gegenstand zu fassen bekäme, als »Ding an sich«, und weder von Seiten des Subjekts, noch von Seiten des Objekts eine Fälschung stattfände. Dass aber »unmittelbare Gewissheit«, ebenso wie »absolute Erkenntnis« und »Ding an sich«, eine contradictio in adjecto in sich schliesst, werde ich hundertmal wiederholen...« [3]

Nietzsches Objektivitätskritik ist psychologisch fundiert. Gegen die Anmaßungen des »reinen« Denkens, das aus seiner Vernünftigkeit Wahrheit gebären und über das Denken Realität abbilden will, hält er die Existenz des Leibes, der Leidenschaft, der Triebe, des Irrationalen, der Intuition. Ethik und Moral werden physiologisch interpretiert, wobei Nietzsche nicht nur »Selbsterhaltung« und »Sexualität« als entscheidende Triebfedern menschlichen Denkens und Handelns identifiziert, sondern die Vorstellung eines homogenen, geschlossenen, identitätssicheren »Ich« verabschiedet. Daß das Subjekt nicht »Herr im eigenen Haus« ist, daß es nicht in freier und vernünftiger Willensentscheidung denkt und handelt, sondern durch sein »Es« gedacht wird, hat er seiner Wissenskritik zugrunde gelegt.

«Ich« ist nicht mehr als ein »synthetischer Begriff«; das Subjekt gilt ihm als aus »Unterseelen« oder »Unterwillen« zusammengesetzt. Letztlich regieren unbewußte Triebe. Diese Beschreibung des Individuums verbindet sich notwendigerweise mit einem Wahrheitsbegriff, der auf intersubjektive Versicherungen verzichten muß. Auch eine Monopolisierung der Vernunft ist nicht mehr möglich. Wo Triebansprüche aufeinanderprallen, gibt es kein allgemeines Ganzes, kein allgemeines

Wohl, keine allgemeine Basis der Verständigung und Begründung. Aus der einen Vernunft-Wahrheit werden viele Trieb-Wahrheiten. Die Auflösung eines Begriffs vom Subjekt, der dieses als fest, homogen, mit sich identisch und frei beschreibt, radikalisiert diese Pluralisierung der Wahrheit weiter. So kann das triebbestimmte Individuum unter dem Diktat seiner Ängste und Lüste Handlungen vornehmen, die es nach der Triebabfuhr selber verurteilt. Nietzsche spricht in diesem Zusammenhang vom »bleichen Verbrecher«, der über seine eigenen Taten erschrickt, obwohl er sie vorher mit aller Rationalität und alle Energie begangen hat.

Hier wird ein Vokabular der Psychoanalyse erfunden, das Freud schließlich weiter vervollkommnen und gleichzeitig zum Medizinalisierungskonzept entschärfen wird. Nietzsche redet vom »Es«, von der hierarchischen Organsiation des »Ich«, vom Unbewußten, vom Vergessen und Verdrängen, vom »Lust-Zustand«, dessen Erreichung das eigentliche Ziel des menschlichen Denkens und Handelns sei, und zielt damit auf eine Erkenntnis- und Wahrheitskritik, die ihn heute »postmodern« lesbar macht.

Das sogenannte Wahre

Der Vernunft entspricht keine substantielle Ethik. Moral erhält ihre Begründung allein durch die gesellschaftliche Notwendigkeit der Triebdomestizierung. Außer dieser Funktion spricht für ihre Gebote nichts. So kernlos das Subjekt sich dem psychologischen Blick darstellt, so entleert ist jeder Anspruch der durch »vernünftige« Denkvorgänge gewonnenen Wahrheit auf privilegierte, überhistorische, normative Stellung. Moral kann nur noch als »Lehre von den Herrschaftsverhältnissen verstanden (werden), unter denen das Phänomen ›Leben‹ entsteht.«[4]

Die Sprache der Moral ist immer an ein konkretes historisch-politisches, gesellschaftliches Projekt gebunden. Jede Ethik ist ethnozentristisch orientiert und verfällt der Zeit. Mit solchen Sätzen kann selbst heute noch Entsetzen und tiefgehende Ablehnung ausgelöst werden. Nietzsche selbst beschreibt den Heroismus seiner Enttarnungsarbeit im Rückblick auf die Erstveröffentlichung von »Menschliches, Allzumenschliches«: »Der Name Voltaire auf einer Schrift von mir – das war wirklich ein Fortschritt – zu mir... sieht man genauer zu, so entdeckt man einen unbarmherzigen Geist, der alle Schlupfwinkel kennt, wo das Ideal heimisch ist, – wo es seine Burgverliesse und gleichsam seine letzte Sicherheit hat. Eine Fackel in den Händen, die durchaus kein »fackelndes« Licht giebt, mit einer schneidenden Helle wird in diese Unterwelt des Ideals hineingeleuchtet. Es ist der Krieg ohne Pulver und Dampf, ohne kriegerische Attituden, ohne Pathos und verrenkte Gliedmaassen – dies Alles selbst wäre noch »Idealismus«. Ein Irrthum nach dem andern wird gelassen aufs Eis gelegt, das Ideal wird nicht widerlegt – es erfriert... Hier zum Beispiel erfriert »das Genie«; eine Ecke weiter erfriert »der Heilige«; unter einem dicken Eiszapfen erfriert »der Held«; am Schluss erfriert »der Glaube«, die sogenannte »Überzeugung«, auch das »Mitleiden« kühlt sich bedeutend ab – fast überall erfriert »das Ding an sich«...«[5]

Hinter dem »Willen zur Wahrheit« der Vernunft steckt danach ein Willen zum Nicht-Wissen-Wollen, zur Illusion, zum Idealismus, weil der Mensch als Triebwesen gar nicht wahrgenommen werden soll. So pflegt die Vernunft, deren aufklärerische Kraft doch alle Verschleierungen des Wahren und Wirklichen zerreißen will, den Schein des für Nietzsche nur noch sogenannten Wahren, Guten, Tugendhaften usw... Gegen dieses Nicht-Wissen-Wollen führt dann der Vernunftkritiker als wahrer Vertreter der Aufklärung seinen Entlarvungskrieg. Ohne eine Semantik der Abrechnung, von Anklage und Gericht geht es dabei nicht. Daß von dieser Pose der Enttarnung eine große Anziehungskraft ausgeht, zeigen jene »rechten« und »linken« Ideologien, Ideologiekritiken und Bewegungen, die aus solcher Haltung der eigenen »eigentlichen« Realitätssicht und -verhaftetheit, des Anti-Naiven und des Durchblicks Bewußtsein und Stärke ziehen.

Auf ein Problem, das sich solcher Rationalitätskritik stellt, sei schon an dieser Stelle hingewiesen. Die Metaphysik der Vernunft produziert Aussagen über ein vermeintliches »Wesen« »des« Menschen, das jedem Vertreter der Gattung eigen ist. Politisch deutet die homogene Vernunft damit auf eine Gleichheit der Individuen (wie sie schließlich in Staatsverfassungen kodifiziert wurde) und eröffnet so einen wirkungsmächtigen Diskurs über Gleichstellung von bisher benachteiligten Bevölkerungsgruppen, der einen großen Teil des politischen Vokabulars bestimmt. Wer aber in seiner Vernunftkritik diese Grundlage der Gleichheitsbegründung zerstört, muß sich um ein anderes »Allgemeines« bemühen. Die Bemühungen dauern bis heute an, ohne Erfolg.

Solche Schwierigkeiten haben jene Denkfiguren nicht, in denen aus dem Zusammenbruch der Vernunft-Fiktion ein Plädoyer für radikale Ungleichheit abgeleitet wird.[6]

Gesellschaft braucht Ethik und Moral zum Ausdruck ihrer Herrschaftsverhältnisse. Nietzsche verhöhnt die Sicherheitsposen des Wahren und Wirklichen, von Vernunft und Moral, allerdings unter Anerkennung der historisch-politischen Leistungen der gescholtenen Homogenisierung und Monopolisierung. In der »Genealogie der Moral« zeichnet er den Siegeszug der Schein-Moral nach und zollt den Schwachen, Sklaven, Christen und Mitleidigen Respekt, weil sie es verstanden hätten, ihre Angst vor den Starken, ihr Ressentiment gegenüber konfligierenden Triebansprüchen in allgemeine Wahrheiten zu transformieren. Dabei erkennt er die ordnende Funktion der Triebhemmung an. Sie war zudem historisch erfolgreich, denn Bestialität, Barbarei, die Lüste der Starken haben sich eben nicht durchsetzen können. Vielmehr sei die Klugheit der Schwachen zu loben, die ihre Triebschwäche zur sozialen und gesellschaftlichen Norm haben machen können. Selbst Darwins Evolutionstheorie wird in solcher Argumentation zur scheinsicheren Konstruktion, denn die starken Einzelnen haben ja in dieser Zivilisationsgeschichte nicht gesiegt. Der »Prozeß der Zivilisation« ist für Nietzsche ein Prozeß der Nivellierung, des Triumphs der vielen triebverleugnenden Schwachen über die triebstarken Wenigen.

Am Ende des 19. Jahrhunderts ist für ihn diese Domestizierungsgeschichte endgültig in Dekadenz umgeschlagen. Ähnlich wie die marxistische Geschichtsphilosophie läßt auch Nietzsche die Erfolge der »alten« Ordnung in Niedergang und Verfall umschlagen. Im Ton bitterer Ironie schreibt er: »Was macht heute *unsern Widerwillen* gegen »den Menschen«? – denn *wir leiden* am Menschen, es ist kein Zweifel. – Nicht die Furcht; eher, dass wir Nichts mehr am Menschen zu fürchten haben; dass das Gewürm ›Mensch‹ im Vordergrunde ist und wimmelt; dass der ›zahme Mensch‹, der Heillos-Mittelmässige und Unerquickliche bereits sich als Ziel und Spitze, als Sinn der Geschichte, als »höheren Menschen« zu fühlen gelernt hat; – ja dass er ein gewisses Recht darauf hat, sich so zu fühlen, insofern er sich im Abstande von der Überfülle des Missrathenen, Kränklichen, Müden, Verlebten fühlt, nach dem heute Europa zu stinken beginnt, somit als etwas wenigstens relativ Gerathenes, wenigstens noch Lebensfähiges, wenigstens zum Leben Ja-sagendes ...« (H. i. O.)[7].Nietzsches Verzweiflung spaltet sich auf. Einmal markiert für ihn die Herrschaft der Schwachen eine Entwicklungshemmung in der menschlichen Gattungsgeschichte. Zum anderen schreibt er gegen den Moralismus der Lebensmüden und -unfähigen auch mit solcher Aggressivität an, weil er in der »Sklavenmoral« eine Verleugnung echter Subjektivität sieht. Durch die Konstruktion einer höheren Instanz, sei es »Gott«, sei es »Vernunft«, gibt der Einzelne seine Autonomie, seine Selbstbestimmung auf. Er unterstellt sich Autoritäten, wo er nur aus sich heraus schöpfen sollte.

An dieser Desubjektivierung kranken Gesellschaft und Individuum. Die (Selbst-)Verkleinerung des Menschen versetzt Nietzsche geradezu in Raserei, zumal er die Wege möglicher Rückeroberung des Selbst fast ganz verstellt sieht. Auch die Furcht vor dem Feind, der Schrekken des Terrors produziert in seinem Denken keine Authentizität mehr: «... In's Grosse gerechnet, ist es durchaus nicht die Furcht vor dem Menschen, deren Verminderung man wünschen dürfte; denn diese Furcht zwingt die Starken dazu, stark, unter Umständen furchtbar zu sein, – sie hält den wohlgerathenen Typus Mensch *aufrecht.* Was zu fürchten ist, was verhängnisvoll wirkt wie kein andres Verhängniss, das wäre nicht die grosse Furcht, sondern der grosse Ekel vor dem Menschen; insgleichen das grosse *Mitleid* mit dem Menschen.... Wer nicht nur seine Nase zum Riechen hat, sondern auch seine Augen und Ohren, der spürt fast überall, wohin er heute auch nur tritt, etwas wie Irrenhaus-, wie Krankenhaus-Luft, – ich rede, wie billig, von den Culturgebieten des Menschen, von jeder Art »Europa«, das es nachgerade auf Erden giebt. Die *Krankhaften* sind des Menschen grosse Gefahr; *nicht* die Bösen, *nicht* die »Raubthiere«. Die von vornherein Verunglückten, Niedergeworfenen, Zerbrochenen – sie sind es, die *Schwächsten* sind es, welche unser Vertrauen zum Leben, zum Menschen, zu uns am gefährlichsten vergiften und in Frage stellen. Wo entgienge man ihm, jenem verhängten Blick, von dem eine tiefe Traurigkeit mit fortträgt, jenem zurückgewendeten Blick des Missgeborenen von Anbeginn, der es verräth, wie ein solcher Mensch zu sich selber spricht, – jenem Blick, der ein Seufzer ist.... Auf solchem Boden der Selbstverachtung, einem eigentlichen Sumpfboden, wächst jedes Unkraut, jedes Giftgewächs, und alles so klein, so versteckt, so unehrlich, so süsslich. Hier wimmeln die Würmer der Rach- und Nachgefühle; hier stinkt die Luft nach Heimlichkeiten und Uneingeständlichkeiten; hier spinnt sich besthändig das Netz der bösartigsten Verschwörung, – der Verschwörung der Leidenden gegen die Wohlgerathenen und Siegreichen, hier wird der Aspekt des Siegreichen gehasst.... Diese Missrathenen: welche edle Beredsamkeit entströmt ihren Lippen! Wie viel zuckrige, schleimige, demüthige Ergebung schwimmt in ihren Augen! Was wollen sie eigentlich? Die Gerechtigkeit, die Liebe, die Weisheit, die Überlegenheit wenigstens *darstellen* – das ist der Ehrgeiz dieser »Untersten«, dieser Kranken!« (H. i. O.)[8]

Den Selbstverleugnern, den verzehrt Neidischen, die ihr Ressentiment gegen die »Siegreichen« als Moral tarnen und jede Evolution, jeden Entwicklungsgang verhindern, stehen die »Starken« gegenüber, die die Wahrheit ihrer Triebnatur aushalten können, die keine Stützen, Prothesen und Schleier benötigen. Sie wollen ihre ziellose Lust, sie besitzen den alles entscheidenden »Willen zur Macht«; nur die Vergiftung durch Sklavenmoral, die Infizierung mit den Ausdünstungen der Schwachen kann sie bremsen. Deutlich entwirft Nietzsche hier das folgenreiche Hölle-Motiv (um mit Sartre zu sprechen) im Diskurs der Subjektbestimmung. Es sind immer die Anderen, an denen die Stärke des »Ichs« zerbricht. Der »Starke« hat dann nur die Wahl zwischen Rückzug aus der Welt-Hölle der Anderen in Eremitage oder Tod, ihre Unterwerfung und Vernichtung oder ihr Aufsaugen ins megalomanische »Ich«.[9]

Wille zur Macht, Kraft zur Herrschaft

Doch zurück zur zentralen Kategorie Nietzsches, dem »Willen zur Macht«. Hier müssen zwei Sprechweisen über diesen »Willen« unterschieden werden. In seinen deskriptiven Bedeutungen ist dieser »Wille« überall tätig; aber nur die starken Subjekte sind fähig, diese Wahrheit auszusprechen. Auf der normativen Ebene fordert Nietzsche nun den Durchbruch zur Bejahung dieses »Willens zur Macht«. »Werde, was Du bist« ist ja einer seiner bekanntesten Aussprüche. Das Subjekt soll sich zum Triebwesen emanzipieren.

Der »Wille zur Macht« ist allen Menschen eigen. Er bestimmt individuelle und soziale Entwicklungsgänge, er zeigt sich in der Wiederkehr des ewig Gleichen. Das, was den Menschen ausmacht, muß in Nietzsches Denken nicht erst gesellschaftlich konstituiert werden, sondern ist Teil seiner biologischen Grundausstattung. Um einem Mißverständnis vorzubeugen: Der »Wille zur Macht« ist nicht Synonym für individuell-egoistische instrumentelle Rationalität und raffgierige Kalkulation. Die Rede vom »Willen zur Macht« will Authentizität, Ursprünglichkeit, Kraft menschlicher Existenz evozieren. Es geht um Qualitäten des Seins, nicht um spezifische Ziele:

»Gesetzt endlich, dass es gelänge, unser gesamtes Triebleben als die Ausgestaltung und Verzweigung Einer Grundform des Willens zu erklären – nämlich des Willens zur Macht, wie es *mein* Satz ist –; gesetzt, dass man alle organischen Funktionen auf diesen Willen zur Macht zurückführen könnte und in ihm auch die Lösung des Problems der Zeugung und Ernährung – es ist Ein Problem – fände, so hätte man damit sich das Recht verschafft, *alle* wirkenden Kraft eindeutig zu bestimmen als: *Wille zur Macht.* Die Welt von innen gesehen, die Welt auf ihren »intelligiblen Charakter« hin bestimmt und bezeichnet – sie wäre eben »Wille zur Macht« und nichts ausserdem.«[10]

Zu kurzschlüssig sind Interpretationen, die den »Willen zur Macht« konkret politisch deuten, etwa als vorwegnehmende Legitimation für Imperialismus, Faschismus usw... Im Zentrum dieser Beschreibung des Menschen als Triebwesen steht ein Konzept der individuellen Selbsterweiterung durch Ausschöpfung seines Kraftreservoirs. Nietzsche preist das »Leben« jenseits kalkulatorischer Nützlichkeitserwägungen. »Ein Grauen ist für uns der entartende Sinn, welcher spricht: Alles für mich«, heißt es in einem seiner Aphorismen. Vielmehr geht es um die Fähigkeit des Subjekts, ganz selbst sein zu können, ganz bei sich zu sein, sich seinem Wollen ganz zu verschreiben.[11] Individuum und Gesellschaft werden aus dieser Kraftquelle versorgt. Die starken Subjekte sind sich dieser prinzipiellen Konstruktion von Realität, Bewußtsein, Moral bewußt und haben Mut und Willen zur Konstruktion ihres Selbst. Das heißt aber nicht wildes »Ausleben« und »Gehenlassen«. Im Gegenteil, dazu gehören Askese, Entbehrung, Leid und Entsagung. Wichtig ist nur, daß das Subjekt aus seinem Wollen heraus handelt, autonom und selbstbezogen, als – wie es bei Nietzsche heißt – »Selbstgesetzgeber«. Das umfaßt auch die Bereitschaft, für den Willen, für die Autonomie des »Ichs« zu sterben. An vielen Stellen seiner Schriften finden wir Prognosen kommender Kriege, »grosser Politik« und einer Selbstfindung der Subjekte in der Selbstvernichtung. Bei der Schöpfung des »neuen Menschen« kommen dem Krieg, der Front, dem Tod große Bedeutung zu.

Die Selbsterweiterung des »Ich« begreift auch die Unterwerfung anderer Individuen ein. Die Pluralität der »Willen zur Macht« wird nicht in einem harmonischen Höheren versöhnt und aufgehoben. Die Bewußten, die Lebensstarken unterwerfen die Schwachen. Nietzsche ist fasziniert von »Bestien der That«, »Raubthieren«, »Barbaren« und »blonden Bestien«. Die Starken müssen führen; Napoleon ist für den

Philosophen Unmensch und Übermensch mit der richtigen Herrenmoral. »Tapferes Drauflosgehen«, »schwärmerische Plötzlichkeit von Zorn, Liebe, Ehrfurcht, Dankbarkeit und Rache«[12] werden von den »Herren« genauso gefordert wie »Zucht, Reinlichkeit«[13], das Aushaltenkönnen von Einsamkeit und vor allem das Bewußtsein des eigenen Willens. Nietzsche zählt in diesem Zusammenhang vor allem Werte des »Männlichen« und »Heroischen« auf; alles »Feminine« ist ihm zuwider. Die Starken sollen zur Umwertung aller Werte ansetzen; sollen ihren Willen zur Macht, ihre Seins-Qualität der Gesellschaft aufprägen. Dabei entsteht auch eine neue Rangordnung jenseits demokratischer Gleichheitspolitik, die auf einer Ethik der Ungleichheit beruht. Nietzsche redet vom echten Adel, der wahren Aristokratie, den Führern. Herren und Führer müssen einer anderen Moral folgen. Was den »Heerdenmenschen« verboten ist, wie Lug, Betrug, Mord, kann für die Starken, die Befehlenden zur Pflicht werden.

Aus der Dekonstruktion traditioneller Moral produziert Nietzsche so eine substantielle neue Moral, die für ihn aber nicht papiernes Denkergebnis ist, keine Scheinsicherheit oder Luftbrücke darstellt, sondern dem »Leben« entspringt. Bezeugt wird diese ›Lebenswahrheit‹ durch ein Pathos der Einsamkeit und Distanz, in welcher die herausgehobene Stellung des Subjekts ihren ästhetischen Ausdruck erhält. Authentizität setzt Entfernung voraus.

Ohne Fiktionen geht es nicht

Nietzsche ist dabei kein Zyniker. Aber mehr als nur ein bißchen sentimental ist er schon, wenn auch in cooler Version. Die »Raubmenschen« blicken in ihre eigenen Abgründe, aber dieser Blick ist keine Entlastung, keine Legitimation für Brutalität und Entgleisung. Die Starken halten Wahrheit aus und sind vor allem »neue Philosophen«. Nietzsche phantasiert sich als deren Prophet: »... sicherlich werden es Menschen der Experimente sein.... Müssen sie, in ihrer Leidenschaft der Erkenntnis, mit verwegenen und schmerzhaften Versuchen weiter gehn, als es der weichmüthige und verzärtelte Geschmack eines demokratischen Jahrhunderts gut heissen kann? – Es ist kein Zweifel: diese Kommenden werden am wenigsten jener ernsten und nicht unbedenklichen Eigenschaften entrathen dürfen, welche den Kritiker vom Skeptiker abheben, ich meine die Sicherheit der Werthmaasse, die bewußte Handhabung einer Einheit von Methode, den gewitzten, das Alleinstehen und Sich-verantworten-können; ja, sie gestehen bei sich eine *Lust* am Neinsagen und Zergliedern und eine gewisse besondere Grausamkeit zu, welche das Messer sicher und fein zu führen weiss, auch noch, wenn das Herz blutet. Sie werden *härter* sein (und vielleicht nicht immer nur gegen sich), als humane Menschen wünschen mögen, sie werden sich nicht mit der »Wahrheit« einlassen, damit sie ihnen »gefalle« oder sie »erhebe« und »begeistere«...« (H. i. O.)[14]. Der kommende Mensch trägt nicht nur den Thyrus-Stab des Dionysos, sondern treibt auch die Tätigkeit des Entlarvens weiter. Der neue Mensch durchschaut alles und trägt Textschicht für Textschicht ab, lugt hinter jede Maske, um zur Wahrheit des Willens zu kommen.

Allerdings entgeht Nietzsche dem Widerspruch nicht, daß der polyvalente »Wille zur Macht« keine singulare Wahrheit kennen kann. Es zeichnet dann auch die »neuen Philosophen« aus, daß sie in der Entlarvung der Illusionen über den Menschen an bestimmten Masken festhalten, gerade, weil sie um ihre Maskerade wissen. Wer entlarvt, kann sich bewußt für den Schein entscheiden; nicht von einer objektiven Logik gezwungen, sondern aus seinem Willen heraus: »Eine der feinsten Verkleidungs-Formen ist der Epicureismus und eine gewisse fürderhin zur Schau getragene Tapferkeit des Geschmacks, welche das Leiden leichtfertig nimmt und sich gegen alles Traurige und Tiefe zur Wehre setzt. Es giebt »heitere Menschen«, welche sich der Heiterkeit bedienen, weil sie um ihretwillen missverstanden werden: – sie wollen missverstanden sein. Es giebt »wissenschaftliche Menschen«, welche sich der Wissenschaft bedienen, weil dieselbe einen heiteren Anschein giebt, und weil Wissenschaftlichkeit darauf schließen lässt, dass der Mensch oberflächlich ist: – sie wollen zu einem falschen Schlusse verführen. Es giebt freie freche Geister, welche verbergen und verleugnen möchten, dass sie zerbrochene stolze unheilbare Herzen sind; und bisweilen ist die Narrheit selbst die Maske für ein unseliges allzugewisses Wissen. – Woraus sich ergiebt, dass es zur feineren Menschlichkeit gehört, Ehrfurcht »vor der Maske« zu haben und nicht an falscher Stelle Psychologie und Neugierde zu treiben.«[15] Ohne Fiktionen geht es nicht.

Nietzsche dementiert sich selbst. Seine Entlarvungsbemühungen nehmen seinen erkenntnistheoretischen Relativismus zurück. Gegen Ende der »Genealogie der Moral« schreibt er über die Pluralität der Wirklichkeitszugänge: »Es giebt nur ein perspektivisches Sehen, nur ein perspektivisches »Erkennen«; und *je mehr* Affekte wir über eine

Sache zu Worte kommen lassen, je *mehr Augen*, verschiedne Augen wir uns für dieselbe Sache einzusetzen wissen, um so vollständiger wird unser »Begriff« dieser Sache, unsre »Objektivität« sein. Den Willen aber überhaupt eliminieren, die Affekte sammt und sonders aushängen, gesetzt, dass wir dies vermöchten: wie? hiesse das nicht den Intellekt castrieren?...«[16]. Doch genau diese »Kastration« passiert. Seine Entschleierungen produzieren neue Sichtweisen und Lesarten. Entlarven heißt, neue Perspektiven einnehmen. Aber die Vielzahl der Sichtweisen wird gleichzeitig verringert; Nietzsches Entlarvung kommt - wie die spätere Psychoanalyse - objektivistisch, (natur)wissenschaftlich daher. Der »Wille zur Macht« ist eine physiologische Wahrheit; bei aller Kritik an den erkenntnistheoretischen Prämissen der modernen Wissenschaften, kommt Nietzsche nicht ohne Biologie, Chemie etc. aus, wobei die triebhydraulische, biochemische Beschreibung den Menschen auf den Status bestimmter chemischer Reaktionen reduziert. Daß Bedeutungen, daß die Differenz zwischen »Maske« und »Gesicht« nicht physiologisch konstituiert, sondern gesellschaftlich konstruiert wird, entgeht ihm. Zu selbstverliebt pflegt er eine Sprache objektiver Seinsqualitäten. Der »Wille zur Macht«, der sich ja immer nur sprachlich, d. h. vernünftig, fassen läßt, entlastet als große Wahrheit von den Unsicherheiten der vielen Perspektiven.

Nietzsche ist ein ängstlicher Denker; sein Streben zielt auf Solidität und Stillstellung. Die unübersichtliche, industrielle, mobile Gesellschaft soll umgeformt werden zur festen, hierarchischen Formation. »Rangordnung« gehört zu seinen Lieblingsvokabeln. Er träumt etwa von der »Züchtung«, von Vervollkommnung und Perfektionierung, von den kommenden Machtmenschen, den Über-Zombies. »Maskerade ist sonst hier nicht Sitte. Sie gab sich aus diesem Grund fast unmerkbar.«[17].

Diese Mischung aus radikaler Kritik traditioneller Normen, Entlarvung aller »Ideale«, Verachtung gegenüber zivilisierten Vergesellschaftungsformen, Spiel mit dem Bestialischen bei gleichzeitiger Bereitstellung hermetischer neuer Ordnungen und der Umwertung aller Werte wird im 20. Jahrhundert ins Zentrum des politischen Diskurses gehören. Der Schrecken der Dekadenz soll vertrieben werden. Entwicklung soll wieder in Gang kommen. Zukunft soll gewonnen werden. Nicht alle, die dabei mit Nietzsches Kategorien operieren, weisen diese Quelle aus. Für viele wäre die Aufdeckung ihres Nitzscheanismus eine Beleidigung. Hier müßte noch ein bißchen entlarvt werden.

3.
Bürgertum als Hölle: Das Arrangement der Leichen im Keller

»Der Ästhetizismus des neunzehnten Jahrhunderts kann nicht gei»stesgeschichtlich aus sich sich heraus verstanden werden, sondern einzig im Verhältnis zur tragenden Realität, den sozialen Konflikten. Auf dem Grunde der Amoralität liegt das schlechte Gewissen. Die Kritik konfrontierte die bürgerliche Gesellschaft wie ökonomisch so moralisch mit ihren eigenen Normen. Dagegen blieb der herrschenden Schicht, wollte sie nicht einfach der apologetischen Lüge und ihrer Ohnmacht verfallen wie die Hofpoeten und staatserhaltenden Romanciers, nichts anderes übrig, als das Prinzip selber zu verwerfen, an dem die Gesellschaft gemessen wird, also ihre eigene Moral.«[1]

Wie häufig bei diesem Autor, wird man auch an dieser Passage, einem Ausschnitt aus einem Text mit dem Hollywood-Filmtitel »Die Wahrheit über Hedda Gabler«, ein wenig irre, wenn man sich seinem Vorverständnis und Verlangen nach Einverständnis bezüglich bestimmter Begriffe und Perspektiven nicht beugt. Wer oder was also ist die »herrschende Schicht« der bürgerlichen Gesellschaft, der nichts anderes übrig bleibt, als die Moral dieser Gesellschaft zu verwerfen? Die Bohème ja wohl nicht.

Vielleicht schlägt da Dialektik als Privatmythologie Kobolz. Die Kunstproduzenten, jedenfalls ein großer Teil von ihnen, fanden an der Entlarvung des Bürgertums und dessen »Lebenslügen« gegen Ende des 19. Jahrhunderts und weit in das folgende hinein ein beachtliches Vergnügen, gewürzt durch einen zwischen Schauder und Empörung angesiedelten *thrill*. Das kitzelte auch die Kunstbeflissenen unter den Bürgern und Bürgerinnen gar nicht wenig. Und die ihrer Selbstwahrnehmung nach jenseits der Bürgerlichkeit operierenden Kritiker der bürgerlichen Gesellschaft? Sie ekelten sich auch, und im übrigen wunderten sie sich. Es war ihnen nicht recht klar, wo und vor allem wie sie die Grenze zwischen dem, was mit in den Abgrund der Geschichte geworfen, und dem, was, vielleicht ein bißchen umfrisiert und recycelt, in der neuen Welt dem neuen Menschen zugemutet werden könnte und/oder ihm gleichfalls ein Vergnügen bereiten würde.

Ernst Bloch hat diese *borderline*-Konstellation im Blick auf Ibsen so formuliert: »Ibsen hat in seinen meisten Dramen die Leidenschaft, zu zeigen, wie die verkündeten bürgerlichen Ideale und die bürgerliche Praxis überhaupt nichts mehr miteinander gemein haben. ›Das Puppenheim‹, ›Gespenster‹, ›Die Wildente‹ sind lauter Abwandlungen des Themas Ideal-Phrase... Greger Werle in der ›Wildente‹ ist genau der Don Quixote der bürgerlichen Ideale, mitten in einer verkommenen Bourgeoisiewelt, und der Zynismus Rellings, wenn er diese Ideale nicht bloß Lügen, sondern dem Durchschnittsmenschen notwendige Lebenslügen nennt, ist gar nicht nur zynisch, er nennt den Sonntags-Schwindel des spätbürgerlichen Ideals nur beim Namen. Mit der Grenze, daß Ibsen selber noch an die bürgerlichen Ideale glaubt, glauben will und sie in den Dramen nach der ›Wildente‹ so darzustellen versucht, daß sie der Kritik Rellings nicht verfallen. Neue Welt war weder bei Fontane noch bei Ibsen, dafür wurde die alte immanent denunziert, mit ihrem Mißverhältnis zwischen Theorie und Praxis, mit ihrer tief eingefressenen Heuchelei.«[2]

Neue Welten und neue Menschen wurden mit Verve insbesondere in und nach der großen und die damals geltende Welt-Ordnung samt ihren Bewohnern wahrhaft bis ins Mark erschütternden sozio-politischen Katastrophe des Krieges 1914-1918 gesucht. Davor zielt die ästhetisch motivierte oder sich künstlerischer Ausdrucksweisen bedienende Kritik an der bürgerlichen Gesellschaft stärker entweder auf eine Verbesserung der Gesellschaft (naive Variante) oder auf die Etablierung eines sozialen Schutzraums, in dem man den eigenen künstlerischen und sonstigen Neigungen mehr oder weniger konsequent und möglichst unbehelligt von den Instanzen und Agenturen des üblichen bürgerlichen Lebens nachgehen konnte (realistische Variante).

Es überrascht die Namensgebung für die zweite Variante vielleicht ein wenig. Wo doch die hier siedelnden Künstler und Gesellschaftskritiker allgemeiner Auffassung nach eigentlich ganz unrealistische Menschen, ja ›große Kinder‹ waren, die nicht zuletzt deshalb sich an den Rand der bürgerlichen Gesellschaft begeben hatten, weil sie mit deren Funktions- und Lebensgesetzen nichts anzufangen wußten. Aber genau dieses Verhalten der Bohème (das ist der Name für den Schutzraum und auch für die, die sich darin aufhielten) ist ja, betrachtet man's genau, treffend mit ›realistisch‹ zu kennzeichnen.

Die Geschichte der Bohème im 19. Jahrhundert macht einige Wendungen. Für Karl Marx handelte es sich um die Mitte des Jahrhunderts um nicht viel mehr als verkommene und abenteuernde »Ableger der Bourgeoisie«[3]. Gegen Ende des Jahrhunderts hob sich das (Anti-)Sozialprestige der Bohème ein wenig. Sie wurde zu einer »Subkultur von Intellektuellen – in denjenigen industriellen und sich industrialisierenden Gesellschaften des 19. und 20. Jahrhunderts, die ausreichend individualistischen Spielraum gewähren und symbolische Aggressionen zulassen; – Randgruppen mit vorwiegend schriftstellerischer, bildkünstlerischer oder musikalischer Aktivität oder Ambition und mit betont un- oder gegenbürgerlichen Einstellungen und Verhaltensweisen. Bedeutende und unbedeutende, berühmte, berüchtigte und unberühmte Autoren und Künstler zählen dazu: Bohème ist keine ästhetisch-kritische, sondern eine sozialgeschichtliche Kategorie.«[4]

Zu diesen un- oder gegenbürgerlichen Einstellungen und Verhaltensweisen zählte vieles, was den Bürger (und zwar den Philister wie den Spießbürger) geradezu brennend interessierte, besonders wenn er männlichen Geschlechts war. Auf der anderen Seite erkauften die Bohémiens ihre (relative) Freiheit von den Zwängen des bürgerlichen Alltagslebens mit dem Verzicht auf die (relative) materielle Sicherheit. Eine Lebensform, die Anti-Bürgerlichkeit zum Programm erhebt und das Bürgertum als Hölle interpretiert, ist deswegen dem Bannkreis des Bürgertums noch lange nicht entronnen.

Die Denunziation des Doppelstandards als Doppelstandard

«Die Persönlichkeitsvorstellung des 19. Jahrhunderts setzte sich aus drei Elementen zusammen: Einheit von innerer Regung und äußerer Erscheinung; Selbstkontrolle des Gefühlslebens; Spontaneität als Abnormität«, schreibt Richard Sennett im Blick auf die damalige moderne Gesellschaft, und er stellt fest, daß das Vordringen dieses Persönlichkeits-Konzepts in das Bürgertum – unter den besonderen historischen Bedingungen des sich ausbreitenden Industriekapitalismus – einen mächtigen psychischen Druck erzeugt habe: »Angst vor unwillkürlicher Charakteroffenbarung, Vertauschung und gegenseitige Durchdringung öffentlicher und privater Bildwelten, defensive Einschränkung des eigenen Empfindens und zunehmende Passivität. Kein Wunder, daß über diese Epoche etwas Unheilverkündendes, Dunkles zu schweben scheint.«[5] Man könnte auch sagen: etwas Muffiges. Gewiß ist diese Beobachtung nicht falsch, aber sie beruht auf einem verengten Blickwinkel. Die Unheilverkünder und Angst-Sezierer haben in der Tat, ebenso wie die Tröster und Angst-Auflöser, gegen Ende des 19. Jahrhunderts ihre Hochkonjunktur (sie ist, mit Schwankungen, bis heute nicht abgerissen). Die Wendung ersterer gegen die bürgerliche Gesellschaft bedeutet jedoch ebensowenig ein ernsthaftes Aushebeln der Wirkmechanismen dieser Gesellschaft wie die Heilsversprechen letzterer mehr waren und sind als rhetorische Palliative und Placebos.

Ja, die immanente oder die radikale Kritik des bürgerlichen Persönlichkeits-Konzepts und der bürgerlichen Gesellschaft insgesamt, die Entlarvung von Heuchelei, doppelter Moral und Lebenslügen, so unsere These, ist ein geradezu unverzichtbarer Bestandteil bürgerlicher Lebensform, deren Charakteristikum es – unter dem Vorzeichen wackelig gewordener oder verloren gegangener Transzendenz – ist, die strenge Geltungskraft sozialer Normen mithilfe der subversiven Institution des Doppelstandards zu aufzuweichen.

Der bürgerliche Doppelstandard funktioniert nicht als Ritual oder Ventil, und es gehört zu seinen Eigenschaften, daß er nicht offengelegt werden darf. Im Gegenteil: er muß andauernd geleugnet oder attackiert werden, von innen wie von außen; würde er offiziell eingeführt oder auch nur toleriert, verlöre er seinen Status und müßte sich auf eine andere Ebene flüchten. Würde er mit wirklicher Strenge verboten (die allerdings zuweilen exemplarisch demonstriert wird, z. B. an rundherum suspekten Individuen wie Oscar Wilde), Versuche dazu hat es auch immer wieder gegeben, sogar außerhalb der bürgerlichen Welt, würde sich der soziale Zusammenhang binnen kurzem aufreiben. Auf dem Grunde der Amoralität, um Adornos Diktum aufzugreifen, liegt nicht das schlechte Gewissen, vielmehr die Sorge um die Moral. Die Entlarvung und Enttarnung bürgerlicher Wohlanständigkeit ist im übrigen von ganzen Generationen von Bürgerkindern mit heißen Ohren als Sozialisation in den Doppelstandard gelesen worden, zuletzt noch vor gar nicht so langer Zeit.

In aller Unschuld, sozusagen, hat dies Peter Szondi in seiner »Theorie des modernen Dramas« ausgesprochen. Am Anfang des modernen Dramas steht für Szondi die Figur Ibsens, von dem es heißt: »Indem er aber die Enthüllung verborgenen Lebens dramatisch unternahm, sie durch die dramatis personae selbst vollbringen wollte, zerstörte er es. Nur in sich vergraben, von der ›Lebenslüge‹ zehrend, konnten Ibsens Menschen leben. Daß er... sie nicht in ihrem Leben beließ, sondern zur offenen Aussprache zwang, tötete sie.«[6]

Ibsen tötete niemanden wirklich, denn es handelt sich ja bei ihm um Theaterfiguren und nicht um wirkliche Personen. Allerdings wurden sie gar nicht selten, so von Sigmund Freud in seiner Analyse der ›Vergangenheit‹ von Rebekka West aus »Rosmersholm«, wie wirkliche Personen behandelt.[7] Die Aufdeckung der peinlichen Verstrickungen, der ekligen Spontaneitäten, der Konsequenzen des nicht oder falsch kontrollierten Gefühlslebens sowie der unappetitlichen bis perversen inneren Regungen der bürgerlichen Persönlichkeit heilt in der Tat gar nichts. Bei Ibsen sterben die Menschen daran, daß ihre Leichen im Keller um-arrangiert werden. Sie werden selber zu einer. Bei der Ibsen-Lektüre klären sich die Leserinnen und Leser darüber auf, wie man es besser nicht macht (und was es, erstaunlich, unglaublich, doch so alles gibt!). Man nimmt ein bißchen Unterricht bei den Bohémiens und schnuppert den Duft der bald ja doch ziemlich schalen Exzesse anti-bürgerlichen Verhaltens. Nur die Moralitäts-Apostel nimmt keiner ernst. Denn man weiß ja nur zu gut: Die haben auch ihren Doppelstandard.

Gespenster – Ein Familiendrama

Die bürgerliche Familie gilt in der sozialgeschichtlichen und soziologischen Literatur gemeinhin als ein Schutzraum, in den sich die männlichen Erwachsenen zurückziehen, aus dem die weiblichen Erwachsenen nicht herauskommen und in dem die Kinder nach strengen Regeln geformt werden konnten – kurz, als ein Element der sozialen Stabilität inmitten des beschleunigten sozialen Wandels. Bedenkt man es genau, dann war es mit dieser Stabilität jedoch nicht weit her. Sie stand auf tönernen Füßen. Sie wurde simuliert. Simulation heißt hier nicht Nachahmung, vielmehr das bewußte Anstreben eines eindeutig unerreichbaren Zustandes (z. B. des Glücks und der Harmonie zwischen allen Familienangehörigen) unter Beimischung von gut dosiertem Betrug und vor allem Selbstbetrug.

Dieses Verhalten, dafür stehen die Dramen Carl Sternheims »aus dem bürgerlichen Heldenleben« vom Beginn des 20. Jahrhunderts, kann sehr wohl in dem Sinne erfolgreich sein, daß Reichtum, Ruhm,

Ehre, öffentliches Ansehen und private Zufriedenheit erreicht werden. Was ja alles auch notwendig ist, um eine Karriere als bürgerlicher Kunstmäzen einzuschlagen, von dessen milden Gaben die sozialästhetischen Kritiker des Bürgertums aufgepäppelt werden – ein Kreislauf, von dem alle etwas haben (nur Carl Sternheim selbst war in gewisser Weise ein Spielverderber).

Simulation, um es zu wiederholen, ist nicht der Schlüsselbegriff für die Pseudo-Alternative Schein und Sein (in der Gesellschaft), auf welche die antibürgerliche Kritik immer wieder mit Wonne hereingefallen ist, wofür wir ausdrücklich unser Verständnis zu Protokoll geben. Vielmehr will Simulation dem Unerreichbaren sozusagen durch forcierte Empathie näherkommen. Dafür nun sind Ibsens »gesellschaftskritische« Dramen spannende Beispiele, zuweilen auch unfreiwillig komische. Für letzteres hatten die Zeitgenossen keinen Sinn, weil es sich bei den Themen Ibsens um »heiße Themen« der damaligen öffentlichen Debatten handelt.

Das »Familiendrama in drei Akten« mit dem Titel »Gespenster« (im norwegischen Originaltitel »Gengangere«, was eigentlich »Wiedergänger« heißt[8]) entstand im Jahr 1881, als Ibsen gerade erst die lange ausgebliebene Anerkennung als Dramatiker von europäischem Rang erreicht hatte. Das half ihm zunächst nicht viel: »Bei Erscheinen rief ›Gespenster‹ allgemeine Entrüstung hervor... Sowohl die Konservativen als auch die Liberalen verurteilten dieses düstere Stück, das ein verpöntes Thema behandelte und die ganze Gesellschaftsordnung verwarf.«[9] Die europäischen Theater lehnten das Stück ab, so daß seine Uraufführung in Chicago stattfand. Allerdings brach sich die aufgestaute Neugier auch bald in Europa Bahn, und es war – ausgerechnet – die Theatertruppe des sächsisch-meiningenschen Herzogs Georg II., die das Stück in Deutschland zuerst herausbrachte. Gegen Ende der achtziger Jahre konnte es dann seinen Siegeslauf auf den Theatern Europas beginnen.

Das »verpönte Thema«, das Ibsen hier aufgriff und das ihn ganz und gar nicht dazu brachte, die gesamte bürgerliche Gesellschaftsordnung zu verwerfen, ist das Scheitern des Versuchs, die beträchtlichen materiellen Überbleibsel und die ebenfalls nicht unbeträchtlichen psychisch-physiologischen Schäden eines verkorksten Familienlebens zur Wohlanständigkeit zu arrangieren. Das schwarze Schaf des Familiendramas, man müßte eigentlich sagen: der schwarze Bock, nämlich der Hauptmann und Kammerherr Alving, ist beim Aufgehen des Vorhangs bereits zehn Jahre in der Erde. Seine Witwe, Helene Alving, hat neben ihrem Landgut ein Kinderheim erbauen lassen, das nun eingeweiht werden und den Namen »Hauptmann-Alving-Stiftung« tragen soll. Diese nach außen hin großherzige Tat zu Ehren eines angesehenen Verstorbenen soll aber auch etwas anderes sein – eine Art späte Reinigungs-Zeremonie, eine letzte und dieses Mal sogar von der Kirche gesegnete (wenn auch, wie sich zum Ende des Stücks herausstellt, fatalerweise nicht versicherte) Geste des Hinausweisens und des Abschiednehmens von einem Mann, der hinter der Maske der Wohlanständigkeit »ebenso ruchlos – in seinen Gelüsten wenigstens... gestorben ist, wie er immer gelebt hatte.«[10]

Diese Worte fallen, weil der Pastor Manders, nunmehr der kirchlich-administrative Berater der Witwe Alvings in Sachen Kinderheim (mehr nicht, warum denken Sie gleich an sowas!), früher aber ihr Jugendfreund und jemand, den sie einmal vergeblich um Hilfe und Schutz vor ihrem Wüstling-Gatten angefleht, in edler Weise auch geliebt hat (aha! doch?), weil also Pastor Manders, früher ein jugendlicher, jetzt ein mittelalter Holzkopf sondergleichen, noch immer an der Fiktion von der glücklichen Ehe der Alvings festhält. Deshalb wird er nun mit allem Nachdruck von Helene Alving aufgeklärt: Diese Ehe ist nichts als ein »verdeckter Abgrund« gewesen, und geheim hat das alles nur bleiben können, weil Helene ihre ganze beträchtliche Organisations-Kraft dazu verwendet hat, diesen Abgrund verdeckt zu halten. Sogar mit dem Stubenmädchen hat er ein Verhältnis angefangen.

> »*Frau Alving:* Ich hatte viel in diesem Haus erduldet. Um ihn ans Haus zu fesseln an den Abenden – und in den Nächten – mußte ich mich oben auf seinem Zimmer zum Genossen seiner heimlichen Gelage machen. Da hab' ich unter vier Augen mit ihm sitzen müssen, hab' mit ihm anstoßen und trinken, seine unzüchtigen, sinnlosen Reden mit anhören müssen, hab' ich einen Ringkampf mit ihm kämpfen müssen, um ihn ins Bett zu kriegen – *Manders (erschüttert):* Und das alles haben Sie ertragen können?!« (S. 37)

Nun ja, unsere Erschütterung hält sich noch in Grenzen. Aber es geht ja weiter. Aus der Alvingschen Ehe ist – wie nur? – ein Sohn hervorgegangen, Osvald. Er ist Maler und lebt schon viele Jahre in Paris. Zur Einweihung der nach seinem Vater benannten Stiftung ist er nach Hause gereist. Er hält die Erinnerung an seinen Vater in

Ehren und weiß nichts von dessen Ausschweifungen, denn die Mutter hatte ihn seinerzeit früh aus dem Haus gegeben. Die Folge des Alving'schen Seitensprungs mit dem Stubenmädchen (das später standesgemäß an einen alkoholkranken Tischler verheiratet wurde) ist eine Tochter, Regine Engstrand. Und so, wie Frau Alving ihren eigenen Sohn früh aus dem eigenen Haushalt entfernt hat, so hat sie die illegitime Tochter ihres Mannes in ihrem Haushalt aufgenommen. Nicht gerade logisch, aber dramaturgisch ergiebig.

Während der holzköpfige Pastor Manders wegen der Eröffnungen aus allen Wolken fällt, wird schon im ersten Akt des Dramas deutlich, daß der verspätete und gesellschafts-konforme Reinigungsakt von Frau Alving scheitern wird. Komplikationen ergeben sich, weil Osvald ein Auge auf Regine geworfen hat, seine Halbschwester, was aber weder er noch sie ahnen. Regine bewegt sich als ein waches, ehrgeiziges und nicht sehr charakterfestes Wesen durch das Stück; in manchem scheint sie ihrem Vater, dem Hauptmann, nachzuschlagen.

Es wird nun zum Problem von Frau Alving, ihrem Sohn das kosmetisch überarbeitete Vaterbild nicht zu zerstören, weil das möglicherweise den Zusammenbruch Osvalds bewirken würde. Dieser nämlich offenbart sich als geistig gebrochen und krank, unfähig zu weiterer künstlerischer Arbeit. »Wurmstichig« sei der Ausdruck des Arztes gewesen, der ihn untersucht habe, ein Wort, das Fallobst, Herbstnebel und den Sündenfall in der Bibel assoziieren läßt. Osvald beteuert hoch und heilig, daß es nicht das Bohème-Leben in Paris gewesen sei, was ihn so krank gemacht habe. Vielleicht aber schon allein die Nähe zum Künstlervolk? Ahnungslos sagt er: »Wenn es doch wenigstens etwas Ererbtes wäre – etwas, wofür man selbst nichts kann.« (S. 62)

Osvald ist geschlagen mit einer ihn lähmenden, tödlichen Angst. Wovor, das will und kann er zunächst auch (oder: gerade) seiner Mutter nicht sagen (S. 66). Das lange Gespräch zwischen Osvald und seiner Mutter über Angst und verlorene Lebensfreude wird am Ende des zweiten Aktes plötzlich abgebrochen: Der Neubau des Kinderheims brennt. Die letzten Worte in diesem zweiten Akt gehören dem Holzkopf Manders. Er hatte, auch darin anachronistisch, bei den Beratungen über den Bau des Heims aus Rücksicht auf quasi-transzendente Schicklichkeit erfolgreich dafür plädiert, demonstrativ auf Gottes schützende Hand zu vertrauen. Jetzt schlägt er die Hände zusammen und ruft schmerzvoll aus, was wie ein Menetekel der Moderne klingt: »Und nicht versichert!« (S. 71)

Danach entknotet sich das dramatische Knäuel ziemlich rasch zum scheußlichen Ende. Osvald und Regine werden über ihre halbgeschwisterliche Verwandtschaft miteinander informiert, was Regine, die schon von einem sozialen Aufstieg und gar ein bißchen von Paris geträumt hat, dazu bringt, mit ihrem nicht mehr so trinkfesten Stiefvater, dem Tischler Engstrand, in die Stadt zu ziehen und ein zweifelhaftes Etablissement für Seeleute zu eröffnen (einen Zuschuß dazu ergattert Engstrand vom Pastor Manders, den er mit dem Geschick des Alkoholikers über den Tisch zieht). Osvald hingegen muß nun erkennen, daß seine eigene Krankheit in der Tat etwas Ererbtes ist, eine Konsequenz des ausschweifendes Lebens von seinem Vater. Seine Angst wird dadurch nicht aufgehellt; und jetzt kann er auch seiner Mutter deren Grund erklären – es ist die Angst vor einem weiteren »Anfall«. Denn der nächste Anfall könnte zu einer Art Gehirnerweichung, also zum Wahnsinn führen. Osvald hat sich mit Morphiumpulver eingedeckt und bittet seine Mutter »um den letzten Liebesdienst« (S. 87) für den Fall, daß sich diese Prognose tatsächlich erfüllt.

Als am Schluß des Dramas, bis dahin hat es ununterbrochen geregnet, strahlend die Sonne aufgeht, ist die Krankheit Osvalds wirklich in ihr letztes Stadium getreten. Die Mutter ringt mit sich, ob sie ihm das Gift geben soll oder nicht. Ibsen läßt offen, ob sie sich dazu entschließen wird. Aber man kann sich leicht ausmalen, daß sie es vielleicht doch lieber nicht tun und für ihren Sohn so etwas Ähnliches wird, wie es Elisabeth Förster für ihren Bruder war.

Die Leiche im Laderaum

Es gibt aus der Feder Ibsens einen ziemlich umständlich und gravitätisch verfaßten »Reimbrief«[11], in dem so etwas wie eine Zeitdiagnose des ausgehenden 19. Jahrhunderts gestellt wird. Dieser Brief an einen Freund beginnt so:

Sie schreiben mir so trüben Muts und fragen,
Warum so matt geh' dies Geschlecht einher,
Gleichgültig stumpf in gut und bösen Tagen,
Als drück' ein unklar Angstgefühl es schwer,
Das ahnungsvoll gefangen ihm den Sinn nimmt;
Warum fast Jeder heute, stumm und starrend,

Was ihm das Schicksal bringt, in Schlaffheit hinnimmt,
Der Dinge, die da kommen sollen, harrend.

Nun, meint der Dichter, könne er das so direkt auch nicht beantworten, aber vielleicht doch mit einem Bild. Dieses Bild wird sodann kräftig ausgemalt, es ist ein gut gebautes Segelschiff, das durch die Meere fährt, in den verschiedenen Häfen Ladung löscht und aufnimmt, mit fröhlichen und lebensmutigen Matrosen und Passagieren. Jedoch ist dieser Optimismus ein Trug:

Und doch, trotz alledem, was kann passieren
Aus heiterm Himmel! Ohne weitern Grund
Ist rings an Bord um aller Sinn und Mund
Ein seltsam drückendes Gefühl zu spüren.
Erst ist's, als ob es Einzelne ergriffe,
Bis endlich allesamt es übermannt:
Schlaff geht das Werk von statten auf dem Schiffe;
Schlaff wird gerefft; schlaff tönen selbst die Pfiffe;
Zum Omen wird der kleinste Gegenstand.

...

Ein heimlich Grauen hält den Sinn umdüstert,
Obschon kein Einz'ger forscht, noch davon flüstert.

Was ist der Grund? Was ist geschehn an Bord?
Warum gehn alle wie mit Angst beladen?
Was lähmte Sinn und Willen, Arm und Wort?
Geschah ein Unglück? Droht dem Schiffe Schaden? –
Nein, alles geht wie sonst noch seinen Gang,
Nur freud- und mutlos, ohne Sang und Klang.
Warum? weshalb? – Es heißt, daß sonder Rast
Ein unheimlich Gerücht umher sich schleiche
Vom Vordersteven bis zum Achtermast:
Das Schiff führ' mit als Ladung eine Leiche.

Das Reimgedicht kann noch mit etlichen Strophen dienen, in denen auch der ein wenig diffus bleibende Versuch vorgetragen wird, dieses Bild oder diesen Mythos (des bekannten »Seemannsaberglaubens«) sozio-politisch zu interpretieren. Auch Europa also – damals zu den

Hochzeiten des Imperialismus – sticht frohgemut in die Welt, wird aber mehr und mehr beschwert durch die Ahnung von einer Leiche im Laderaum.[12]

Für die Binnenländer muß man ›Laderaum‹ durch ›Keller‹ ersetzen. Der Sachverhalt selbst, wenn er auch die Zeitgenossen im späten 19. Jahrhundert skandalisiert hat, ist unbestreitbar. Nicht, daß es Leichen im Keller gibt, ist das eigentlich Empörende, auch nicht, daß es so viele sind. Wirklich niederschmetternd ist hingegen, daß man nicht weiß, wie man damit umgehen, wie man sie entsorgen (oder: sich ent-sorgen) soll. Der verfemte Teil der Persönlichkeit und der Gesellschaft können nur eine Zeitlang beschönigt, parfümiert werden. Es soll sie nicht mehr geben. Man will einen sauberen Keller; aber selbst, wer es so geschickt anfängt wie Helene Alving, vergiftet sich an der Wahrheit. Die zerbrochene Lebenslüge tötet die Menschen.

Wenn das Individuum aber nicht mit seiner Lebenslüge leben kann und ohne sie erst recht nicht, wird es auf andere Entsorgungsverfahren sinnen, um mit sich selber und mit der Gesellschaft ins Reine zu kommen. Tiefenreinigungen sind angesagt, medizinisch abgesichert und rundum hygienisch.

Und selbst, wenn sich herausstellen sollte, daß damit auch nur Umbettungen und neuartige Arrangements der Leichen im Keller zu bekommen sind, für eine Zeit, vielleicht für ein Leben lang, mag es ja reichen. Hofft man.

Und dann gibt es ja auch immer noch die brachialen Rezepte und ihre Anhänger, die radikal Schluß machen wollen mit den Leichen. Indem sie sie zu neuem Leben erwecken, und die Lebenden gleich dazu.

4.
Gesellschaft mit Eigenleben: Durkheims Soziologie

»Seit einiger Zeit ist die Soziologie in Mode. Vor einem Jahrzehnt noch kaum bekannt und fast verrufen, ist das Wort heute in aller Munde. Immer häufiger beruft man sich auf die neue Wissenschaft, und das Publikum ist ihr offensichtlich gewogen. Man erwartet viel von ihr. Dennoch ist einzuräumen, daß die Ergebnisse, zu denen sie bisher gelangt ist, weder mit der Zahl der Veröffentlichungen noch mit dem Interesse, das ihnen entgegengebracht wird, im Einklang steht. Man erkennt aber den Fortschritt einer Wissenschaft daran, daß die Fragen, die sie behandelt, nicht stehenbleiben. Man spricht von einem Fortschritt, wenn Gesetze entdeckt werden, die bisher unbekannt waren oder wenn zum mindesten neue Tatsachen, selbst wenn sie noch keine definitiven Lösungen zulassen, die Art und Weise verändern, in der die Probleme gestellt waren. Leider gibt es aber einen guten Grund, warum uns die Soziologie dieses Bild nicht bietet; sie hat sich bisher meistens keine bestimmten Probleme gestellt. Sie hat eben noch nicht das Stadium der philosophischen Konstruktionen und Synthesen hinter sich gebracht. Statt sich die Aufgabe zu stellen, einen beschränkten Teil des sozialen Feldes genauer zu beleuchten, erforscht sie mit Vorliebe brillante Allgemeinheiten, deren Fragen vorbeiparadieren, ohne daß eine wirklich behandelt würde. Diese Methode erlaubt zwar, die Neugier des Publikums zu überlisten, das damit scheinbar über alles Mögliche Bescheid weiß; aber sie erreicht nichts wirklich Greifbares. Man kann aber mit keinen summarischen Untersuchungen und Augenblickseinfällen Gesetze einer derart komplexen Wirklichkeit entdecken, wie es die Gesellschaft ist.«[1]

Emile Durkheim beschreibt hier den Zustand einer Wissenschaft von der Gesellschaft, deren Bedeutung gegen Ende des 19. Jahrhunderts immer größer wird, deren Systematik, Theorie und Methodologie aber die Anforderungen, die an eine moderne Wissenschaft gestellt werden, nicht erfüllt. Die Untersuchung gesellschaftlicher Zustände durch »alte« und »neue« Soziologie kreist dabei vor allem um das Thema des sozialen Zusammenhalts, wobei jede kompetente soziologische Theorie die Verbindung von selbstbestimmt handelnden, freien Individuen und gesellschaftlicher Integration beschreiben können muß.

Ein beliebtes Erklärungsmodell für das Zusammenspiel unzähliger Einzelwillen waren (und sind) ökonomische Theorien, in denen die individuelle Nutzenkalkulation zur Grundlage auch des gesellschaftlichen Gewebes wird. Quasi hinter dem Rücken der Einzelnen waltet z. B. die »unsichtbare Hand« des Marktes, der die Austauschbeziehungen regelt und das allgemeine Wohl sicherstellt. Was dem Individuum nutzt, kommt auch der Gesellschaft zugute. Sozialität verweist damit auf kalkulierende Rationalität und die Objektivität von Werten, auf deren richtiger Berechnung durch die Einzelnen sie beruht.

Allerdings büßen ökonomische Theorien objektiver Wertlehren gegen Ende des 19. Jahrhunderts ihre unangefochtene Stellung ein. Mit der Subjektivierung ökonomischer Größen verliert auch die Vorstellung von der konfliktfreien Versöhnung zwischen individuellen Interessen und Allgemeinwohl durch das Walten ökonomischer Logik an Anziehungskraft. Jetzt stellt sich das Problem der Integration in differenzierten, mobilen Sozialverbänden neu. Und nicht nur theoretisch: Die industriellen Massengesellschaften mit ihrer schnellen Entwicklung, ihren neuen Produktions- und Lebensformen, ihrer normativen Unübersichtlichkeit fordern die Soziologie als moderne Wissenschaft heraus. Wie andere Wissenschaften beweist die »neue« Soziologie ihre Fortschrittlichkeit, indem sie mit den spekulativen, metaphysischen Inhalten der »alten« Soziologen – man denke hier etwa an Comte – bricht. Sie betont ihre empirische Ausrichtung, ihren Kontakt zur Realität, ihre Überprüfbarkeit, ihre induktive Logik. Die Statistik wird zur wichtigsten Hilfswissenschaft. Nicht zufällig bringt das ausgehende 19. Jahrhundert überall in den entwickelten industriellen Formationen statistische Ämter hervor, statistische Institute, einschlägige Periodika, Vereine und Vereinigungen, Lehrstühle, Diplome.[2] Aus der Vermessung von Individuen und Gesellschaft, von Zählung und Sammlung der »sozialen Tatsachen« soll die Sicherheit unbestreitbarer Aussagen über »die Wirklichkeit« hervorgehen. Diese Soziologie will Gesetze (aber andere als die der Sozialphilosophie) produzieren, will dem Kausalnexus auf die Spur kommen, wie – in anderen Bereichen – die moderne Medizin den Krankheitsfaktoren nachspürt. Ähnlich phantasiert sich der Soziologe dann auch als Weltexperte, als globaler Intellektueller, als Halbgott, weil er mehr weiß als die betroffenen Individuen, weil er ihre Geschichte besser kennt als sie selbst. Das setzt eine Sprache der Distanz, der Kühle voraus; der besondere Untersuchungsgegenstand »Gesellschaft« korrespondiert mit der klinischen Semantik empathiefreien Sprechens. Subjekte tauchen – wenn überhaupt – nur noch als »Fälle« auf.

Einsame Entscheidungen

Jede Gesellschaftstheorie findet im individuellen Verhalten, das sich in seiner Idiosynkrasie bis zur Krankheit steigern kann, ihre eigentliche Herausforderung. Gerade die vermeintliche Bindung bestimmter Handlungen an die Subjektivität der Individuen hat Durkheim bestimmt, den Selbstmord zu seinem soziologischen Thema zu machen. Der Suizid war bis dahin vor allem psychologisch und/oder moralisch gedeutet und bewertet worden. Die Motive und Ideen des Einzelnen standen im Mittelpunkt der Betrachtung. Allenfalls knüpfte sich an solche psychologischen Erklärungsversuche ein Tugenddiskurs an über erlaubte und verbotene Selbsttötungen.

Durkheim wählt eine andere Perspektive. Seine Beschäftigung mit dem Selbstmord geht von der Beobachtung einer seit Beginn des 19. Jahrhunderts kontinuierlich steigenden Selbstmordrate in den westeuropäischen Gesellschaften aus.[3] Dem privaten, isolierten, einsamen Selbstmord muß also ein überindividuelles Muster des Anstiegs, einer bestimmten geographischen und demographischen Verteilung, einer spezifischen räumlichen Konzentration usw. zugrunde liegen. Durkheim wendet sich gegen die Psychologisierung und Privatisierung gesellschaftlicher Tatsachen und weist der neuen Soziologie damit ein eigenes Untersuchungsgebiet zu: »Unter dem Vorwand, die Soziologie fester zu untermauern, indem man sie auf die psychologische Konstitution des Menschen gründet, bringt man sie von dem einzigen Gegenstand ab, der ihr zusteht. Man sieht nicht, daß es keine Soziologie geben kann, wenn es keine Gesellschaften gibt, und daß es keine Gesellschaften gibt, wenn es nur Individuen gäbe. In diesem Buch *(Der Selbstmord)* aber strömt im Gegenteil aus jeder Seite der Eindruck, daß das Individuum von einer moralischen Wirklichkeit beherrscht ist, die über es hinausreicht: die kollektive Wirklichkeit.

Wenn man sieht, daß jedes Volk eine Selbstmordrate hat, die nur ihm eigen ist, und daß diese Rate konstanter ist als die der allgemeinen Sterblichkeit, daß sie, wenn sie anwächst, einem Beschleunigungskoeffizienten folgt, der jeder Gesellschaft eigentümlich ist, und daß die Variationen, die sie während der verschiedenen Zeitpunkte des Tages, des Monats oder des Jahres aufweist, nur den Rhythmus des sozialen Lebens wiedergeben; wenn man festgestellt hat, daß Ehe, Scheidung, Familie, Konfession, Armee usw. sie nach bestimmten Gesetzen beeinflussen, von denen einige sogar zahlenmäßig ausgedrückt werden können, dann wird man darauf verzichten, in diesen Zuständen und Institutionen nur irgendwelche ideologischen Einrichtungen sehen zu wollen, denen weder Kraft noch Wirkung zu eigen ist.... Unter diesen Umständen wird man besser begreifen, daß die Soziologie objektiv sein kann und sein muß, da sie sich Wirklichkeiten gegenüber sieht, die ebenso bestimmt und beständig sind wie jene, mit denen sich der Psychologe oder der Biologe befaßt.«[4]

Das Individuum sieht sich hier – gerade in seiner einsamsten Stunde – an die Gesellschaft ausgeliefert. Der soziale Zusammenhang ist dabei mehr als die Summe individueller Handlungen. »Soziale Tatsachen« bilden eine eigene Wirklichkeit und eine eigene Wahrheit (und damit auch einen eigenen Forschungsgegenstand und -zusammenhang). Wenn der Soziologe vom Selbstmord spricht, hat das mit suizidalen Individuen nur insoweit zu tun, als diese in Statistiken und Vermessungen als numerische Größen wieder auftauchen. Seine Untersuchungen setzen sich dann auch nicht aus Einzelbeobachtungen auf der individuellen Handlungsebene zusammen. Er verzichtet etwa auf die Sammlung und Deutung sogenannter »Abschiedsbriefe« oder anderer Zeugnisse der Selbstmörder, Gespräche mit Personen, die einen Suizidversuch unternommen haben usw... Denn diese individuelle Ebene verstellt eher den Blick für die gesellschaftliche Wirklichkeit der Selbstötung:

> »Wenn man nämlich, anstatt in ihm (dem Selbstmord) nur einen isolierten Einzelfall zu sehen, der jeweils eine Einzeluntersuchung verlangte, die Gesamtheit der Selbstmorde betrachtet, die in einer gegebenen Gesellschaft und einem gegebenen Zeitabschnit begangen wurden, stellt man fest, daß das so gewonnene Gesamtergebnis nicht einfach die Summe voneinander unabhängiger Einzelfälle darstellt, eben eine Ansammlung, sondern daß dieses Ergebnis eine neue Tatsache sui generis schafft, die Einheitlichkeit und Besonder-

heit besitzt, also ihre eigene Natur hat, die überdies von eminent sozialer Bedeutung ist.«[5]

Individuen kommen hier nicht mehr vor. Nicht die Erkundung ihrer Intentionen und Motive klärt die soziologische Frage nach der Selbsttötung, sondern der Prozeß der Vergesellschaftung folgt einer eigenen Logik. Quantitative Untersuchungsmethoden fördern dann die gesellschaftliche Selbstmordwahrheit zu Tage. Bei genauer Befragung erzählen die Statistiken von spezifischen sozialen Selbstmordraten, verdeutlichen interkulturell unterschiedliche Tötungslagen, lassen bestimmte Gesellschaftsteile als besonders suizidgefährdet erscheinen. Die Wirklichkeit des Suizids faltet sich auf in nach Beruf, Alterskohorte, Geschlecht, Religionszugehörigkeit zu unterscheidende Suizidkoeffizienten. Dabei beschreibt Durkheim das Verhältnis von Individuen und Gesellschaft in der Sprache hermetischer Unterwerfung der einzelnen durch das Kollektiv. Gesellschaft wird zur Kraft, zur Autorität, zur Macht, zum Moloch. Die Gesellschaft beherrscht das Individuum. Die Untersuchung des Selbstmordes zielt dann auf eine Pathographie. Doch immer geht es um »kollektive Krankheitssymptome« oder um »kollektive Normalität«. Die Selbstauslöschung der Individuen deutet für ihn auf gestörte soziale Integrationsprozesse; aber bei der genauen, detailorientierten Beobachtung dieser Störung, bei der Analyse von pathologischen Entwicklungen und ihrer Verbindung zur Normalität geht es eben nicht um Gesundheit der einzelnen, um ihr Leiden und ihre Verzweiflung. Ihr Glück ist irrelevant.

Typisierungen

Durkheim unterscheidet drei überindividuelle Muster des Selbstmordes: den »egoistischen Selbstmord«, den »altruistischen Selbstmord« und den »anomischen Selbstmord«. Seinen Ausführungen über den »egoistischen Selbstmord« liegt die Beobachtung zugrunde, daß Junggesellen, Witwer und Protestanten höhere Selbstmordraten aufweisen als die jeweilige Gesamtgesellschaft oder bestimmte andere Bevölkerungsgruppen. Durkheim stellt bei ihnen eine Auflösung von Bindungen, Isolierung und mangelnde kollektive Sinnangebote fest. Diese Gruppen sind gekennzeichnet durch fehlende Einordnungsmöglichkeiten in sozialen Verbänden. Hohe Selbstmordraten in Kleinfamilien, Religionsgemeinschaften und bestimmten Staaten deuten auf gravierende Integrationsprobleme dieser Kollektive hin: »Die Ursache kann nur in einer allen sozialen Gruppierungen gemeinsamen Eigenschaft liegen, möglicherweise allerdings graduell unterschieden. Die einzige Ursache, die dieser Voraussetzung entspricht, ist die, daß es sich bei allen um Gruppen von starker Integration handelt. Wir kommen also zu der folgenden allgemeingültigen Folgerung: Der Selbstmord variiert im umgekehrten Verhältnis zum Grad der Integration der sozialen Gruppen, denen der einzelne angehört. Aber wenn die innere Verbundenheit einer Gruppe aufhört, dann entfremdet sich in gleichem Maße das Individuum dem Gemeinschaftsleben...«[6]

Die Gesellschaft kann ihre Sinnprodukte, ihre Überzeugungen vom allgemeinen Guten nicht mehr den Einzelnen überstülpen. Sie laufen aus dem Ruder; alleingelassen, bringen sie sich um. Der »egoistische Selbstmord« verweist also auf die Schreckfigur der Moderne, auf das aller Bindungen ledige Individuum, das sich allein auf sich gestellt sieht, das seine Welt, seinen Sinn, seine Zukunft nur aus sich heraus schöpfen muß. Alle Brücken zur Sphäre der Intersubjektivität sind abgebrochen: »Sie (die Gesellschaft) hat dann nicht mehr die Autorität, sie (die Individuen) auf ihrem Posten zu halten, wenn sie ihn verlassen wollen, und im Bewußtsein ihrer Schwäche geht sie soweit, ihnen das Recht zuzuerkennen, frei das zu tun, was sie nicht mehr verhindern kann. Wenn sie ihres Geschickes Herren sein dürfen, steht es ihnen auch zu, den Zeitpunkt ihres Endes selbst zu bestimmen. Andererseits fehlt ihnen selbst jede Veranlassung, das Elend ihres Daseins mit Geduld zu ertragen. Denn solange sie solidarisch sind mit einer Gruppe, die sie lieben, halten sie weit eigensinniger am Leben fest aus Furcht, Interessen zu verletzen, denen die eigenen unterzuordnen sie sich gewöhnt haben... »[7]

Individuen sind offensichtlich – ungeachtet aller Selbstbestimmungsimperative – sozial definiert. Ihre Unverwechselbarkeit, ihre Freiheit kann nur im Sozialverband so entfaltet werden, daß sich der Einzelne nicht in seiner Eigenständigkeit verliert. Die Subjekte müssen sich im Kollektiv erkennen können, weil ihre autonome Selbstbestimmung grenzenlos bleibt. Nur im Verband, im Kollektiv finden sie Sinn und Ziel. Absolute Freiheit führt in den Tod, weil sie den Einzelnen nur wenig Grund zum Leben bietet.

An dieser Stelle wird die unausgesprochene Ontologie Durkheims deutlich, gründet sich doch die soziale Selbstmordpathologie auf ein bestimmtes »Wesen« des modernen Menschen, der bei aller Semantik der Freisetzung doch vor allem im Kollektiv seine Orientierung findet. Die Gesellschaft schafft ihre Subjekte. Löst sie sich auf, bleiben die Individuen beschädigt, unvollständig, verstümmelt zurück.

Die Moderne zersetzt in einem Prozeß umfassender Rationalisierung und Wissensentfaltung nun solche Kollektive, die ihren Zusammenhalt unreflektiert, quasi selbstverständlich organisierten. Wo nicht mehr einfach »geglaubt« oder »gelebt« werden kann, müssen neue Begründungen für den sozialen Zusammenhalt gefunden werden. Dabei müssen sich die traditionellen Ordnungen dem vernünftigen Diskurs stellen; Gründe für lebensweltliche Einordnungen müssen mobilisiert werden. Dieser Prozeß der Zerstörung unmittelbarer Bindungen produziert Unsicherheit, ist aber unumkehrbar. Es gibt kein Zurück in alte Geborgenheiten.

Beispielhaft kann das am Bindungsverlust von Religionsverbänden illustriert werden. Mit der Entwicklung modernen Wissensräume hat der Glauben seinen sichernden Offenbarungs- und Wahrheitscharakter für viele Individuen verloren. Es gibt kein gemeinsames Credo mehr. Diese Feststellung betrifft nicht einfach nur bestimmte religiöse Inhalte, die ihre Überzeugungskraft verloren hätten. Vielmehr verliert sich im neuen Diskurs der kritischen Vernunft die Funktion des religiösen Verbandes insgesamt. Rationalisierung von Weltbildern setzt das Individuum in die Rolle des Richters über Sinnstiftungen ein. Dem Subjekt müssen die angebotenen Orientierungen plausibel erscheinen; Gründe für diese Plausibilität findet es in der kritischen Anwendung seines Verstandes, oder es findet diese Plausibilität eben nicht. Das kennzeichnet für Durkheim die Lage insbesondere der protestantischen Religion, die den Eigenbezug der Individuen betonte und mit dieser Unmittelbarkeit des Einzelnen vor Gott das Individuum potentiell auf sich selber verwies. Folgerichtig weist Durkheim in seiner Studie die erhöhte Selbstmordrate von Protestanten nach.

Die frühen Soziologen wollen diese Funktionsstörung des Selbstverständlichen, Traditionellen durch vermehrte Wissensentfaltung wettmachen. Doch die Vermehrung von Erkenntnis schafft noch keine soziale Integration, bietet keine Heimstatt.

Die Auflösung von Bindungen in der Moderne, der Verlust des »Credos« markiert für Durkheim die Einbruchstelle sozialer Pathologien in das Leben der Individuen. Der kollektive Sinnverlust macht den Weg frei für das Bewußtwerden des unglücklichen (Selbst-)Bewußtseins der Einzelnen. Sie werden nicht mehr aufgefangen und dadurch anfällig für den Selbstmord: »Es ist also doch wohl so, daß die Gründe, die man dem Selbstmord unterlegt, oder die der Selbstmörder selber zur Erklärung seines Vorgehens nennt, in den meisten Fällen nur die scheinbaren sind: Sie sind nicht nur individuelle Rückwirkungen eines allgemeinen Zustandes, sondern sie drücken diesen auch nur sehr unzuverlässig aus, da sie ja auch dann dieselben sind, wenn der Allgemeinzustand sich ändert. Man kann es so formulieren, daß sie die schwachen Punkte des Individuums kennzeichnen, durch die der Impuls der Selbstzerstörung am leichtesten zu ihm dringen kann. Aber sie sind kein Teil des Impulses und tragen infolgedessen zu dessen Verständnis nicht bei.«[8]

Bemerkenswert ist der Vergleich mit der Medizin. Durkheim kleidet das Ausgeliefertsein der Subjekte in eine Sprache von Ansteckungsgefahr, die von Selbstmorden ausgehe, von Epidemien der Selbsttötung usw.. Als Seuche löst der Selbstmord Entsetzen aus; der Suizidimpuls wird gleichsam von geschwächtem Individuum zu nächsten geschwächtem Individuum weitergetragen. Und wie auch Grippeviren vor allem den zur Immunabwehr unfähigen Körper bedrohen, so fallen die geschwächten Individuum der pathogenen Gesellschaft zum Opfer. Wie der Mediziner den Kranken hinter seine Erkrankung, hinter krankmachende Faktoren, hinter Viren, Bakterien, Geschwülsten usw. zurücktreten läßt, blickt auch der Soziologe auf die krankmachenden Faktoren.

Als Stärkungsmittel der reduzierten Abwehrkräfte können solche politischen und gesellschaftlichen Krisen, Revolutionen, Kriege gelten, die einen starken Gruppenzusammenhang bewirken. Allerdings müssen die neuen Polarisierungen und Gruppenbildungen wirklich die »Leidenschaften aufrühren« und tiefgehende Identifikation, Einordnung und Sinnstiftung ermöglichen. Doch jede Medikamentation kehrt sich in ihr Gegenteil um, wenn zuviel vom heilenden Stoff verabreicht wird.

Der altruistische Selbstmord

Verstrickt sich das Individuum zu sehr in den gesellschaftlichen Zusammenhalt, wird sein Abhängigkeitsverhältnis zu groß, werden die Gruppenansprüche zu stark, dann kann es auch zu pathologischen Selbstmorden kommen. Der Wert des Einzelnen ist in solchen hochintegrierten Verbänden gering; er wird zum »beliebigen Teilchen« in der Maschinerie der Gruppe. Durkheim sieht diese Suizide durch hohe Ansprüche des Sozialverbandes vor allem in menschheitsgeschichtlich frühen Kulturen induziert. Er spricht vom Opferwillen der Wilden, der Primitiven und in der Antike. Der Druck des Kollektivs, die Überwachung durch die Kultur kann so groß werden, daß Selbstmord obligatorisch wird. In der Moderne existiert der »altruistische Selbstmord« vor allem bei Soldaten:

> »Nun ist aber die hervorstechendste Eigenschaft bei ihnen, die man nirgendwo im Zivilleben ausgeprägt antrifft, eine Art Unpersönlichkeit. Das muß wohl daher kommen, daß man vom Soldaten erwartet, von seiner Person nicht viel Aufhebens zu machen, da er ja auch bereit sein muß, sich zu opfern, wenn es darauf ankommt. Auch außerhalb solcher außergewöhnlichen Umstände, in Friedenszeiten und im Alltagsdienst erfordert es die Disziplin, daß er ohne Widerrede gehorcht, oft sogar, ohne zu begreifen. Dafür ist aber ein intellektueller Verzicht vonnöten, der sich kaum mit einem Individualismus vereinbaren läßt. Um äußeren Impulsen so folgsam gehorchen zu können, muß man seine Individualität weitgehend aufgeben. Mit einem Wort, der Soldat richtet sein Verhalten nach Maximen, die außerhalb seines Ich liegen, und das ist der charakteristische Zug des Altruismus. Das Militär ist im übrigen unter allen Gruppen, die unsere modernen Gesellschaften bilden, der Struktur nach den primitiven Gesellschaften am ähnlichsten. Es besteht gleichfalls aus einer massiven, festgefügten Einheit, in die das Individuum eingezwängt und an der Entfaltung eines ihm gemäßen Eigenlebens gehindert wird. Da aber diese soziale Verfassung der beste Nährboden des altruistischen Selbstmordes ist, haben wir allen Grund zu der Annahme, daß der Selbstmord von Soldaten hierzu gerechnet werden muß und auf dem gleichen Ursprung beruht...«[9]

Individualisierung ist eine Gratwanderung zwischen exzessiver Freisetzung und totaler Einbettung ins Kollektiv: »Die Gesellschaft übt also einen Druck auf ihn aus, sich selbst zu zerstören. Sicher spielt sie auch beim egoistischen Selbstmord eine Rolle, aber sie ist in beiden Fällen nicht von der gleichen Art. Hier gibt sie sich damit zufrieden, durch ihre Haltung die Verbindung des Menschen mit dem Leben zu lockern, dort befiehlt sie ihm in aller Form, damit Schluß zu machen. Hier suggeriert sie höchstens, oder sie gibt den Ratschlag; dort setzt sie eine Verpflichtung und schafft gleichzeitig in Umwelt und Umständen solche Bedingungen, daß es leichter wird, dieser Verpflichtung nachzukommen.«[10]

Die Spannung zwischen »egoistischem« und »altruistischem« Selbstmord korrespondiert mit bestimmten Tugenden der Individualität und Solidarität, die in Pathologie und Dysfunktionalität umschlagen können. Das Gleichgewicht in der richtigen Integration bleibt prekär; aus dieser Klemme kann die Moderne nicht entkommen.

Anomischer Selbstmord

Wirtschaftliche Krisen, aber auch Hochkonjunkturen, Scheidungen und andere außergewöhnliche Ereignisse – wie die großen Weltausstellungen des 19. Jahrhunderts – gehen in Durkheims Statistiken mit einer hohen Selbstmordrate einher. Die Störung von Ordnungen, eingelebten Routinen etc. kann Suizidepidemien auslösen: »Wenn also Wirtschafts- oder Finanzkrisen die Selbstmordraten nach oben treiben, dann nicht infolge der wachsenden Armut, Konjunkturen haben die gleiche Wirkung; die Selbstmorde nehmen einfach zu wegen der Krisen, das heißt, wegen der Störungen der kollektiven Ordnung. Jede Störung des Gleichgewichts, sogar wenn sie einen größeren Wohlstand zur Folge hat oder eine Stärkung der allgemeinen Vitalität, treibt die Selbstmordzahlen in die Höhe. Jedesmal wenn es im sozialen Körper tiefgreifende Umstellungen gibt, sei es infolge plötzlichen Wachstums oder nach unerwarteten Erschütterungen, gibt der Mensch der Versuchung zum Selbstmord leichter nach.«[11]

Auch an dieser Stelle wird noch einmal deutlich, wie stark Durkheims Denken von Gleichgewichtsvorstellungen geprägt ist. So wie Individualisierung ihre Grenze finden muß und andererseits auch der Entpersönlichungsdruck der Gesellschaft nicht zu stark sein darf, so muß auch das Verhältnis von Bedürfnisweckung und Bedürfnisbefriedigung genau austariert sein. Die moderne, industrielle Gesellschaft kennt nun aber keine Grenzen ihres Wachstums, ihrer Ansprüche, ihrer Wunschproduktionen. Es existiert in ihr ein prinzipielles Mißverhältnis zwischen individuellen Ansprüchen und Sättigungen. Das moderne Subjekt kann den Horizont seiner Wunscherfüllung niemals erreichen. Mit jedem Schritt auf ihn zu rückt er weiter fort. Letztlich fehlt dem Einzelnen ein Ziel; die Wunschmaschine kennt keinen Sinn: »Wenn die öffentliche Meinung keine Orientierung mehr gibt, werden die Appetite keine Schranke mehr kennen. Zudem befinden sie sich sowieso infolge der gesteigerten allgemeinen Aktivität in einem gereizten Zustand. Wegen des steigenden Wohlstandes steigen auch die Bedürfnisse. Sie werden angestachelt durch die reichere Beute, die ihnen vorgehalten wird, und die althergebrachten Regeln verlieren ihre Autorität, weil man ihrer überdrüssig ist. Der Zustand der gestörten Ordnung oder Anomie wird also dadurch noch verschärft, daß die Leidenschaften zu einem Zeitpunkt, wo sie einer stärkeren Disziplin bedürfen, weniger diszipliniert sind!«[12]

Die kollektiven Bewußtseinszustände der Moderne sind durch ein Verlust der Wertmaßstäbe gekennzeichnet. Das Eigentliche ist verlorengegangen; der Wert der Dinge gerät außer Sicht. Unzufriedenheit und eine permanente Larmoyanz prägen das Meinungsbild. Größer als das Unglück des Bewußtseins ist nur seine Gier. Durkheim zeigt sich in diesen Passagen zum »anomischen Selbstmord« als Kritiker des Industrialismus und des ökonomischen Expansionismus. Die Dynamik der Moderne erhöht das Risiko, jedes Handeln regellos werden zu lassen.

Heilungen?

Durkheim will nun nicht nur die Krise der gegenwärtigen Kollektive diagnostizieren; er möchte auch Therapien anbieten. Auch mit dieser Absicht ist er ein Vorreiter der Soziologie des 20. Jarhunderts, denn diese wird sich zu einem großen Teil als Beratungswissenschaft beschreiben. Regierungen und Völker sollen klüger gemacht werden. Politik löst sich in Expertenkulturen auf. (Und wem die Beratung der »Herrschenden« zu reformistisch, nicht radikal genug ist, der findet schon noch das eine oder andere Subjekt der Geschichte, das dringend seiner fachmännischen Anleitung bedarf.)

Durkheim möchte das »heilsame Gefühl der Solidarität« stärken. Neue Bindungen müssen institutionalisiert werden. Integration muß das Ziel sein. Allerdings vermögen weder die »politische Gesellschaft« noch Religionen oder Familien, diese Bindungen herzustellen. Durkheim favorisiert demgegenüber neue Kollektivinstanzen, neue intermediäre Organisationen, die die Individuen einbetten, ohne sie zu überfordern: »Der einzige Weg, diesen Widerspruch zu beseitigen, ist der, daß außerhalb der Staatsmaschinerie, aber unter ihrer Kontrolle, ein System von Kollektivinstanzen geschaffen wird, deren regelnder Einfluß variationsreicher ist. Aber mit Ausnahme der neugebildeten Fachverbände, die diese Bedingungen voll erfüllen können, sehen wir keine anderen Körperschaften, die der Aufgabe gewachsen wären. Denn sie stehen den Dingen nahe genug und haben zur Genüge direkten und stetigen Kontakt mit diesen, um alle Nuancen herausfühlen zu können, und sie müßten autonom genug sein, um diese

Unterschiede respektieren zu können... Hand in Hand mit der Weiterentwicklung der Arbeitsteilung werden Recht und Moral bei jeder einzelnen Anwendung auf den verschiedenen Gebieten unter anderer Form erscheinen, wenn sie sich auch überall auf dieselben allgemeinen Grundsätze stützen. Außerhalb der Rechte und Pflichten, die jeder von uns hat, gibt es andere, die von der Eigenart des Berufes abhängen und deren Zahl und Tragweite mit der Entwicklung und Verzweigung der Berufstätigkeit wächst. Zu jeder dieser Sonderdisziplinen gehört ein Sonderorgan zu ihrer Anwendung und Überwachung. Wie könnte sich dies anders zusammensetzen als aus den Arbeitern, die bei derselben Aufgabe mitwirken?«[13]

Der Soziologe setzt Ende des 19. Jahrhunderts auf kleine Netze, die aber korporatistisch auf den Staat ausgerichtet sind. Berufsverbände und Ständekammern sollen die unglücklichen Individuen auffangen. Merkwürdigerweise reduziert sich bei der Therapie der kollektiven Störungen das Leiden an der Moderne schnell auf sozialpolitische Versorgungs- und Wohlfahrtsideen. Aber bieten Versicherungen, Unterstützungskassen und Ständevereinigungen wirklich einen neuen Horizont?

Eins ist sicher: die Errichtung der intermediären Stüzungen, der neue Staat, die neue politische Gesellschaft kann auf ihre globalen Intellektuellen nicht verzichten. In Durkheims Analyse verschwindet das Individuum hinter der Logik des Kollektivs, das seine Funktionsnotwendigkeiten den Einzelnen aufprägt. Damit kann sich eine Frage nach der subjektiven Produktion des Gesellschaftlichen gar nicht stellen. Aber eine Theorie der sozialen Normalitäten und Pathologien kommt ohne die Untersuchung der Konstitution des Sozialen im Individuen nicht aus. Wer »Handlung« und »System« nicht verknüpft, der produziert eine Metaphysik des Sozialen, in welcher die »Gesellschaft« zum Subjekt ihrer Entwicklung wird. Auch in dieser Apotheose des Kollektivs schreitet Durkheim einer Disziplin voran, die nur selten zwischen dem Beobachterblick des Soziologen auf die »sozialen Tatsachen« und der Perspektive der Teilnehmer, der Individuen der Gesellschaft unterscheiden kann. Hier öffnet sich ein weiter Raum für bornierte Ideologiekritik, schwer erträgliche Besserwisserei über die »eigentlichen« Interessen der Subjekte und für eine Systemtheorie, die sich ihren konstruktivistischen Charakter nicht bewußt macht. Immer bleibt das Individuum auf der Strecke; das Subjekt wird ausgelöscht, wird zum Zombie, der von Impulsen aus der Gesellschaft gelenkt wird. Das ist nicht nur für die Soziologie ein Problem.

5.
Moderne als Käfig: Webers Entzauberungen

Verschwinden in Durkheims Soziologie das Subjekt und seine Intentionen aus dem Brennpunkt der Betrachtung, bietet Max Weber, ein anderer Vater der Disziplin, eine »verstehende Soziologie« an, die gerade in den individuellen Handlungsabsichten die Strukturmuster sozialer Verknüpfung ausmachen will. Scheinbar kommt hier das Subjekt zu seinem Recht als Urheber aller sozialen Tatbestände; schließlich stehen seine Handlungen und Intentionen im Mittelpunkt. Von Kränkung personaler Bedeutungszuschreibung kann hier auf den ersten Blick nicht gesprochen werden. Das Subjekt unternimmt etwas, es gilt als kompetenter und relevanter Handlungsträger. Aber jetzt kommt der Kniff: Erst die Gemeinsamkeit zwischen den vielen einzigartigen Akteuren und dem soziologischen Betrachter macht Verstehen überhaupt möglich. Zwar löst nur das Fremde Verstehensbemühungen aus (alles andere versteht sich von selbst, ist selbstverständlich), aber die Fremdheit darf nicht so groß sein, daß keine Brücke mehr in die andere Personalität existiert.[1] Für Max Weber besteht dieser Steg ins andere »Ich« und damit in die Gesellschaft in der Wert- und Zweckrationalität allen sozialen Handelns. Jede individuelle Unverwechselbarkeit uniformiert sich in der Rationalität ihres Handelns; die »Vernunft« macht alle gleich. Helmut F. Spinner bietet eine Definition von Rationalität an, die diesen Uniformisierungsprozeß deutlich betont: »Rational ist, wer (als Person oder kollektiver Akteur) oder was (als Prozeß, Sektor, System) in seiner Orientierung auf einen weiteren Bezugsrahmen auf sich selber und die unmittelbare Umwelt ausgerichtet ist und daraufhin als das zu rationalisierende »Material« (Verhalten, Vorgang) durchsystematisiert wird. Rational denkt, fühlt (!), handelt folglich, wer im Streben nach verbessernder Veränderung des Gegebenen sein Sichverhalten gegenüber der Welt – einschließlich der sozialen Objekte: Individuen, Organisationen, Institutionen, Traditionen – nicht nur auf diese ausgerichtet ist und daran anpaßt, sondern außerdem an einem Rahmen alternativer Positionen orientiert, welcher den eigentlichen Akt in der einen oder anderen Rationalitätsrichtung transzendiert und im Hinblick darauf systematisiert.«[2] So kann eine Handlung nach grundsätzlichen und pragmatischen Rationalitäten ausgerichtet werden, nach »Grundsatzvernunft« und »Gegelegenheitsvernunft«. Aber immer unterwirft sich das Subjekt einer zweckrationalen Handlungslogik, die es letztlich nicht mehr selber bestimmt. Die Systematisierung prägt den Akteuren ihre Herrschaft auf.

Dies ist nun nicht nur der Entwurf einer soziologischen Meßlatte des Beobachters zur Vermessung individuellen Tuns. Weber glaubt, mit diesem Rationalitätsparadigma quasi ein Grundgesetz sozialen Handelns entdeckt zu haben: Die Menschen verhalten sich »wirklich« so. Sie agieren als rationale Akteure, und in der Moderne müssen sie sich rational verhalten, wollen sie den Anschluß an Gesellschaft nicht verlieren. Ihre Subjektivität findet dann ihre Ausdrucksgestalt in der Unterwerfung unter eine bestimmte Handlungslogik – und verblaßt. Unverwechselbare Irrationalität wird in Nischen gesperrt, zwischen Ästhetik und Psychopathologie.

Es paßt in diese Grammatik sozialen Handelns, daß die neuzeitliche Ökonomie, die nur noch Kalkulation und Vorteilsnahme kennt, zum Muster dieses Rationalisierungsprozesses wird. Rational ist der »kapitalistische Betrieb«, zu welchem es keine funktionierende Alternative gibt. Die Vorstellung, eine Person müsse sich wegen ihres Reichtumes schämen, dürfe davon nichts vererben, müsse religiösen Instanzen finanzielle Gewinne beichten und um Ablaß bitten etc., gehört nicht in die Moderne. Alle Versuche, heute einen »moralischen Preis« festzulegen, sind arbiträr und scheitern, weil in ihnen keine Logik der Systematisierung erkennbar ist. Und es gehört ja zu den großen Entwürfen Webers, diese semantische Umstellung des Gewinnstrebens von der potentiellen Sündhaftigkeit zum positiv konnotierten Ergebnis asketischer Lebensplanung nachgezeichnet zu haben. »Protestantische Ethik« heißt auch Rationalisierung des Handelns im Sinne ökonomischer Expansion, Akkumulation, Profitmaximierung. Wer sich als Einzelner diesen Zwängen entziehen will, der scheitert.[3]

Die Rationalität der »Interessen« kaserniert die subjektiven »Leidenschaften« und »Wünsche«. Gerade mit deren Verhältnis beschäftigt sich Weber in seiner zur Systemgeschichte der Moderne geronnenen Handlungstheorie. Die Fähigkeit zur systematischen, durchrationalisierten Lebensführung, wie sie die protestantische Pflichtethik maßgeblich bestimmt, gilt ihm als im Schwinden begriffen. Eine merkwürdige Dialektik der Vernunftentfaltung läßt den Siegeszug westlicher Moderne ihren eigenen Untergang produzieren: Der Rationalisierungsprozeß gebiert doppelköpfige Ungeheuer. So steht an seinem Beginn religiös motivierte Askese, die in ihrem ökonomischen Erfolg Hedonismus und Glücksverlangen gegen sich selbst mobilisiert. Die Geschichte der Rationalisierung geht mit einer Stärkung der Individuen einher, deren gewonnene Unmittelbarkeit zu Gott, deren Erwerbsstreben, deren Reichtum auch Befreiung von Vormundschaft bedeutete, und die damit erst als Subjekte konstituiert wurden und in »Menschenrechten« und »Liberalismus« wirkungsmächtige politische Fiktionen ihrer individuellen Freiheit erfanden. Zuletzt aber verwandelt sich diese Befreiung der Individuen in Fremdherrschaft der berechnenden Vernunft. Rationalisierung führt zur Uniformierung.[4]

Zwickmühlen

Doch ist die Entfaltung der Rationalität nicht auf die Ökonomie beschränkt. Sie findet ihren politischen Ausdruck in umfassender Institutionalisierung und Bürokratisierung von Herrschaft. Politik wird ebenfalls zum Betrieb, und die Kalkulation von organisiertem Machtgewinn und -verlust ersetzt die Staatskunst der politischen Genies. In der »legalen Herrschaft« der »Apparate« vollendet sich diese Anonymisierung und Institutionalisierung. Der »Boss« steigt zum Inbegriff des modernen Politikers auf (er darf auch »weiche« Managementtechniken benutzen), dessen Handlungsmöglichkeiten durch die juristische und organisatorische Rationalität des »Betriebs« bestimmt werden.[5] Ohne Juristen und deren Exegese der jeweiligen Rationalität des Rechts geht es nicht mehr. Was einst als Verteidigung individueller Handlungsräume gegenüber staatlichem Absolutismus installiert wurde, normiert jetzt alle Bereiche des Politischen. Die politische Entscheidung wird durch Auslegung und Kommentar rechtlicher Bestimmungen ersetzt.

Die entfesselte Rationalität legalen politischen Handelns produziert neue Abhängigkeiten. Die neuen Herrscher entstammen einer Schicht von Rationalitätsfachleuten, gesetzestreuen Sachbearbeitern der Vernunft, die als »patentiertes Mandarinentum« ihre Macht entfalten. Weil diese Bürokratien die staatliche Daseinsfürsorge stetig perfektionieren, lassen sich die schwachen Indidviduen ihre Freiheit nehmen und in den Wohlfahrtsstaat kerkern, der gerade in seiner Funktion als

Sozialstaat Unterdrückung, Normierung, Kontrolle und Bevormundung produziert. Nur die starken Individuen, die »wahre« Elite, die sich in ihrem politischen Gestaltungswillen nicht wohlfahrtsstaatlich einhegen läßt, verweigern sich dieser neuen Unfreiheit.

Rationalisierung korrspondiert mit der Entfaltung des Wissenwollens und -sollens. Die Moderne läßt Unwissen nur als Eigenschaft des ohnehin Marginalisierten zu. Naivitäten sind verpönt. Ein Abgrund zwischen »Glauben« und »Wissen«, zwischen Irrationalität und Rationalität tut sich auf, wobei »Glauben« nicht nur in die Nische des Religiösen verbannt wird, sondern selbst dort einen Bedeutungsverlust hin zum Beliebigen erfährt. »Glauben« steht dann für spezifische theologische, auf Transzendenz deutende Inhalte nur soweit, wie der »Gläubige« Authentizität für sich beanspruchen kann. »Glauben« wird so zirkulär und bestätigt schließlich nichts weiter als das »Glauben«.[6]

Demgegenüber fundiert die Systematik der wissenschaftlichen Wirklichkeitserschließung die Rationalität einer säkularisierten Gesellschaft, die ihre Selbstbehauptung nur über ein stetig expandierendes Wissenssystem sichern kann. Wer auf Wissen verzichtet, gefährdet seine Überlebensfähigkeit. Wobei wissenschaftliches Wissen nur mit einer ganz bestimmten Logik gewonnen werden kann. Zu dieser Systematik gehören für Weber – bei aller Distanz zur nomothetischen Qualität der Soziologie doch in Analogie zur dominierenden »harten« Naturwissenschaft seiner Zeit – eine exakte methodische Anleitung, experimentelle Überprüfung, Nachprüfbarkeit, Metatheorie der Erkenntnis. Das so gewonnene »objektive« Bild der Wirklichkeit ist dann beobachterunabhängig. Subjektivität kommmt allein in der vor-methodischen Auswahl des Untersuchungsgegenstandes und den vor-wissenschaftlichen Wertsetzungen des Forschers zum Ausdruck. Am Ende der geglückten Abbildung der Wirklichkeit kann sich niemand dem entfalteten Kausalnexus entziehen.[7]

In dieser spezifischen Produktion von Intersubjektivität zeigen sich für Weber die Überlegenheit westlicher Rationalität und ihre kritische Kompetenz, die keine Schonräume für Nicht-Wissen, Magie und Metaphysik lassen. »Die zunehmende Intellektualisierung und Rationalisierung bedeutet also nicht eine zunehmende allgemeine Kenntnis der Lebensbedingungen, unter denen man steht. Sondern sie bedeutet etwas anderes: das Wissen davon oder den Glauben daran, daß man, wenn man nur wollte, es jederzeit erfahren könnte, daß es also prinzipiell keine geheimnisvollen unberechenbaren Mächte gebe, die da hineinspielen, daß man vielmehr alle Dinge – im Prinzip – durch

Berechnung beherrschen könne. Das aber bedeutet: die Entzauberung der Welt«.[8]

Rationalisierung heißt also Intellektualisierung, kaltschnäuzige Entschleierung aller Geheimnisse, pedantische Entlarvung aller vorhandenen Maskeraden. Webers Wissenssoziologie verleugnet ihre Nähe zu Nietzsches Entschleierungspathos nicht.

Wissenschaft setzt Härte und Virilität voraus; der »Entzauberungsprozeß« muß ausgehalten werden können, gerade angesichts der Destruktion »weicher« moralischer und religiöser Sicherheiten. Der einzige Glauben, der Anschluß an das rationalisierte Wissenssystem halten kann, ist der Glauben an die Grenzenlosigkeit des wissenschaftlichen Zugriffs. Allerdings reduziert sich diese Vernunft des »Entzauberungsprozesses« auf Fragen der technischen Beherrschbarkeit menschlicher Lebensbedingungen. Intellektualisierung bedeutet dann die Fähigkeit, zweckrationale Verknüpfungen herzustellen und zu überprüfen. Mit der Festsetzung der Zwecke beschäftigt sie sich nur insofern, als auch über Werte im Rahmen zweckrationaler Kalkulation befunden werden kann. Aber das ist eben keine Beschäftigung mit den Werten und Zielen als solchen.

Der Beobachter stößt auch im Bereich von Webers »Wissenschaftslehre« auf die bekannte Paradoxie: Einerseits befreit der Rationalisierungsprozeß von für unberechenbar, und damit unbeherrschbar gehaltenen Mächten des Irrationalen, andererseits bindet diese »Entzauberung« die Individuen an eine bestimmte Handlungslogik, zu der es keine Alternative gibt. Befreiung von Magie und Zauberei geht mit Unterwerfung unter die Imperative der Zweckrationalität einher. Individualität vergeht in der richtigen Methode der Wissensgewinnung.

Darüber hinaus sind aus dem »Intellektualisierungsprozeß« alle Sinnhorizonte entfernt. Wissenschaft als Institution permanenter »Entzauberung« bringt keine seriösen Aussagen über den »Sinn« von Mensch, Gesellschaft und sich selbst hervor. Sinnfragen können wissenschaftlich nicht beantwortet werden; das Wissenssystem stellt sie klugerweise deshalb gar nicht erst. Weber sieht den eigentlichen Ausdruck individueller Lebensführung im Setzen von Werten und in der Produktion von Sinn. Hier können die Subjekte ihre Unverwechselbarkeit in Anschlag bringen; hier sind sie frei. Aber dieser Raum öffnet sich nicht wissenschaftlich, politisch, ökonomisch. Allenfalls können aus ihm Anstöße für die jeweiligen Rationalitätsabläufe ausgehen.

Eine solche Vertreibung des Subjekts aus den zentralen Bereichen der Moderne löst Unbehagen aus. Vielfältig sind dann auch die

Versuche der Zeitgenossen Webers, diesem »stählernen Gehäuse« der Rationalitätsentfaltung zu entgehen, ohne auf die Leistungen dieser »Intellektualisierung« durchgängig verzichten zu müssen.

Gegenwelten

Weber teilt dieses Unbehagen angesichts hermetischer Vernunftregimes, die »Freiheit« einziehen und »Uniformität« produzieren. Für die politische Handlungslogik weist er deshalb auf die positiven Aspekte »anarchischer« Querläufer und außeralltäglicher Rationalitätsmuster, wie z. B. der »charismatischen Herrschaft« hin. Gesellschaftlich markiert (nicht nur) für ihn die Triebgebundenheit der Subjekte, insbesondere ihre Sexualität, einen Raum der Rationalitätsausschließung. Als Gegenbild systematischer, alltäglicher Lebenspraxis und temporärer Umkehrung eingeschliffener Machtverhältnisse wird der Sexualität im dionysischen/bachantischen Orgienritual gehuldigt. In der Geschichte der Menschheit werden solche Residuen aber durch die ›Bindung des Sex‹ an Ehe und Fortpflanzung kaserniert. In der »bäuerlichen« Naturalisierung des Sexualtriebs sieht Weber ein erstes, frühes Muster der Rationalisierung. Nicht mehr die Sexualität als solche gibt dann noch ein Gegenmodell zur Zweckkalkulation ab, sondern nur ihre Erotisierung als Ausnahmezustand leidenschaftlicher Verzückung: »Das Heraustreten der Gesamtdaseinsinhalte des Menschen aus dem organischen Kreislauf des bäuerlichen Daseins, die zunehmende Anreicherung des Lebens mit, sei es intellektuellen, sei es sonstigen als überindividuell gewerteten Kulturinhalten wirkte durch die Entfernung der Lebensinhalte von dem nur naturhaft Gegebenen zugleich in der Richtung einer Steigerung der Sonderstellung der Erotik. Sie wurde zu einer Sphäre des bewußt (im sublimsten Sinne:) Genossenen erhoben. Sie erschien dennoch und eben dadurch als eine Pforte zum irrationalsten und dabei realsten Lebenskern gegenüber den Mechanismen der Rationalisierung.«[9]

Zwar ist die »geschlechtliche Liebe... die größte irrationale Lebensmacht«[10], aber auch die Sexualität hat ihre Rationalisierungsgeschichte hinter sich. Deshalb haftet ihren Praktiken keine antirationalistische Qualität an: Liebeswerben und Koitus verlaufen alltäglich reglementiert. Subversive Kraft kommt ihr nur zu, wo und wenn sie außerhalb dieser Bahnen Raum gewinnt. Doch diese Außergewöhnlichkeit setzt Inszenierung und Regulation voraus. Auch das Aus-dem-Gleis-Springen geht nur unter Beimischung instrumenteller Rationalität. Die Erotik als Gegenmodell westlicher Vernnunft kann die Grenzen der Vernünftigkeit nicht überspringen.

Weber sieht dann auch, daß diese Spannung gerade deshalb entsteht, »weil die erotische Beziehung unter den angegebenen Bedingungen den unüberbietbaren Gipfel der Erfüllung der Liebesforderung: den direkten Durchbruch der Seelen von Mensch zu Mensch, zu gewähren scheint. Allem Sachlichen, Rationalen, Allgemeinen so radikal wie möglich entgegengesetzt, gilt die Grenzenlosigkeit der Hingabe hier dem einzigartigen Sinn, welchen dieses Einzelwesen in seiner Irrationalität für dieses und nur für dieses andere Einzelwesen hat. Dieser Sinn und damit der Wertgehalt der Beziehung selbst aber liegt, von der Erotik aus gesehen, in der Möglichkeit einer Gemeinschaft, welche als volle Einswerdung... gefühlt wird.«[11] Diese Verschmelzung steigt für den rationalen Gesellschaftsmenschen zum weltlichen Sakrament, zur »leibgewordenen Erlösungsreligion« auf: »In der Unbegründetheit und Unausschöpfbarkeit des eigenen, durch kein Mittel kommunikablen, darin dem mystischen ›Haben‹ gleichartigen Erlebnisses, und nicht nur vermöge der Intensität seines Erlebens, sondern der unmittelbar besessenen Realität nach, weiß sich der Liebende in den jedem rationalen Bemühen ewig unzugänglichen Kern des wahrhaft Lebendigen eingepflanzt, den kalten Skeletthänden rationaler Ordnungen entronnen wie der Stumpfheit des Alltags.«[12]

Spricht Weber vom Prozeß der okzidentalen Rationalisierung, dann greift er auf Topoi der Dinghaftigkeit zurück. Vom stählernen Gehäuse ist die Rede, vom Kerker, von der Maschine, vom Korsett, vom kalten Skelett. Die Entfaltung der westlichen Rationalität ist unentrinnbares Schicksal; unmenschlich und doch menschendienlich, lebensfeindlich und doch lebensnotwendig. Darüberhinaus werden alle Alternativen zu ihr durch sie eingezogen. Selbst die »Lebensreformen« können sich der Vernunft nicht entziehen und mobilisieren etwa wissenschaftliches Wissen, um ihre Rettungsprogramme der Ganzheitlichkeit, des Lebens, der Gesundheit usw. zu legitimieren.[13] Doch allem haftet etwas Fahles an; Weber teilt nicht die Hoffnung einiger seiner Zeitgenossen, insbesondere Sexualität und/oder Erotik zur Sphäre der eigentlichen Menschwerdung machen zu können. Bekannt ist seine Ablehnung der Sexual- und Gesellschaftstheorien von Otto Gross, in der damaligen Zeit wohl einer der prominentesten Vertreter der Idee, die pathologische Gesellschaft und ihre Individuen durch »frei« praktizierte Sexualität zu kurieren.[14] In Ascona, diesem Kuscheldorf der Gegenwelt, war Weber kurz zu Besuch, nicht als Teilnehmer, sondern eher als besorgter, widerwillig faszinierter Beobachter und väterlicher Ratgeber einiger Opfer der Gross'schen Befreiungstechniken.

In der Beschreibung des Spannungsverhältnisses von erotischer und religiöser Weltüberwindung spielt Weber zwar mit den Begriffen des Dionysischen. Da ist von pathologischer Besessenheit, Idiosynkrasie, Verlust des Augenmaßes, Absage an Gerechtigkeit, Verzauberung, naivem Beglückungseifer, Leidenschaft, Rausch, Erleben, Verlust der Selbstbeherrschung die Rede.[15] Diese scheinbare Auslöschung des zweckrational orientierten Subjekts übt auf ihn offensichtlich eine gewisse Anziehungskraft aus, doch letztlich sieht er in der erotischen Adelung des Leibes, der Kreatur eine zum Scheitern verurteilte Ersatzreligion, dem modernen Menschen »unwürdig«.

> »Rein innerweltlich angesehen, kann nur die Verknüpfung mit dem Gedanken ethischer Verantwortlichkeit für einander – also einer gegenüber der rein erotischen Sphäre heterogenen Kategorie der Beziehung – dem Empfinden dienen, daß in der Abwandlung des verantwortungsbewußten Liebesgefühls durch alle Nuancen des organischen Lebensganges hindurch: ›bis zum Pianissimo des höchsten Alters‹, in dem Einander-Gewähren und Einander-Schuldigwerden (...) etwas Eigenartiges und Höchstes liegen könne. Selten gewährt es das Leben rein; wem es gewährt wird, der spreche von Glück und Gnade des Schicksals, nicht: von eigenem ›Verdienst‹«.[16]

Der erotischen Sphäre werden hier verantwortungsethische Streben eingezogen. Und so prägt sich auch sexuelles Verhalten paradox aus. Unverstellte Individualität äußert sich im Rausch der Erotik, doch dieser ist weder auf Dauer zu stellen, noch reflektieren die so Rauschhaften die Ordnung ihres scheinbar alle Logiken verneinenden Wollens. »›Geformtes‹«, schreibt Weber 1913 an Georg Lukács, »ist ja nicht nur das Werthafte, das über dem Erlebnishaften sich erhebt, sondern geformt ist auch das in die Tiefe und äußersten Winkel des ›Kerkers‹ eintauchende Erotische. Es teilt das Schicksal des Schuld-Belasteten mit allem geformten Leben, steht in der Qualität seines Gegensatzes gegen Alles, was dem Reiche des ›formfremden‹ Gottes angehört...«.[17]

Aber Formung bedeutet eine spezifische Ordnungslogik. Damit entsteht ein überindividuelles Muster der Handlungsorientierung, d. h.

Rationalität, wie »irrational« der Bezugsrahmen auch immer gewählt worden sein mag. In jeder Revolte gegen die westliche Rationalität schlummert westliche Rationalität. In der Spannung von Leidenschaft als unmittelbaren Ausdruck des Individuums und der Einsicht in die prinzipielle »Vernünftigkeit« der Welt, der nichts entkommt, steht jeder Mensch. Die Einhegung der Sexualität für ist Weber unentrinnbar, und allenfalls in der leibfreien Erotik langjähriger »Gefährtenschaft« liegt doch noch so etwas wie »Glück«. Die Kasernierung der Sexualität und die Unmöglichkeit der erotischen Revolte dagegen lassen Weber nicht verbittert zurück, »nur« melancholisch. Von Proust wissen wir, daß das die wahrhaft moderne Haltung des modernen Menschen ist.

Dämonen – Gräber

Einfallstraßen außeralltäglicher, scheinbar irrationaler Freiheit bestehen in der Sphäre politischer Herrschaft für Weber im »Virtuosentum« herausgehobener Führergestalten, die aufgrund ihres »Charisma« Gefolgschaft an sich binden können. Der Grund dieser Gefolgschaftstreue liegt nicht in der Tradition oder der Legalität der Herrschaft, sondern in der Person des »Führers« und den Zuschreibungen, die er auf sich ziehen kann (Charisma). Weber sieht etwa in Napoleon I. eine solche charismatische Figur, die aufgrund ihrer persönlichen Wirkung vorhandene politische Rationalitätsmuster aufbrechen konnte. Insoweit ist das Charisma eine – wie Weber schreibt – »schroffe Entgegensetzung«[18] zur Rationalität des Betriebs, der Bürokratie.

Allerdings kann sich diese Form der Herrschaftsbegründung »veralltäglichen« und dadurch stabile Muster des zweckrationalen Verhaltens hervorbringen (Bildung einer Verwaltung aus dem Gefolge, Organisation der Nachfolge, Entwicklung von Kriterien zur Beurteilung neuer Charisma-Träger etc.)[19]. Doch die Rationalität steckt schon in der Konstituierung charismatischer Herrschaft selbst, hängt doch die Zuschreibung des Charisma an bestimmten Wahrnehmungsmustern unter der Gefolgschaft, den Jüngern, der Gemeinde, Partei usw. Diese Anhänger erwarten bestimmte Fähigkeiten und Eigenschaften (Prophetentum, Heilung, Mehrung der Wohlfahrt, Kriegserfolge, Nähe zum Volk usw.). Mit dieser Ausrichtung gehorcht die Zuschreibung von Charisma aber wieder der Logik von Systematisierung und übergreifendem Handlungszwang; letztlich wird das Charisma in der Moderne zur technischen Frage.

Gegen die Verengungen und Einhegungen der entwickelten bürokratisch-rationalen Herrschaft helfen nur »›Anarchie‹ in der Produktion und der ebenso geschmähte ›Subjektivismus‹«[20]. Die Individuen müssen ihre Unverwechselbarkeit, ihre idiosynkratischen Orientierungen politisch wirksam werden lassen: »Man kann sagen, daß drei Qualitäten vornehmlich entscheidend sind für den Politiker: Leidenschaft – Verantwortungsgefühl – Augenmaß. Leidenschaft im Sinn von Sachlichkeit: leidenschaftliche Hingabe an eine ›Sache‹, an den Gott oder Dämon, der ihr Gebieter ist.... Wie die Sache auszusehen hat, in deren Dienst der Politiker Macht erstrebt und Macht verwendet, ist Glaubenssache. Er kann nationalen oder menschheitsgeschichtlichen, sozialen und ethischen oder kulturlichen, innerweltlichen oder religiösen Zielen dienen, er kann getragen sein von starkem Glauben an den ›Fortschritt‹... oder aber diese Art von Glauben kühl ablehnen, kann im Dienst einer ›Idee‹ zu stehen beanspruchen oder unter prinzipieller Ablehnung dieses Anspruches äußeren Zielen des Alltagslebens dienen wollen – immer muß irgendein Glaube da sein. Sonst lastet in der Tat – das ist völlig richtig – der Fluch kreatürlicher Nichtigkeit auch auf den äußerlich stärksten politischen Erfolgen.«[21]

Gerade die Leidenschaft des Politikers bindet ihn an die Vernunft, während reines Machtstreben um seiner selbst willen etwas gefährlich Irrationales hat. Erst durch die »Sache« wird politisches Handeln zweckrational, wobei Weber übersieht, daß auch »Macht« ein Zweck sein kann. Seine Verdammung der »reinen Machtpolitik«, die sich nicht nur an dieser Stelle seiner politischen Schriften findet, präsentiert dem Beobachter einen blinden Fleck. Einerseits werden alle Antriebe des politischen Handelns als gleichwertig zugelassen, andererseits wird das Machtstreben als legitime »Sache« ausgeschlossen. Hier wird zum einen der normative Horizont Webers deutlich, der (methodisch unreflektiert) die allgemeingültige, negative Konnotierung »reiner« Machtpolitik teilt.

Daneben verweist dieser blinde Fleck aber auch auf die pragmatischen und dezisionistischen Aspekte der Rationalitätskonzeption Webers. Seine politischen und wissenschaftlichen Interventionen verstehen sich selbst als Verhaltenslehren für Politiker und Wissenschaftler in der entwickelten Rationalitätsgesellschaft; insbesondere in Deutschland nach dem Weltkrieg. In »Politik als Beruf« und im Vortrag »Wissenschaft als Beruf« gerinnt Webers Rationalisierungsgeschichte zum Ratgeberbrevier in schwieriger Zeit. Die Feststellung, daß ein

Politiker nicht ohne »Augenmaß« und »Verantwortungsgefühl« handeln sollte, schuldet sich keiner Theorie der Rationalisierung von »System« und »Lebenswelt«, sondern ist evident und praktisch die einzig mögliche Handlungsanleitung. Deshalb muß Weber auch die »reine« Macht aus dem Prozeß der Vernunftentfaltung ausgrenzen; sie ist einfach praktisch unmöglich. Jeder politische Akteur muß irgendwann und irgendwo den Ausgangspunkt seines Wollens, sein Ziel, seinen »Dämon« setzen. So kann man Macht um ihrer selbst willen nicht wollen; schon der psychologische Hintergrund, ein Gefühl der Macht genießen zu wollen, oder die Absicht, sich materiell bereichern zu wollen, verweist auf einen Antrieb, einen »Dämon«: unreglementierte Gier, unbeschränkter Egoismus.

Ohne (für den Beobachter) arbiträre Setzung entsteht keine Rationalität. Aber ist sie einmal entstanden, verschlingt sie ihren Dezisionismus und wird zum Sachzwang, zur Betriebslogik. Gegen solche Verselbständigung möchte Weber »Leidenschaft« mobilisieren. Die politische Machtübernahme von Beamten war ihm ein Greuel[22], gerade weil diese zwar, etwa als Juristen, Fachleute für Rationalitätsprüfungen sind, aber keinen originären Zugang zum dezisionistischen Setzen von Werten und Zielen haben. Sie können den Betrieb organisieren und am Laufen halten, aber wissen nichts von seinem Telos, seinem Grund. Die an das politische Handeln gebundene Macht, die bei Weber letztlich immer auf Gewalt gründet, muß im Dienst einer Sache reguliert und kanalisiert werden. Der Entschärfung dient auch sein Imperativ, »verantwortungsethisch« zu handeln. Die entbundene Rationalität muß an eine Kette gelegt werden, soll sie nicht zu eigentlichen Daseinsbeherrscherin aufsteigen. Vom Politiker verlangt diese Verhaltenslehre der leidenschaftlichen Sachlichkeit die Fähigkeit, eine solche Ambiguität aushalten zu können. Er soll sich einer Sache verschreiben und gleichzeitig genug Selbstdistanz aufbringen, um Kompromisse eingehen zu können: In ihm brennen kalte Feuer.[23]

In seinen Hinweisen zur »Wissenschaft als Beruf« kleidet Weber diese Ambivalenz weiter aus. Die neuzeitliche Wissenschaft wird einerseits allgegenwärtig und in ihren Erklärungsansprüchen umfassend, andererseits geht dieser Anspruch, über privilegierte Wirklichkeitszugänge zu verfügen, mit Spezialisierung und Differenzierung einher. Das »Ganze« gerät aus dem Blick. Diese Spezialisierung wiederum bedeutet, sich ins Detail hineinsteigern zu können, bedeutet die Fähigkeit, sich Scheuklappen aufzusetzen und in Einsamkeit der

Forschungsfrage zu folgen. Im von anderen, Unkundigen »belächelten Rausch« muß der Wissenschaftler leidenschaftlich seinem Ziel folgen, einfallsreich und kühl, fanatisch und systematisch, auf Eingebungen wartend und hoch organisiert.[24] Die »Persönlichkeit« des »Wissenschaftlers« äußert sich allein in seiner »Sachlichkeit« und seinem Dienst am Objekt.

Wissenschaft bedeutet hier eine spezifische Form der Realitätskonstruktion, die ihre Überlegenheit als technische Bemächtigungskompetenz immer wieder beweist. Diese erfolgreiche Technik der Daseinsmeisterung ist aber in sich sinnlos. Der wissenschaftliche Fortschritt folgt einer Bahn der zunehmenden Problemlösungsfähigkeit, aber kann seine Schienen nicht aus sich heraus anders verlegen. Über Richtungen und Sinn wissenschaftlicher Rationalität muß jedes Subjekt selbst entscheiden. Sinnstiftung geht der Rationalisierung voraus, verläuft nur in ihrem Schatten. »Entzauberung« hat die Götter nicht beseitigt, nur relativiert und ins Beliebige vermehrt: »Es ist wie in der alten, noch nicht von ihren Göttern und Dämonen entzauberten Welt, nur in anderem Sinne: wie der Hellene einmal der Aphrodite opferte und dann dem Apollon und vor allem jeder den Göttern seiner Stadt, so ist es, entzaubert und entkleidet der mythischen, aber innerlich wahren Plastik jenes Verhaltens, noch heute.«[25]

Die okzidentale Rationalisierung hat die alten Götter entzaubert und an ihre Stelle »ethisch-methodische Lebensführung« gesetzt.[26] Doch diese Vernünftigkeit bringt in ihrer Alltäglichkeit, in ihrem Betrieb auch Unbehagen. Systematik, Ordnung und Bemeisterung sind kein Ersatz für Sinn und Ziel. Am Ende des Entzauberungsprozesses kommt es zu einer Wiederkehr der Götter:

> »Die alten vielen Götter, entzaubert und daher in Gestalt unpersönlicher Mächte, entsteigen ihren Gräbern, streben nach Gewalt über unser Leben und beginnen untereinander ihren ewigen Kampf. Das aber, was gerade dem modernen Menschen so schwer wird, und der jungen Generation am schwersten, ist: einem solchen Alltag gewachsen zu sein. Alles Jagen nach dem ›Erlebnis‹ stammt aus dieser Schwäche. Denn Schwäche ist es: dem Schicksal der Zeit nicht in sein ernstes Antlitz blicken zu können. Schicksal unserer Kultur aber ist, daß wir uns dessen wieder deutlicher bewußt werden, nachdem durch ein Jahrtausend die angeblich oder vermeintlich ausschließliche Orientierung an dem großartigen Pathos der christlichen Ethik die Augen dafür geblendet hatte.«[27]

»Entzauberung« macht nicht glücklich; sie klärt nur auf und verbreitet die Kälte der alternativlosen Richtigkeit. Ihr haftet Serielles an. Systematik und Methodik bestimmen das »Leben« und werden schließlich Routine. »Entzauberung« kennt keine Abenteuer, keine weißen Flecken, keinen *»dark continent«* mehr. Mit der umfassenden Säkularisierung verliert dieser Käfig der permanenten Rationalisierung seinen tröstenden Sinnhorizont. Aber auch dieser Transzendenzverlust ist notwendig und unumkehrbar. Die Moral der Schwachen, da ist Weber mit Nietzsche einig, mußte fallen; die Bergpredigt ist unmännlich und würdelos.[28] Auch andere Sinnstiftungen scheitern. Giftig schreibt Weber gegen die Ersatzreligionen seiner Zeit an. Er bezweifelt, daß das »Leben« gegen die leibfeindliche Vernunft mobilisiert werden kann. Es gibt keine dem Streit entrückten Instanzen der Orientierungs- und Sinnproduktion, gerade die moderne Wissenschaft ist keine solche und verkommt, wenn sie zur mit professoraler Autorität ausgestatteten Gesinnungsgemeinschaft wird. Die präsentierten hermetischen neuen Prothesengötter werden lächerlich, wie ihre Jünger. Bei der Erfindung neuer Götter, der Simulation großer Sinnentwürfe, der Jagd nach dem Surrogat der christlichen Heilsbotschaft entstehen groteske Mißbildungen von Verhaltenslehren, die Monster gebären. Wahre Kraft liegt einzig im Verzicht auf intersubjektiv gültige Sinnhorizonte. Jedes Individuum muß seine Werte selber setzen, der daraus resultierende Kampf der Normen ist das einzig Verläßliche. Die Freiheit des Subjekts hat sich in diesen Dezisionismus zurückgezogen; wer den Mut zur Entscheidung nicht aufbringt, hat sie verloren. Eine Rettung des »Ganzen«, von Klasse, Volk oder Menschheit gibt es nicht.

Dabei lastet auf dem Diktat der Dämonen der Fluch nicht vergehender Vergangenheit. Erinnern wir uns an Webers Metapher für den unendlichen Streit der Normen. Er spricht von »Dämonen«, die ihren Gräbern entsteigen und nach den Menschen greifen. Die Moderne erlebt damit so etwas wie eine Wiedergängerei der großen Sinnstiftungen, der sich kein Subjekt entziehen kann. Dem vehementen Streit der neuen Gefolgschaften haftet so etwas Epigonales an. Und in der Tat nimmt in Webers Werk der Gedanke, einer Generation von Epigonen anzugehören, breiten Raum ein. Vom Individuum bleibt wenig, noch nicht einmal in den Refugien seiner Irrationalität ist es originell unverwechselbar. Es folgt blind alten Göttern, weil seine Rationalität es über die letzten Werte nicht aufklären kann, sondern sich allenfalls als Instrument in den Dienst nehmen läßt. Hat es sich einem Zweck ausgeliefert, regiert unentrinnbare Systematik. Zombie-Mechanik.

Sinn löst sich in permanenten Streit um ihn auf. Für Weber ist nur eine Elite von führungsstarken Einzelnen in der Lage, diese Vergeblichkeit der Sinnstiftung, die ewige Unzufriedenheit des jeweiligen »Dämons« auszuhalten. Nur die Starken können alles Wollen, ihr Schicksal annehmen und sich gleichzeitig der Begrenztheit ihres Tuns bewußt bleiben. Sie reagieren darauf nicht mit Verzweifelung, sondern mit Melancholie und Unermüdlichkeit.

Leidenschaft ja, aber schon erkaltet in den »Skeletthänden« der Vernunft. Der Mensch ist vom Tod umstellt. Seine »Götter« entsteigen als lebende Leichen ihren Grüften, seine Leidenschaft ist damit infiziert vom Alten, Überlebten. Seine Rationalität ist ein totes Ding, das zwar von ihm ausging, aber sich gegen ihn kehrte.

Die Frage nach der »Authentizität« der Individuen stellt sich hier nicht mehr. Hinter allen Ansprüchen auf Selbstbestimmung lauern andere Mächte. Weber setzt allerdings auf eine »Aristokratie des Geistes«, die solche Fremdbestimmung als Freiheit begreifen kann und wenigstens »entscheidet«. Aber solche Hoffnungen sind auch nicht mehr als verhärtete Tröstungen in der entzauberten Welt.

6.
Zerfall der Sprache: Lord Chandos Gets No Satisfaction

In der dieses Mal etwas verwirrenden Diktion von Panajotis Kondylis wird der Übergang der Moderne zur Postmoderne als Ablösung der bis dahin in Geist und Leben (der führenden – bürgerlichen – Schichten in dem um Europa zentrierten internationalen System) dominierenden synthetisch-harmonisierenden Denkweise durch eine andere dargestellt, die er analytisch-kombinatorisch nennt. Dies ließe sich auch anhand des Wandels der Funktion der Sprache in der Literatur deutlich ausmachen. Die Sprache verliere hier ihren Auftrag, geordneter Träger von geordnetem Sinn zu sein, »wobei das ästhetische Gebot, sprachliche Form und sinnhaften Inhalt harmonisch miteinander zu verbinden, derselben synthetischen Harmonievorstellung entsprang wie der weltanschauliche und ethische Wunsch nach Zusammenwirken von Geist (Norm oder Sinn) und Materie oder Vernunft und Trieb auf der Ebene der Natur und des Menschen.«[1]

Wenn hingegen die Sprache selbst zum hauptsächlichen Gegenstand der Literatur wird, sie also gewissermaßen der Pflicht zum Transport von Sinn-Einheiten nach dem Willen der Literaturproduzenten[2] nur unlustig, schleppend oder gar nicht mehr nachkommen will/kann, zerfalle die »bürgerliche Synthese«, komme das bis dahin »harmonisch gegliederte Weltbild« durcheinander, werde die frühere Sinnhaftigkeit der Sprache unerbittlich zertrümmert. Das Wort werde autonom, und zwar auf Kosten seines Sinns.

Daß hier in der Tat ein tiefreichender Wandel im literarischen Verständnis der Sprache oder im Verständnis der mit Sprache als ihrem Material arbeitenden Kunst vorliegt, ist schwerlich von der Hand zu weisen, wenn es gewiß auch gar nicht wenige »Vorläufer« solcher Sprach-Sinn-Zertrümmerung gegeben hat. Wobei die beteiligten Akteure dabei sehr unterschiedliche Motive im Kopf hatten.

Das, was in den kunst- und literaturgeschichtlichen Handbüchern in der Regel als Moderne bezeichnet wird, ordnet Kondylis der Epoche der Postmoderne zu, und das Kennzeichen dieser Epoche ist in seiner Sichtweise die Ausbildung der industriellen Massengesellschaft im 19. Jahrhundert. Die Vorzüge und Nachteile dieser eigenwilligen Etikettierung sind hier nicht das Thema. Es geht uns bei diesem Hinweis auf den Niedergangs-Diskurs von Kondylis um etwas anderes, um die Querbezüge nämlich zwischen der Entwicklung der industriellen Gesellschaften in ein neues Stadium (hier ›Massengesellschaft‹ genannt) und Entwicklungen in der Kunst- und vor allem der Literaturproduktion. Sowohl hier wie dort gehörten folgenreiche Eingriffe in die Vorstellung von den Fähigkeiten, dem Gebrauchswert und dem Erscheinungsbild des auf die Höhe der Zeit zu bringenden Menschen in den Katalog der Neuerungen.

Freilich wurden alle Planungen für Veränderungen auch nachhaltig von den Rahmenbedingungen nationaler Kontexte (Volkswirtschaften, politische Organisationen, Nationalkulturen) beeinflußt. Trotzdem gab es inter- und transnationale Veränderungs-Strömungen, gegen die auch nationalistisch oder gar chauvinistisch inspirierte Abschottungs-Versuche nicht viel auszurichten vermochten.

Hugo von Hofmannsthals Erzählung »Ein Brief«

Im deutschen Sprachraum läßt sich das, was Kondylis als Zerfall der Sinnhaftigkeit von literarischer Sprache bezeichnet, an einem überaus kunstvollen Text aus dem Jahr 1901 studieren, der insofern »altmodisch«-modern ist, als er diesen Zerfall nicht in der Sprache vorführt, ihn vielmehr mit einem schmerzlich hochgetriebenen Maß an sprachlicher Raffinesse und einem exquisiten Feingefühl für Sinn-Nuancen thematisiert: Hugo von Hofmannsthals »Ein Brief« überschriebene, die Sprach- und Lebenskrise eines fiktiven Lord Chandos zu Beginn des 17. Jahrhunderts in einer Art (Selbst-) Analyse-Prosa be- und durchleuchtende philosophische Erzählung.

In der Literaturwissenschaft hat man sich häufig und intensiv mit diesem Text beschäftigt, nicht zuletzt deshalb, weil es verführerisch ist, an ihm eine einschlägige Zäsur in der Entwicklung der deutschen Literatur aufzuzeigen. So hat etwa Walter Jens von der »Revolution der deutschen Literatur« gesprochen, von einer radikalen Veränderung in Thema und Stil, eben der schubartigen Durchsetzung einer neuen, die Sprache als ihr Ausgangsmaterial grundsätzlich anders handhabenden Literatur. »Ausgangspunkt jeder Analyse der neuen Revolution, man kann es nicht oft genug sagen, ist Hofmannsthals »›Brief‹ des Lord Chandos – ein Dokument, das an Konsequenz und Bedeutung die Thesen des Naturalismus weit übertrifft. Erst hier... bricht die Tradition des 19. Jahrhunderts ab. Erst 1901 trennen sich ›damals‹ und ›jetzt‹, das ›Ich‹ verliert vor dem Zugriff des ›Ist‹ seine Macht, das Objekt entzieht sich dem Subjekt, der Gegenstand bestimmt die Person und beraubt den Autor seiner ›Schöpfer‹-Funktion, die Realität scheint nicht mehr mit der gewohnten Sprache zu bannen, die Einheit zerfällt...«.[3]

In der existentialistisch eingefärbten akademisch-germanistischen Terminologie der fünfziger Jahre hat man für diesen Zerfalls-Prozeß Vokabeln wie »moderne Sprachkrise«, »Sprachnot«, »Sprachbezweiflung« oder allgemeiner »Sprachproblematik« bereitgehalten[4]. Es ist über die Frage disputiert worden, ob der »Chandos-Brief« primär Ausdruck einer persönlichen Krise Hofmannsthals ist. In der Regel wird diese Deutung indes zurückgewiesen, obgleich die höhere Klatschsucht befriedigende Verbindungen zwischen dem Text und der seelischen und sozialen Befindlichkeit seines Autors immer mal wieder thematisiert werden, etwa die nicht ohne ein wenig Bosheit von Hofmannsthal erkennbar gemachte Ähnlichkeit des »Brief«-Adressaten Francis Bacon mit Stefan George.[5]

Der lange Brief zum kurzen Abschied

«Dies ist der Brief, den Philipp Lord Chandos, jüngerer Sohn des Earl of Bath, an Francis Bacon, später Lord Verulam und Viscount St. Albans, schrieb, um sich bei diesem Freunde wegen des gänzlichen Verzichtes auf literarische Betätigung zu entschuldigen.«[6] Dies ist der einzige Satz der Erzählung Hofmannstahls, der nicht Teil des Briefes selbst ist. Ansonsten besteht sie aus nichts als dem Brieftext, der am Ende unterzeichnet ist »A.D. 1603, diesen 22. August. Phi.Chandos« (S. 348)

Als Antwort auf die besorgte Nachfrage Bacons wegen ausbleibender literarischer Werke, ja eben sogar als Entschuldigung dafür konzipiert, beschreibt der Brief zunächst die literarisch produktive Phase des Philipp Chandos, die mit 19 Jahren begonnen hat. Der Blick des nun Sechsundzwanzigjährigen auf diese Phase bleibt allerdings fremd und kalt; er empfindet keine Sympathie für die damals veröffentlichten Werke. Alles, was er damals publiziert hat, berühre nicht das »Innere der Dinge« (S. 339). Den »Zustand meines Innern« (S.338) will er dem Adressaten darlegen, »eine Sonderbarkeit, eine Unart, wenn Sie wollen eine Krankheit meines Geistes« (S. 339), die ihn nicht nur den früheren Werken gegenüber entfremdet, sondern auch bewirkt hat, daß er alle literarischen Pläne aufgegeben hat. Immerhin kann er sich noch in die jetzt verloren gegangene Grundstimmung hineinversetzen: »Mir erschien damals in einer Art von andauernder Trunkenheit das ganze Dasein als eine große Einheit..., in allem fühlte ich Natur, in den Verirrungen des Wahnsinns ebensowohl wie in den äußersten Verfeinerungen eines spanischen Zeremoniells; in den Tölpelhaftigkeiten junger Bauern nicht minder als in den süßesten Allegorien; und in aller Natur fühlte ich mich selber; überall war ich mitten drinnen.« (S. 340/341)

In der selbstkritischen Rückschau erscheint ihm das als »aufgeschwollene Anmaßung« (S. 341). Aus diesem »mitten drinnen« hat ihn irgendetwas hinauskatapultiert, »hinaus ins Leere«. (S. 341) Lapidar wird die Konsequenz beschrieben:«Mein Fall ist, in Kürze, dieser: Es ist mir völlig die Fähigkeit abhanden gekommen, über irgend etwas zusammenhängend zu denken oder zu sprechen.« (S. 341) Zunächst ging das nicht mehr, wenn »ein höheres oder allgemeineres Thema zu besprechen« war (S. 341). Bald »breitete sich diese Anfechtung aus wie ein um sich fressender Rost« (S. 342) Auch Urteile über alltägliche Angelegenheiten erschienen ihm nun mehr und mehr als Zumutung. »Es gelang mir nicht mehr, sie mit dem vereinfachenden Blick der Gewohnheit zu erfassen. Es zerfiel mir alles in Teile, die Teile wieder in Teile, und nichts mehr ließ sich mit einem Begriff umspannen.« (S. 342)

Einsam (weil von der Teilnahme an den sprachlichen Konventionen ausgeschlossen), geist- und gedankenlos ist das Leben des Lord Chandos durch diese Erschütterung geworden. Was jene Geist- und Gedankenlosigkeit betrifft, diese Bemerkung kann sich der Lord nun allerdings trotz aller Melancholie nicht verkneifen, so treffe man sie freilich auch bei den meisten Nachbarn, Verwandten und überhaupt bei den landbesitzenden Edelleuten des Königsreiches an (ohne, muß man ergänzen, daß diese sich das sonderlich zu Herzen nähmen). Sein eigener Fall scheint also nur deshalb als so einzigartig, weil er sich seiner Denk- und Sprachimpotenz bewußt ist, wohingegen seine *peers* noch nicht darauf gekommen sind.

Trotz der Desolation ist das Leben des Lord jedoch »nicht ganz ohne freudige und belebende Augenblicke«, ohne »gute Augenblicke«, in denen sich eine »überschwellende Flut höheren Lebens« ankündigt. (S. 343) In diesen Momenten nehmen alltägliche Dinge, eine Gießkanne etwa oder eine auf dem Felde verlassene Egge, »ein erhabenes und rührendes Gepräge« an (S. 343/344). Bei der Beschreibung solcher erhabener Augenblicke würde Lord Chandos am liebsten auf Worte verzichten, weil sie die starke Unmittelbarkeit seiner Empfindung nur andeutungsweise wiedergeben.

Das ziemlich gruselige Beispiel dafür ist der während eines Ausritts imaginierte Todeskampf eines Rattenvolks in den Milchkellern von einem seiner Meierhöfe. Diese Imagination von Tod und Ohnmacht der Tiere ließ ihn an das brennende Karthago denken, aber sie »war göttlicher, tierischer« (S. 344). Nicht kreatürliches Mitleid war der Grund für seine innere Bewegung. »Es war viel mehr und viel weniger als Mitleid: ein ungeheures Anteilnehmen, ein Hinüberfließen in jene Geschöpfe oder ein Fühlen, daß ein Fluidum des Lebens und Todes, des Traumes und Wachens für einen Augenblick in sie hinübergeflossen ist...«. (S. 345)

Von den Wurzeln der Haare bis ins Mark der Fersen durchschauert ihn das Nachgefühl des Wundervollen, für das er keine Worte hat. »Es erscheint mir alles, alles, was es gibt, alles, dessen ich mich entsinne, alles was meine verworrensten Gedanken berühren, etwas zu sein. Auch die eigene Schwere, die sonstige Dumpfheit meines Hirnes erscheint mir als etwas; ich fühle ein entzückendes, schlechthin unendliches Widerspiel in mir und um mich, und es gibt unter den gegeneinanderspielenden Materien keine, in die ich nicht hinüberzufließen vermöchte. Es ist mir dann, als bestünde mein Körper aus lauter Chiffern, die mir alles aufschließen.« (S. 345/346)

Solche sonderbare Bezauberung und Harmonie, die die ganze Welt durchwebt, kommt allerdings selten vor. Meist bleibt sein Inneres starr. Im alltäglichen Leben macht sich das (dank einer »guten und strengen Erziehung«, S. 346) wenig bemerkbar. Nur mit der literarischen Produktion ist es vorbei, »nämlich weil die Sprache, in welcher nicht nur zu schreiben, sondern auch zu denken mir vielleicht gegeben wäre, weder die lateinische noch die englische noch die italienische und spanische ist, sondern eine Sprache, von deren Worten mir auch nicht eines bekannt ist, eine Sprache, in welcher die stummen Dinge zu mir sprechen, und in welcher ich vielleicht einst im Grabe vor einem unbekannten Richter mich verantworten werde.« (S. 348)

Im letzten Briefabsatz wird kurz und knapp Abschied genommen.

Dies sei sein voraussichtlich letzter Brief an Francis Bacon, den größten Wohltäter seines Geistes und ersten Engländer seiner Zeit. Liebe, Dankbarkeit und ungemessene Bewunderung werden bis zum Tode im Herzen des Absenders ihren Platz behalten. »A.D. 1603, diesen 22. August. Phi. Chandos« (S. 348)

Rekonstruktion von Sprachzerfall und Weltverlust

Bei aller Zurückhaltung in terminologischen Belangen müsse man, steht in einer jüngst erschienenen Dissertation zu Hofmannsthals Prosawerk, die Erfahrungen von Lord Chandos doch wohl psychotisch nennen[7]. Das Individuum sei unfähig geworden, zwischen sich und der ihn bedrängenden Außenwelt eine Pufferzone aufrecht zu erhalten. Die Sprache vermittelt nicht mehr zwischen dem Betrachter und den Dingen; sie hat sich von den Dingen zurückgezogen, ist beziehungslos geworden.

Gegen eine Lesart der Erzählung, nach welcher der Briefschreiber als Opfer einer seelischen Krankheit erscheint, läßt sich wenig einwenden, nicht zuletzt wegen ihrer Oberflächlichkeit. Freilich hat die Mehrzahl der gelehrten Leser Hofmannsthals diesen Text nicht als Fallbeispiel einer Psychose rezipiert. Offensichtlich waren der Zeitpunkt der Veröffentlichung und die biographischen Unter- und Nebentöne der Erzählung, war auch ihr kultureller Kontext hervorragend geeignet, das Erlebnis des Lord Chandos als exemplarisch für eine Zeitenwende zu erkennen und zu verstehen. »Hugo von Hofmannsthal ist kein avantgardistisch-revolutionärer Dichter..., er ist ein Mann auf der Scheide der Zeiten, geprägt wie wenige von einer universalen Durchdringung und Aneignung des Überlieferten, aber zugleich von einer seismographischen Empfindsamkeit für die leisesten Schwingungen und Erschütterungen der Zeit, für die Ankündigung des Neuen, die Spannungen und Störungen der Atmosphäre.« [8] Solche Erschütterungen, Spannungen und Störungen sind das Thema des »Briefs«, entsprechend der Mentalität des Autors nicht als triumphale Aufrufe («Zerschlagt die Sprache!«; »Sprengt die Museen!« und was dergleichen mehr um die Jahrhundertwende proklamiert wurde), vielmehr als melancholische Verlustanzeige mit einem irritierend optimistischen Ausblick.

Häufig ist bemerkt worden, daß diese literarische Erzählung über das grundsätzliche Versagen der Sprache und über die Nichtigkeit aller literarischen Betätigung selbst ein literarisches Meisterwerk sei[9]. In der Tat werden die Symptome des Sprachzerfalls und des Weltverlusts souverän beschrieben.

Sprachzerfall: damit ist die Einsicht in die Untauglichkeit der überlieferten Rhetorik gemeint (»Rhetorik, die gut ist für Frauen oder für das Haus der Gemeinen, deren von unserer Zeit so überschätzte Machtmittel aber nicht hinreichen, ins Innere der Dinge zu dringen.« (S.338/339) So ganz haben wir nicht verstanden, warum die Rhetorik gut für Frauen ist. Um sie zu verführen? Aber diese Kunst ist ja vom »Rost« des Sprachzerfalls mitbetroffen. Die allgemeinen und abstrakten Worte wie »Geist«, »Seele« oder »Körper« werden nur noch mit wachsendem, unerklärlichem Unbehagen benutzt. Sie »zerfielen mir im Munde wie modrige Pilze.« (S. 342) Und auch in den »guten Augenblicken«, zu denen es nach der schrecklichen Erfahrung des Sprachzerfalls kommt, lassen die Worte Lord Chandos im Stich. Denn es handelt sich bei ihnen um »etwas völlig Unbenanntes und wohl auch kaum Benennbares« (S. 343), das ihn mit »mehr als irdischen Schauer(n)« (S. 345) erfüllt. Die Sprache, einmal zerfallen, läßt sich nicht besser, schöner, kräftiger aufbauen. Deshalb kündigt Lord Chandos am Schluß seines Briefes seinen Abschied nicht nur von der Literatur, sondern von der Sprache an.

Weltverlust: das ist vor allem der Verlust der Einheit zwischen Ich und Welt. Das ganze Dasein war dem dichtenden Jüngling[10] als »eine große Einheit« erschienen, als allumfassende Natur, »und in aller Natur fühlte ich mich selber«. (S. 340) Aus der Mitte dieser Welt wird Lord Chandos »hinaus ins Leere« (S. 341) getragen. In dieser Leere gibt es auch keine Zusammenhänge zwischen den Dingen mehr, alles ist gleich isoliert, alles ist Partikel, nichts kann sie zu einem Ganzen zusammenbinden. Aus dieser Isolation gibt es auch in den »guten Augenblicken« keine Rettung; keine neue Welt baut sich auf. Jedoch spürt Lord Chandos in ihnen eine Ahnung von ursprünglicheren, vor allem Sinn vorhandenen Zusammenhängen der «gegeneinanderspielenden Materien« (S. 345): tellurische Partikel-Harmonie, auf der Ebene der »inneren Bewegungen meiner Eingeweide« oder der »Stauungen meines Blutes« (S. 346).

Am Beginn des 17. Jahrhunderts hätte sich Lord Chandos, gesetzt es hätte ihn mit dem Charakter und den Talenten, die Hofmannsthal seiner Erzählfigur zuschreibt, gegeben, nicht so ausdrücken und so verhalten können, wie in der Erzählung. Das Spiel mit einer vergangenen Epoche in einer anderen Kultur soll also nur verbergen und darauf aufmerksam machen, daß es dem Autor um ein, na ja, sagen wir es studienrätlich: Gegenwartsproblem ging.

Das hat nun aber eine andere Gestalt, als es die Interpretationen des »Briefs« als Ausdruck einer »Sprachnot« nahelegen. Denn die Erfahrung, daß mit den gelernten Wörtern genau das, was gemeint ist, zu bezeichnen schwierig und manchmal unmöglich ist, die machen viele Menschen, gleichviel in welchen historischen und kulturellen Kontexten. Der Sprachzerfall, den Hofmannsthal an einem aristokratischen Intellektuellen in historischer Szenerie beschreibt, umfaßt zugleich auch einen Weltverlust und ein Zerbröseln von Kommunikation, von Gemeinschaftlichkeit. Er wirft das Individuum auf sich selbst zurück, in seine Einsamkeit; zugleich aber demontiert er das Individuum zu einem »Körper aus lauter Chiffern«, der sich selbst und seine Welt, die ihn ihn einströmen darf, völlig neu und nach beliebigen Mustern ordnen kann. »Es erscheint mir alles, alles, was es gibt, alles, dessen ich mich entsinne, alles, was meine verworrendsten Gedanken berühren, etwas zu sein.« (S. 345) »Etwas« heißt hier: gleich viel, gleich wichtig, gleich gut.

Bei solchen Augenblicken des als unmittelbar und deshalb unbeschreibbar empfundenen Wundervollen handele es sich, schreibt Waltraud Wiethölter, »um jene epiphanischen Momente blitzartiger Einsicht und unvorhergesehenen Sehens, die man in der Literatur die magischen oder mystischen genannt und je nach Stimmigkeitsbedürfnis oder Konfliktbereitschaft des Interpreten entweder positiv im Sinne einer neuen, aus der Intuition geborenen Synthese und Weltfrömmigkeit oder negativ als unlautere Hingabe an den Strom des Seins jenseits aller Zeichenvermittlung, als unzeitgemäße Wesensschau und distanzlose Erleuchtung bewertet hat.«[11]

Bedürfnis nach Stimmigkeit oder Konfliktbereitschaft wollen wir hier lieber außen vor lassen. Das Entscheidende dieses Vorgangs ist die paradoxe Individualisierung – die Sprache als Reflex und Transportmittel von in einer Gesellschaft geltenden Bedeutungen (Werten, Normen, Wahrnehmungsmustern usw.) vermag diese Aufgabe nicht mehr zu erfüllen. Damit verändert sich nicht nur die Sprache (die noch am wenigsten, wie der Brief des Lord Chandos zeigt), es verändern sich in erster Linie die Prospekte mit den geltenden Bedeutungen. Sie werden sozusagen impressionistischer. Sie werden auch leichter manipulierbar.

Würde man diesen Vorgang als Niedergang interpretieren, trifft die Beobachtung von Luc Ferry zu: »Die Ideologien vom Niedergang geben eine richtige Beobachtung nur schlecht wieder: Wir wohnen nicht mehr in einer a priori gemeinschaftlichen Welt. Das bedeutet nicht, wie man gewöhnlich meint, daß es keine sozialen Bande mehr gibt oder daß die Vereinzelung und das Zeitalter der Massen die unabwendbare Zukunft für moderne Gesellschaften ausmachen. Nur der Zusammenhalt muß nunmehr in der Interindividualität (um nicht zu sagen Intersubjektivität) angesiedelt sein und nicht länger in der Transzendenz einer kosmischen Realität, die der Menschheit schicksalhaft zuteil wird.«[12] Allerdings kann man am Chandos-Brief auch schon ablesen, wie dem Individuum in seinen »guten Augenblicken« dann doch wieder seine Zugehörigkeit zu einem großen und unbestimmbaren Etwas als Erfahrung zuteil wird.

Es ist aber jetzt eine Art von Zugehörigkeit, wie ein Stäubchen Sägespäne zu einem großen Haufen Sägespäne gehört.

Andere »Mystiker ohne Mystik« wie Walter Benjamin haben Hofmannsthal in herben Worten gescholten, weil er die Erfahrungen, die er an Lord Chandos beschrieben hat, späterhin in seinen Schriften rückgängig zu machen versucht habe: »Hofmannsthal hat sich von der Aufgabe abgekehrt, die im Chandosbrief auftaucht. Seine ›Sprachlosigkeit‹ war eine Art von Strafe. Die Sprache, die Hofmannsthal sich entzogen hat, dürfte eben die sein, die um die gleiche Zeit Kafka gegeben wurde. Denn Kafka hat sich der Aufgabe angenommen, an der Hofmannsthal moralisch versagte und darum auch dichterisch.«[13] Solche Rigorismen sind natürlich nicht unbedingt ernst zu nehmen. Aber sie erhellen mit ihrem falsch dosierten Licht doch auch wieder bestimmte Aspekte der sozialen, politischen und kulturellen Konstellation, in welche der Text Hofmannsthal hineingehört und die er reflektiert. Sprachzerfall und Weltverlust haben Lord Chandos als einen anderen Menschen zurückgelassen – stumpf, im Inneren starr, fast wie ein Toter. Aber er lebt ja weiter. Und zuweilen, nachts, geschehen mit ihm seltsame Veränderungen. »Es ist mir dann, als geriete ich selber in Gärung, würfe Blasen auf, wallte und funkelte. Und das Ganze ist eine Art fieberisches Denken, aber Denken in einem Material, das unmittelbarer, flüssiger, glühender ist als Worte. Es sind gleichfalls Wirbel, aber solche, die nicht wie die Wirbel der Sprache ins Bodenlose zu führen scheinen, sondern irgendwie in mich selber und in den tiefsten Schoß des Friedens.« (S. 347/348) Ein Taschentuch für Lord Chandos!

7. Die Gemeinschaft ist kein Idyll: Beobachtungen eines Vikars

Daß die sozialen Zusammenhänge vor dem Siegeslauf der Massengesellschaft überschaubar und einfach zu erlernen, gemütlich oder auf jeden Fall authentischer, natürlicher waren, ist ein nostalgischer Mythos vom Ende des 19. Jahrhunderts. In der alltäglichen Wahrnehmung erscheint das als authentisch, was besondere Kraft auszustrahlen scheint, und als natürlich wird wahrgenommen, woran man sich gewöhnt hat.

Jenem Mythos nun liegt die Erfahrung zugrunde, daß in den rasch anwachsenden städtischen Ballungs-Zentren das Leben der Individuen nach äußeren Mustern geformt wird, die weder authentisch noch natürlich sind, und gegen die sich aufzulehnen dem Individuum in der Regel die Kraft fehlt. Wenn man aber dennoch solche Auflehnung beginnt und wenn sie sogar zu gelingen scheint, dann stellt sich am Ende doch meist nur heraus, daß die einen Muster gegen andere, nicht weniger äußerliche ausgetauscht wurden.

Georg Simmel hat das so ausgedrückt: »Die psychologische Grundlage, auf der der Typus großstädtischer Individualitäten sich erhebt, ist die Steigerung des Nervenlebens, die aus dem raschen und ununterbrochenen Wechsel äußerer und innerer Eindrücke hervorgeht.«[1] Wer so lebt, wird nervös und blasiert. Der fortgesetzte Strom immer neuer Eindrücke nivelliert ihre Empfänger; aber eben so, daß gerade dadurch in ihnen der nachhaltigste Drang zu einem individuellen, persönlichen Dasein geweckt wird.

«Je höher die Etagen unter den Rauchhimmel steigen, desto flacher wird die Gemütsbildung und desto mehr keucht jede Geistesäußerung vom Treppensteigen«, meinte Wilhelm Bölsche im Vorwort zu seinen »Friedrichshagener Gedanken zur ästhetischen Kultur«, die er 1901 unter dem Titel »Hinter der Weltstadt« veröffentlichte[2]. Mit dieser Weltstadt war, der Zeit ein wenig voraus, Berlin gemeint. Berlin als rasch wachsende Hauptstadt des 1871 gegründeten und einigermaßen provozierend quicke Modernisierung und politische Anachronismen kombinierenden Deutschen Reichs[3] galt vielfach als Hort des Sittenverfalls. Wie andere Großstädte in den sich industrialisierenden Gesellschaften absorbierte Berlin Jahr für Jahr große Zahlen von Zuwanderern aus ländlichen Gebieten. Auch wenn diese zunächst noch viele ihrer mitgebrachten Vorstellungen und Verhaltensweisen beizubehalten versuchten, gelang das doch nicht, und sie wurden hineingesogen in die »anonyme Masse« der Städter.

Widerstand gegen diese Entwicklung gab es vor allem von einer Reihe Intellektueller, die zu jener Zeit die »echten« Werte der *Natur* und der *Heimat* (das war die soziale Dimension der von ihnen gemeinten Natur) entdeckten und propagierten. Wilhelm Bölsche etwa kontrastierte das oben in Simmels Perspektive beschriebene »nervöse Denken« der Stadt mit »der stillen Einkehr da draußen, am Schilfufer eines überglänzten Sees, wo die Seele langsam in ihre Stimmungen, ihre Entwickelungen steigt wie das Lebenswasser in die feinsten Haarröhrchen des Mooses.« Die (Welt-)Stadt wirkt als Schock. Dieser wiederum kann sogar Endzeit-Erwartungen hervorrufen. »Wenn ich manchmal gen Westen abends in das fahle Rauchrot sehe, so ist mir, als wanke dieses ungeheure Tier schon, bereit sich als Sphinx vor der Oedipusantwort in den Abgrund zu stürzen. Warum lebe, dampfe, qualme, dröhne, schwitze, arbeite ich bis zur Todesmattigkeit überhaupt? lautet die Frage. Um einen Sinn! die Antwort. Ich habe keinen Sinn, sagt das Ungetüm und fällt in den Abgrund.«[4]

Das ist trotz aller Apokalyptik eher ein verspieltes Ende jenes Ungetüms ohne Sinn, als das hier die moderne, die städtische Massengesellschaft wahrgenommen wird. Heimat- und Naturbewegung, die ganze Palette gegen die »ungesunde Vermassung« gerichteter Anstrengungen von der Bohème bis zum Exotismus, vom Kampf gegen den Alkohol, Korsetts und die Schundfilme bis zur Jugendbewegung möchten helfen, solchen Sinn herbeizuschaffen.

Dabei ist dann häufig die Unerbittlichkeit jenes Vorgangs aus den Augen verloren worden, um den es dabei ging: die Auflösung überlieferter und in sich ausbalancierter (wenngleich deshalb eben noch lange nicht so ohne weiteres »einfacher«, »natürlicher« oder »authentischer«) sozialer Zusammenhänge in Gemeinschaften.

Diese Auflösung hat im Deutschland der Jahrhundertwende niemand hellsichtiger beobachtet und beschrieben als ein damals fünfundzwanzig Jahre alter protestantischer Vikar, der nach dem Studium von seiner Kirche sozusagen in die Lehre aufs Land geschickt wurde – Heinrich Wolfgang Seidel (1876-1945).

Drei Stunden hinter Berlin

Die spätere Ehefrau Heinrich Wolfgang Seidels, Ina Seidel, hat 1951 dessen im Jahr 1902 verfaßte »Briefe aus dem Vikariat« unter diesem Titel publiziert[5]. Empfänger der Briefe waren Heinrich Wolfgangs Eltern in Berlin. Man brauchte damals drei Stunden mit Eisenbahn und Kutsche, um von Berlin in den kleinen Ort in der Uckermark zu gelangen.

Nur nebenbei sei erwähnt, daß die Seidels, eine bildungsbürgerliche Familie aus Mecklenburg, literarische Ambitionen und Begabungen als Familientradition pflegten und ermutigten. Schon Heinrich Wolfgangs Großvater, ein protestantischer Pfarrer, hatte u. a. eine Sammlung geistlicher Lieder verfaßt. Dessen Sohn Heinrich, von Beruf Ingenieur, brachte es im späten 19. Jahrhundert und auch noch ein bißchen darüber hinaus mit Romanen wie »Leberecht Hühnchen« und ganz passablen Geschichten sogar zu Bestseller-Ruhm. Ähnliches gelang Ina Seidel in der ersten Hälfte des 20. Jahrhunderts; und auch ihr Bruder, Willy Seidel, schrieb und veröffentliche Romane, die zu ihrer Zeit (in den 20er Jahren) zahlreiche Leser fanden[6].

Heinrich Wolfgang erscheint auf einem Photo der Zeit als großäugiger, etwas blasser und fast ein wenig verängstigter Spät-Jüngling. Die blonden Haare lichten sich bereits sehr früh, was die äußere Fragilität noch erhöht. Und ein martialischer Schnurrbart, dessen Ende kess nach oben gedreht sind, macht das Gesicht noch zarter. Beim Lesen der Briefe verflüchtigt sich dann allerdings sehr rasch der Eindruck von Ängstlichkeit und mangelhafter Belastbarkeit. Ihr Verfasser ist ein ziemlich unerschrockener und scharfsichtiger, distanziert-toleranter, aber auch wiederum empathischer Beobachter – eine nicht nur überaus sympathische, sondern auch für die die von ihm begonnenen alltags-ethnologische Unternehmungen hervorragend geeignete Mischung.

Empfänger der Briefe sind seine Eltern in Berlin. Es scheint zunächst, als spiele die Großstadt in dem, was hier berichtet wird, kaum eine oder gar keine Rolle. Der Ort – sein Name wird in den Briefen ausgelassen, es handelt sich um Boitzenburg – tritt vor das Auge des Briefeschreibers und der Leser als ein in sich ruhender

Kosmos gemeindlicher und gemeinschaftlicher Beziehungen und Kommunikation. Die »große Welt« bleibt außen vor.

In der »kleinen Welt« der Gemeinde regieren die Honoratioren die Wahrnehmungen und das Verhalten der Menschen. Der Amtmann (Bürgermeister), Pfarrer, Lehrer, Arzt, Apotheker sowie ein paar reichere Handwerker gehören dazu; über ihnen steht oder schwebt »der Graf«, ein Landedelmann, dessen Schloß-Haushalt, dessen Idiosynkrasien und Steckenpferde den Ort in mehr als einer Bedeutung des Wortes beschäftigen.

Idyll, zeitweilig brüllend

Ein Brief aus dem Winter:

> »Als ich gestern um drei in den Missionsverein ging, war seit einigen Stunden ein dichter, weicher Schnee gefallen, und da niemand ihn hier beseitigt, so war es ein hübsches Bild, wie einer in die Fußtapfen des anderen hineintrat, wie die Leute stehenblieben und bläuliche Schatten auf den Schnee zeichneten und aus weiten Entfernungen mit der Hand grüßten. Und es war unendlich behaglich, die Gesichter hinter den Scheiben zu sehn und sich auszumalen, wie gemütlich die Leute ihr Holz in den Ofen schoben und ihren Nachmittagskaffee vertilgten und wie es in der Kleinkinderschule alsbald auch warm und angenehm sein würde. Von allen Seiten aber hörte man das Geschrei der Kinder, die sich schneeballten, glitschten, Schlitten fuhren und dann plötzlich verstummten, um den Herrn Vikar zu begrüßen, der mit seinen langen Beinen durch den Schnee stieg und ständig im Begriff war, infolge von Glatteis seine Amtswürde in Gefahr zu bringen. Fern, von B. her, sah man langsam einen Wagen mit Holz heranstöhnen, ein Jäger trat aus dem Wirtshaus heraus mit einem Rehbock über der Schulter, Herr Apotheker D. erglänzte hinter seinem Medizintisch im Schein einer dürftigen Lampe und rührte mit stummer Andacht in einem Mörser herum, ein alter Mann mit einem Hut wie ein altes Dach hing an der Doktorklingel und wunderte sich, daß niemand kam – man konnte das Gefühl haben, daß auch an den verschneiten, winterlichen Tagen in U. die Kette aufregender Vorfälle nicht abreißen konnte oder wollte.« (S.39)

In fünf Sätzen wird hier ein dörfliches Winteridyll geschildert, das sich wie eines der niederländischen Dorfgemälde aus dem 17. Jahrhundert vor das Auge des Lesers stellt. Die leicht ironische und selbst-ironische Sprache erinnert an Wilhelm Raabe (und an die eindrucksvolleren unter den Geschichten Heinrich Seidels).

Es ist noch früh im Jahr des Vikars, und so genau kennt er »die Leute« noch nicht; auch diejenigen, die er kennt, werden hier eher als Repräsentanten der archetypischen Dorfwelt geschildert. Der Dorf-Nachmittag produziert eine »Kette aufregender Vorfälle«, und sie werden durch dieses leicht distanzierende Adjektiv unausgesprochen den scheinbaren und/oder wirklichen Aufregungen der Großstadt so gegenübergestellt, daß es den Adressaten dieses Briefes in Berlin (wo der Schnee sogleich fortgeräumt wird) vorkommen muß, als sei das ganz Besondere an dieser aufregenden Dorfidylle seine Abgeschlossenheit. Es endet sozusagen mit dem Bildrand des aus der Ferne heranstöhnenden Holzwagens.

Ob Bölsche und die anderen Heimatschützer mit ihren rhetorisch nachhaltigen Zweifeln an der Sinnhaftigkeit des Großstadtlebens mit dieser Schilderung zufrieden gewesen wären? Immer dort, wo Ironie und Selbstironie im Spiel sind, verlieren Appelle zur Rettung des Natürlichen und Authentischen ein wenig von ihrer Überzeugungskraft. Der langbeinige Vikar stellt im Laufe seines Aufenthalts auf dem Dorf ohnehin bald fest, daß die »Kette aufregender Vorfälle« auch ganz nachhaltig die Nerven strapazieren kann (auf eine andere Art als die, wie Simmel sie für die Großstadt beschrieben hat). Ein Herbstmorgen, samt Erinnerung an die Nacht davor:

> »Die Dachdecker breiten sich aus. Schlag 6 trampeln sie die Bodentreppe in die Höhe und von da an ist es, als ob eine Schar von Teufeln auf meiner Zimmerdecke stünde und versuchte, sie einzutreten. Das ist allerdings Täuschung, denn sie sitzen ja in den Dachsparren und hämmern da herum... Gegen 7 kommen dann die Gänse, über 100 Stück, und singen einen sehr herzhaften Morgenpsalm; nachts aber sitzen rings auf den Zweigen die Waldkäuze und wimmern. Dann bellt wieder die gräfliche Meute den Mond an, die Milchwagen rasseln vorbei und einige Katzen jagen sich im Garten herum. U. ist doch zeitweilig ein brüllendes Idyll.« (S. 318)

In der Tat, ganz schön laut für ein Idyll und nicht unbedingt geeignet als Werbetext für eine »Ferien auf dem Land«-Broschüre. Unmittelbar an diese Passage schließt sich eine andere kummervolle Bemerkung an, die die moralische Idylle, als die sich manch ein Sittenwächter der Zeit das Dorfleben vorstellte, in Frage stellt: »Jungs haben die Pflaumen gestohlen, worüber die Pastorin sehr traurig ist. Das siebente Gebot wird hier ebenso wie das achte und sechste nur in Notfällen befolgt.«

Die »Herrschaften« und die Leute

Als der Vikar noch ganz frisch im Dorf ist und alles und alle erst kennenlernen muß, wird er in nicht enden wollenden Gesprächen nach und nach in die Spezifika des Dorf-Kosmos eingeweiht. Eines dieser frühen Gespräche geht über verschiedene Themen:

»... Dann sprachen wir noch von Eichhörnchen und ganz besonders vom Schloß. Es ist nämlich eine U.er Übereinkunft, kein Gespräch ohne Hinweis auf die ›Herrschaften‹ zu beenden. Wie eine Märchenburg liegt der schöne rote Bau mitten im Park, und heller noch als in den immer bewegten Seen spiegelt sich die Sonne in den Fenstern unsres Grafen. Mit unsichtbaren Fäden sind alle an den Hof gebunden – am Neujahrstag ist große Cour und alle erscheinen, denn sie sind alle tributpflichtig. Es gibt alte Leute, die schon vierzig Jahre für das Haus M. geackert und gehämmert haben, und seltsam verwitterte Gestalten werden die letzte Zeit ihres Lebens mit Garten-Harken beschäftigt und essen im übrigen vergnügt ihr Gnadenbrot. Eisgraue Männlein mit langen weißen Bärten sitzen frühstückend auf Baumstämmen und erzählen sich mit ihren Dreiviertel-Stimmen Geschichten aus längst vergessenen Tagen. Im Schloß aber treiben steife, lederartige Lakaien ihr Wesen und trampeln auf Wendeltreppen mit plumper Vertraulichkeit herum, als ob ihnen alles gehörte...«. (S.28)

Die ›Herrschaften‹ sind, im Gegensatz zu ihrer erhabenen Dienerschaft, ausnehmend liebenswürdig; so nimmt es der Vikar am Anfang seines Aufenthaltes in U. wahr. Sie sind in gewissem Sinne wie in früheren Zeiten für ›ihre Leute‹ ebenso verantwortlich, wie diese ihnen Loyalität schuldig sind.

»Am Nachnittag habe ich mit dem Pastor Kranke besucht – mir

schwindelte manchmal der Kopf, wenn sich die Gegensätze so jagten und Tod und Leben in einem Hause beieinanderwohnten. Im ganzen steht es hier mit der Fürsorge gut: der Graf läßt keinen seiner Leute umkommen. Aber diese Leute haben märkische Dickköpfe und schaffen sich seltsame Schicksale um nichts.« (S. 29)

Das scheint meilenweit entfernt zu sein von den sozialen und politischen Entwicklungen der damaligen Zeit. Ist es auch, ohne doch deshalb unwirklich zu sein – und ohne diese Zeit aus der erlebten Dorf-Wirklichkeit auszuschließen. (›Gleichzeitigkeit von Ungleichzeitigkeiten‹ ist ein etwas grober Terminus für solche Art Vemischung unterschiedlicher Modernitätsgrade.)

Jedenfalls fällt dem Vikar diese Eigentümlichkeit auf, und er schreibt darüber in einem seiner Briefe:

»...Der Graf ist in seiner Art tüchtig und leistet viel Gutes, aber er ist eben doch nur ein Graf, d.h. ein Anachronismus erster Güte –, daß er irgendein Verständnis für unsere demokratische oder, besser, auf die Erziehung der einzelnen Persönlichkeit hinarbeitende Zeit besitzt, ist einfach ausgeschlossen. Alles entscheidet die Kaste, zu der einer gehört. Das Wort Sozialdemokrat hat hier in U. den einfachen, aber deutlichen Sinn von Idiot oder Totschläger und Betrüger; aber ich glaube nicht, daß für das Gefühl der ›M.schen‹ die Nationalliberalen allzuweit von den Sozis abstehen. Diese fortwährenden Versuche, die Meinung oben auf dem Schloß zu erfahren, und die tiefe Inbrunst, die alle Leute in U. den monumentalen Aussprüchen der gräflichen Kinder entgegenbringt, hat etwas äußerst Komisches und leise Verstimmendes.« (S. 84/85)

Der Vikar war sicherlich gut beraten, mit solchen Äußerungen im Dorf selbst Zurückhaltung zu üben. Er würde damit wohl auch nur auf wenig Verständnis gestoßen sein, ganz zu schweigen von Zustimmung. Die sozio-politische Struktur dieser Konstellation zwischen dem Grafen und den Dorfbewohnern, circa drei Generationen nach den Stein-Hardenbergschen Reformen in Preußen, ist von einer asymmetrischen Gegenseitigkeit gekennzeichnet, die perfekt vorzustellen immer schwieriger wird. Die »eisgrauen Männlein« verstehen es noch am besten, auch die »lederartigen Lakaien« (die einen an Schillers »Kabale und Liebe« denken lassen); am wenigsten gut können es die gräflichen Kinder, denn sie werden in und mit Anachronismen erzogen, ohne schon ihre Gebrochenheit bemerken zu können. Die Inbrunst, die ihren vermutlich grotesk deplacierten Äußerungen entgegengebracht wird, ist – als Verhaltensweise ohne religiöse oder leidenschaftliche Bedeutung – Ausdruck schlichter Gemütsart. Davon aber findet sich im Dorf genug (und in der Großstadt auch).

Kaisers Geburtstag

Die hohe Politik kommt unten als Spektakel an. Aber eines, an dem man Teil hat.

> »Heute morgen ging ich mit ihm (dem Pastor) um neun in die Schule, wo wir als Ehrengäste zuhörten, wie der Kantor Kaisers Geburtstag feierte. Wir saßen in ehrbarer Schwärze auf zwei Stühlen und der Kantor hatte seine Kriegsmünzen angehängt und die Kinder waren bis an den Hals angefüllt mit Dingen, die sie ›konnten‹. Ein kleines Mädchen erklärte den Kaiser für einen lieben Mann, der in Berlin wohne, und sprach weiterhin gleichfalls die Absicht aus, ihn zu besuchen und ihm einige Blumen aus U. mitzubringen... ; dann sangen die Jungs und Mädchen mehrstimmig und das Kind der Waschfrau hatte eine so silberne und helltönende Stimme, daß alle entzückt zuhörten. Dann kam ein kleiner Junge zu spät, nicht viel größer als eine Wurst, mit einem grünen Hütchen und einem verwunderten kleinen Schafsgesicht... Eine junge Dame von sieben behauptete, der Kaiser sei 43 Jahre alt und im Jahre 1789 geboren... sie erfuhr keine Korrektur, denn der Kantor hatte den richtigen pädagogischen Grundsatz, an Kaisers Geburtstag alles schön zu finden. Und dann redete der Kantor selbst und es hatte kein Hinten und kein Vorne, kein Skelett und keinen Schwanz – aber es wirkte mächtig, denn es kam aus vollem Herzen –, und als ich dem Chef (dem Pastor) ins Gesicht sah, da hatte er auch schon den seltsam gespannten Zug, den er bekommt, wenn sein preußischer Patriotismus lebendig wird, und der verwandt ist dem, mit dem die preußischen Könige in ihren Schlachten gesiegt haben. Er sprach auch und gut. Zuletzt ließen wir den Kaiser leben, daß das Dach wackelte...« (S. 53)

Ein hervorstechendes Kennzeichen des Wilhelminismus[7] war der Drang zum Schwadronieren. Begeisterten Anteil daran hatte das

Bildungsbürgertum, gleichviel ob im tertiären, sekundären oder wie hier geschildert im primären Bildungsbereich. Kein Hinten und kein Vorne, kein Skelett und keinen Schwanz, das mag wohl die meisten Reden an derlei Tagen ausgezeichnet haben. In der Dorfschule wird dieser Tag auch deshalb zu etwas Besonderem für die Kinder, weil sie nicht korrigiert werden. Auch ohne den Einsatz moderner Massenmedien erreicht diesen abgelegenen Kosmos die Druckwelle nationaler Konformität. Ohne daß der Druck als solcher fühlbar wäre. Der beobachtende Vikar würzt seine Ironie mit Bitterkeit, aber das scheint ihm selbst gar nicht so ganz klar zu sein. Statt ›Kriegsorden‹ sagt er ›Kriegsmünzen‹. Wir haben diesen Ausdruck nirgendwo sonst bisher gefunden, aber es dürfte sich schwerlich ein anderer nennen lassen, der dem symbolischen Gehalt von solchen Orden mit ähnlich kräftiger Nonchalance den Teppich unter seinen Sinn-Füßen wegzieht.

Krankenbesuch und Tod eines Kindes

Über die Alten und Kranken, die zu besuchen auch Aufgabe des Pastors ist, wundert sich der Vikar. »Alle diese alten Leute bringen die Hauptzeit ihres Lebens im Bett zu, von zwei bis fünf etwa wohnen sie auf einem Sofa oder in einem Lehnstuhl, und wenn es ihnen ganz besonders gut geht, steht dieser Lehnstuhl am Fenster, wo sie die Dorfstraße übersehen können. Und dann drücken sie auch wohl ihr Gesicht an die Scheiben und rufen mit ihren dünnen Stimmen einen Vorübergehenden an: worauf dieser meist eintritt und sie durch muntere Erzählungen aus der Welt aufheitert.« (S. 49) Der Vikar wundert sich darüber, wie viele Informationen diese alten und kranken Leute haben und mit wie viel Geschick sie aus jedem Besucher weitere hervorlocken. »Bösartige Lästerzungen« sind auch darunter.

In der Tat gehört zum Dorfleben, daß die Menschen über einander ziemlich viel wissen. In ihrer gemeinsamen Lebenswelt spielt dieses Wissen eine wichtige Rolle, es verstärkt die gegenseitige Abhängigkeit. Die Vorübergehenden können es sich gewissermaßen gar nicht leisten, den Einladungen der dünnen Stimmen nicht zu folgen.

Das spricht für die Auffassung vom Dorf als einem abgeschiedenen Kosmos. Jedoch darf man die soziale Wirkung dieser (übrigens auch heute noch in den meisten Dörfern wenigstens in Überbleibseln anzutreffenden) gegenseitigen »Tiefenkenntnis« nicht überbewerten.

Es gelten nämlich zwei Einschränkungen. Erstens verbleibt die Gegenseitigkeit auf Menschen aus denselben Schichten beschränkt, und das Dorf ist in mehr als nur zwei Schichten untergliedert. Zweitens bedeutet sie keineswegs immer gegenseitige Hilfe, wo es nötig wäre; schon gar nicht bei den armen Leuten im Dorf.

Der Vikar muß ein Kind beerdigen, ein Kind aus dem Nachbardorf, wo die Leute sehr arm sind und der Amtmann ein fettes Leben führt.

> »Die Familie, um die es sich handelt, hat schon das neunte Kind produziert, hält es aber für eine Art Fatum, daß es wie alle Vorgänger nach wenigen Monaten eingegangen ist. Väter aus K., die Sterbefälle oder notgedrungene Trauungen anmelden, möchte man selten gern allein im Walde antreffen; dieses Pachtgut erzeugt eine Komposition von Roheit und Stumpfsinn, gegen die die Berliner Ballonmützen kaum ankönnen. Jede Säuglingstaufe wird mit einem Schnapsgelage gefeiert...« (S.321). »Die Beerdigung, die ich gestern hatte, dehnte sich lange hin. Zunächst erschienen die armseligen Geister aus K. eine Viertelstunde zu spät. Als ich aus der Tür trat, erblickte ich einen ratlosen Mann, der ein hochbeiniges, knochiges Pferd an der Leine hielt; auf dem strohbeschütteten Leiterwagen stand der kleine Sarg. Die Mutter schluchzte, wohl weniger aus wirklicher Ergriffenheit als aus Gewohnheit und aus dem Gefühl, daß sie ein Hundeleben führen müßte... Ein Kind mit einem Kranze trippelte nebenher. Diese Menschen waren wie ein Hohn auf die stille Schönheit des Herbsttages, denn in ihren Gesichtern prägte sich nicht die Versöhnlichkeit aus, die den allmählichen Sieg über den Körper begleitet, sondern nur Zerstörung und Verwüstung durch Leidenschaft und Sünde...Vor dem Friedhofsportal kam der Kondukt zum Stillstand; es stellte sich heraus, daß der Totengräber wieder nach Hause gegangen war. Während der Vater ihn holen wollte, sprach ich mit der Frau, und es war schrecklich, wie sie auf das einzige noch lebende Kind hinzeigte und sagte: da ist auch nichts dran. Sie streifte einen Ärmel des kleinen Mädchens auf und ein zerbrechlicher Arm, der fast nur aus dünnen Knochen bestand, wurde sichtbar... Das Kind sah mit traurigen grauen Augen aus seinem altklugen Kopftuch hinaus in den sonnigen Herbsttag... Während ich die Gebete verlas, ging der Vater plötzlich beiseite und schichtete die Grabhölzer auf – was eigentlich vorging, berührte ihn gar nicht in seiner mürrischen Stumpfheit... Ich ging nach Hause, während das Grab zugeschüttet

wurde – der Mann schaufelte, die Frau lamentierte, die Schwester schalt und das Kind spielte mit Blumen, die auf einem benachbarten Kindergrab blühten.« (S. 324/325)

Philemon und Baucis, versteinert

Stumpfheit und Verlorenheit lösen sich nicht auf, wie überschaubar der gemeinschaftliche Zusammenhalt auch konstruiert sein mag. Dasselbe gilt für den untröstlichen Schmerz, denn er kann nur von einer transzendenten Instanz oder den Tod ausgelöscht werden.

Geographische Abgeschiedenheit von den expandierenden und rotierenden Zentren und kollektive soziale Selbstgenügsamkeit beschützen das Individuum auch nicht besser. »Drei Stunden hinter Berlin« gibt es kein Dampfen und Dröhnen und Qualmen rund um die Uhr wie in der Großstadt. Aber der dörfliche Kosmos ist weder eine heile Welt, noch bleibt er isoliert von den Vorgängen außerhalb.

Diese Zwiespältigkeit erfährt der Vikar bei seinem Besuch eines alten Ehepaars, das in einem kleinen Häuschen am Ende des Dorfes wohnt. »Dies Häuschen gleicht im Sommer einem Idyll, denn es hat als einziges einen Vorgarten und in diesem Gärtchen, das nur zwei Meter tief ist, wachsen alle alten Bauernblumen und so viel Rosen und Wein wie irgend Platz haben.« Der Vikar schaut vorbei wegen einer Kollekte und wird höflich ins Haus gebeten. »Und dann bat mich der Mann, auf dem Sofa Platz zu nehmen, und der Novemberabend, der schon schweigsam genug war, hielt den Atem an und horchte auf den einförmigen Pendelschlag der Uhr. Ich weiß nicht, wie mir der Gedanke kam, aber ich wußte auf einmal, daß die beiden alten Leute weinten – wenn man auch keine Tränen in ihren Augen sah.« Es stellt sich heraus, daß die einzige Tochter der beiden alten Leute gestorben ist. Sie hatte einen Bäcker in Berlin geheiratet, und das Mithelfen im Betrieb und die Besorgung des bald kinderreichen Haushalts waren über ihre Kräfte gegangen.

»All das war vor sich gegangen mit trauriger Unaufhaltsamkeit, und dennoch waren die Leute überrascht, als die Todesnachricht kam. Sie betrachteten ihre Tochter noch immer wie ein Kind und sahen sie vor sich in der Gesundheit, die sie in U. gehabt hatte. Es war schlimm für sie, daß sie beide keine rechte Arbeit hatten, – der Mann konnte jetzt im Garten wenig mehr tun und so saßen sie

> denn wie zwei Versteinerungen den ganzen Tag in ihrem Schlafzimmer – sie am Fenster, als ob sie ihr Kind erwartete, das aus der Kantorschule kommen sollte, er in der Dunkelheit der Ofenecke, wo er sich zuweilen mit der Hand durch den langen Bart fuhr und beständig schlief.« (S. 372-374)

Über diese Geschichte wußte man im Dorf nichts, nicht einmal im Pastorenhaus.

Heimweh nach der Idylle

Es gibt zahlreiche soziologische und ethnologische Studien über die Veränderungen des Landlebens durch die Industrielle Revolution und ihre Konsequenzen. In älteren Einführungstexten zur Soziologie wird sogar nicht selten eine eigene Bindestrich-Soziologie für derartige Veränderungen vorgestellt, »Agrar- und Stadtsoziologie«[8]. Knapp einhundert Jahre und drei Generationen nach der Abfassung der Seidelschen Briefe scheint dieses Thema nur noch von historischem Interesse zu sein.

So ganz stimmt das jedoch nicht. Seit dem Ende des 19. Jahrhunderts hat es, damals war es etwas Neues, immer wieder einmal Neuauflagen einer »Flucht aus der Stadt«-Bewegung gegeben, die aus vielen Motiven gespeist ist. Eines, das immer wiederkehrt, ist das Heimweh nach der ländlichen, der dörflichen Idylle[9]. Dieses Heimweh sucht etwas, das es in reiner Form niemals gegeben hat. Es imaginiert einen sozialen Ort, der vor den Entfremdungen der Moderne geschützt ist. Oder zumindest vor einem Teil dieser Entfremdungen, die man in der jeweiligen Gegenwart als besonders unerträglich empfindet, sei das nun der Sittenverfall in den Städten oder die Luftverschmutzung dort.

Das Kuriose an dieser Konstellation ist, daß sie im Grunde für die meisten Beteiligten durchschaubar ist – als Mißverständnis. Schon Wilhelm Bölsche war viel zu intelligent, um wirklich an seine Schilf-und-Seeufer-Alternative zum städtischen Leben zu glauben. Wenn man genau hinhört, wird diese Alternative auch nicht regelrecht propagiert; sie wird vielmehr als Belohnung für das schwierige geistige Leben des Intellektuellen und Künstlers ausgemalt.

Die scharfen und einfühlsamen Beobachtungen von Heinrich Wolfgang Seidel lassen uns an einem bestimmten Beispiel die Eigentümlichkeiten ländlichen Lebens um die vorige Jahrhundertwende miterleben. Eine Idylle war dieses Leben nicht für diejenigen, die an ihm Teil hatten. Seine Eigentümlichkeiten waren weitgehend noch geprägt von den Traditionen Preußens. Aber wie anderswo im Deutschen Reich waren diese Traditionen dabei, vom Wilhelminismus umgeprägt zu werden.

Die politischen Ereignisse der nächsten Jahrzehnte haben bewirkt, daß von all dem nur noch Reminiszenzen übrig geblieben sind. Und Museumsstücke. In den Heimatmuseen des 20. Jahrhunderts wird das Idyllische der Vergangenheit mit allen Hilfsmitteln moderner Technologie als magische oder virtuelle Realität beschworen. Weil wir es so beschwören müssen, wissen wir, daß unser Konsum der Vergangenheit eine Art Maskenspiel ist.

8.
Erlösung im Gesamtkunstwerk: Wagners politische Ästhetik

»Was ist es, was dem Werke Richard Wagners solch ungeheure Wucht und Durchschlagskraft verlieh, daß es sich siegend (durchsetzte) gegen eine Welt von Feinden, gegen kleinsinnige Neider und blöde Toren, gegen alle äußeren Beschwerlichkeiten, gegen die ganzen Neigungen der Zeit und derer, die diese Zeit kulturell beherrschen? Man nimmt heute leicht als selbstverständlich, was nicht selbstverständlich ist. Alle die ungezählten ästhetischen Versuche, dem überragenden Werke Wagners näher zu kommen, gehen den eigentlichen Gründen der Riesenmacht dieser Kunst nicht zu Leibe. Diese Macht ist nicht hauptsächlich ästhetischer Natur – sie ist religiös, herzerhebend, lebenbauend. Wer auch nur einmal den Lohengrin hört, wird den Eindruck haben, dass hier etwas ist, was er von je und je in sich selber hatte und fühlte; er wird nachempfinden, dass Richard Wagner ihm die höchsten Werte seiner Seele zum Schwingen bringt. Man verliert sich hinein in diese Kunst; man wird unter seinem Einfluß klein und gross. Und man spürt: hier walten nicht die Schicksale kleiner Menschlichkeit; hier bietet sich Ewiges in irdischem Gewande; hier wirken die Himmel selber auf uns ein. Und woran soll das alles liegen?« fragt der Autor eines mit »Das arische Mysterium in Bayreuth« überbeschriebenen Artikels in der »Rheinisch-Westfälischen Zeitung«.

Form und Inhalt dieses Beitrags sind typisch für eine Wagner-Begeisterung vor dem Ersten Weltkrieg, deren Semantik offensichtlich mit den eigenen großen Gefühlen nicht mithalten kann. Worthülsen reihen sich aneinander; ergriffenes Stottern steht für Authentizität. Wobei die Frage nach den Gründen für die Wirkung Wagners durchaus berechtigt ist. Seine Arbeiten, die praktischen und die theoretischen, sind schwierig und entziehen sich der schnellen Rezeption. Seine Musik stört(e) Hörgewohnheiten; ihr haftet Avantgardistisches an. Gassenhauer fallen dabei nur selten ab. Und dem

Publikum wird auch inhaltlich einiges abgefordert, denn Düsternis, Scheitern und Tod bestimmen einen großen Teil der Wagnerschen Opern. Trotzdem beeinflußt der Wagnerismus um die Jahrhundertwende nachhaltig das politisch-kulturelle Klima in Europa. Woran liegt das?

»Jetzt hat es einer ausgesprochen in aller Klarheit und mit einer Fülle von Beweisen. Dem Wiener k. k. Universitätsprofessor Leopold von Schröder, wirklichem Mitglied der Kaiserl. österr. Akademie der Wissenschaften, verdanken wir das eben... erschienene prächtige Werk Die Vollendung des arischen Mysteriums in Bayreuth. Hier finden wir die erste Würdigung Richard Wagners, die von der seine Macht... erst voll erklärenden Erkenntnis ausgeht: es ist unauslöschliches seelisches Germanen-Erbgut, das uns Wagner lebendig gemacht hat; es ist die Wiederkehr der ariogermanischen Weltbetrachtungsweise, des germanischen Weltverstehens, es ist die Wiedergeburt des arischen Heilsmysteriums aus vorchristlicher Zeit. Wer – germanische Rassenzugehörigkeit muss man dabei natürlich voraussetzen – reinen Gemüts dem ewigen Werke des Meisters von Bayreuth entgegengetreten ist, hätte das nicht längst für sich empfunden, wenn ihm auch nicht das ganze Beweismaterial zu Gebote stand, das Leopold von Schröder für seine Aufstellungen ins Treffen führt!«[1]

Deutlicher werden die Sinnsehnsüchte am Ende des 19. Jahrhunderts selten ausgesprochen. Wagner produziert in Bayreuth jene neue Religion, die Transzendenz und Rationalität miteinander verkuppelt. Herz und Seele werden angesprochen, das Leben erhält ein Fundament, Grund wird geschaffen, und das alles »beweist« ein Wissenschaftler mit seinen »Forschungsergebnissen«, die allerdings von den wahren Bayreuth-Besuchern schon lange erahnt wurden. Wer das nicht wahrnimmt, dem fehlen die entsprechenden Erbanlagen. Die »neue Mythologie« ist eine exklusive Angelegenheit. Im folgenden soll diese beweisbare Religion genauer untersucht werden; Richard Wagner träumt von solcher Versöhnung des Diesseits, der Geschichte und der Politik mit dem Ewigen, mit dem Jenseits.[2]

Als großer Popularisierer der Gedanken Hegels und – paradoxerweise – zugleich Schopenhauers und mit aller bornierten Naivität des ewigen Dilettanten stellt Wagner die Schrecken der Individualisierung und das Leiden an gesellschaftlicher Dynamik in den Mittelpunkt seines Denkens. Liest man Wagners ästhetische und politische Schriften, dann stößt man sehr schnell auf die bekannten Angstvokabeln angesichts der sich entfaltenden industriellen, säkularisierten Moderne. Der alles beherrschende Funktionalismus und der mit ihm verbundene ständige soziale Auf- und Abstieg, die Reduzierung des Menschlichen auf eine Geldgröße, das Auseinanderfallen der Gesellschaft, die Entfremdung der Einzelnen von sich selbst und von anderen, all das läßt ihn nicht ruhen. Der moderne Mensch ist nicht mehr Bei-sich. Damit verliert alles Wahre und Echte an Bedeutung. Der Schein regiert; »Prostitution« kennzeichnet diese Gesellschaft auf allen Ebenen. Überall stößt der Kulturkritiker auf billige Simulationen des Eigentlichen. Der wahre Mensch geht unter.[3] »Gaunergelüste« beherrschen die typischen Vertreter dieser Verfallszeit, die Wucherer, Geizhälse und Spekulanten. Das »Geld« wird zur Metapher für alle individuellen und sozialen Pathologien. Es produziert »widerlichste Leidenschaften«, verkrüppelt den Menschen, lastet als »dämonischer« Begriff wie ein »böser nächtlicher Alp« auf den Subjekten. Als »bleiches Metall« schlägt es die Menschen, diese göttergleiche Krönung der Schöpfung, in »knechtische Leibeigenschaft«. Dem »Geld« gegenüber kann nichts und niemand standhalten; wie ein Gift sickert es überall ein und zersetzt alles. Erst ein »neues Geschlecht« von Menschen wird es unschädlich machen.[4]

Geldherrschaft bedeutet für Wagner Armut, Verelendung, Hunger und Tod. Er beschreibt in diesen frühen Schriften seiner Gesellschaftskritik die Auswirkungen der Industriellen Revolution. Doch wichtiger als die »soziale« Frage ist für ihn die psychische Dekomposition der Individuen. In der Moderne löst sich das Subjekt auf.

Stark von Hegel und Feuerbach geprägt, schreibt Wagner 1849: »Des Menschen *Bestimmung* ist, durch die immer höhere Vervollkommnung seiner geistigen, sittlichen und körperlichen Fähigkeiten zu immer höherem, reinerem Glücke zu gelangen. Des Menschen *Recht* ist, durch die immer höhere Vervollkommnung seiner geistigen, sittlichen und körperlichen Fähigkeiten zum Genusse eines stets wachsenden, reineren Glücks zu gelangen. Somit entspringt der

Bestimmung des Menschen das *Recht* des Menschen, *Bestimmung* und *Recht* sind *eins*, und das Recht des Menschen ist einfach: seine *Bestimmung* zu erreichen.« (H. i. O.)[5]

Genau diese Glücksempfindungen macht die moderne Gesellschaft zunichte. Damit negiert sie »Bestimmung« und »Recht« der Individuen, die in dieser bequemen Ontologisierung subjektiver Sehnsüchte zur kritischen Folie der Gesellschaftspathographie werden.

Allerdings wird das glücksverlangende Individuum in einen sozialen Zusammenhang eingebettet: Es kann seine Bestimmung nur kollektiv realisieren. Nur in der Gemeinschaft steigt das Recht auf Glück zur Wirklichkeit auf. Das Glück der Einzelnen verbindet sich auf das Schönste mit dem Glück aller anderen: »Der einzelne Mensch ist nur ein Teil des Ganzen; vereinzelt für sich ist er nichts, nur als Teil des Ganzen findet er seine Bestimmung, sein Recht, sein Glück.«[6]

Es ist schon erstaunlich, wie der Modernitätskritiker Wagner seine Glücksutopien in die treibenden Fortschritts- und Perfektibilitätsideen dieser Moderne einbaut. Dabei bleibt keine Lücke. Wesensbestimmungen fundieren Rechtsansprüche, legitimieren Kritik am Unrecht, schließen Glücksverweigerung, Kontingenz und Idiosynkrasien aus und wollen schließlich die totale Revolution: »Unsere bestehende Gesellschaft ist ohne Erkenntnis, ohne Bewußtsein ihrer Aufgabe, sie erfüllt sie nicht. Der Kampf des Menschen gegen die bestehende Gesellschaft hat begonnen. Dieser Kampf, er ist der heiligste, der erhabendste, der je gekämpft wurde, denn er ist der Kampf des Bewußtseins gegen den Zufall, des Geistes gegen die Geistlosigkeit, der Sittlichkeit gegen das Böse, der Kraft gegen die Schwäche...«[7]

In der und mit der kollektiven Revolution kommt das Subjekt ganz zu sich; jetzt kann es in der Glücksgemeinschaft aufgehen, restlos. Seiner Entwicklung, seinem Fortschreiten, seiner Perfektionierung sind keine Grenzen mehr gesetzt. Jenseits aller Schleier und Maskeraden produziert das wahre Bewußtsein des Selbst in der eigenen Bewußtwerdung die Revolution. Glück und Wahrheit fallen zusammen. Erkenntnis und Wissen werden zur Voraussetzung des Umsturzes und der Befreiung.

Künstliche Rettungen

Besondere Bedeutung erhält in diesem Szenario die Sinnlichkeit der Kunst, die jenes vollständige Glücksindividuum evoziert und bewahrt.

Mit Vernunft allein ist der Bestimmung des Menschen nämlich nicht zu ihrem Recht zu verhelfen. Wir haben ja schon gesehen, daß für Wagner die Selbstbestimmung der Individuen auch ein Programm der Erkenntnis, des Wissens und der Bewußtwerdung umfaßt. Dabei versagt allerdings die traditionelle Wissenschaft von Grund auf; Wahrhaftigkeit kann sie nicht produzieren: »Die Willkürlichkeit der menschlichen Anschauungen in ihrer Totalität nimmt die Wissenschaft auf, während neben ihr das Leben selbst in seiner Totalität einer unwillkürlichen, notwendigen Entwicklung folgt. Die Wissenschaft trägt somit die Sünde des Lebens, und büßt sie an sich durch ihre Selbstvernichtung: sie endet in ihrem reinen Gegensatze, in der Erkenntnis der Natur, in der Anerkennung des Unbewußten, Unwillkürlichen, daher Notwendigen, Wirklichen, Sinnlichen. Das Wesen der Wissenschaft ist sonach endlich, das des Lebens unendlich, wie der Irrtum endlich, die Wahrheit aber unendlich ist. Wahr und lebendig ist aber nur, was sinnlich ist und den Bedingungen der Sinnlichkeit gehorcht. Die höchste Steigerung des Irrtumes ist der Hochmut der Wissenschaft in der Verleugnung und Verachtung der Sinnlichkeit; ihr höchster Sieg dagegen der von ihr selbst herbeigeführte Untergang dieses Hochmuts in der Anerkennung der Sinnlichkeit.«[8]

Die Wissenschaft der kalkulierenden Vernunft bleibt notwendigerweise hinter dem Leben und d. h. für Wagner hinter Unmittelbarkeit, Wahrheit, Authentizität zurück, weil sie alle Sinnlichkeit in ihr Rationalitätsraster pressen muß. So werden Artefakte produziert; Wissenschaft verfängt sich in ihrem eigenen Zirkel und kann die Regeln der Selbstreferenz nicht durchbrechen. Demgegenüber schmiegt sich die Kunst mimetisch ans Leben, an die Natur, ans Notwendige.

Dies ist nun keine relativistische Position, denn in Wagners Kunstbegriff wird nicht die Polyvalenz von Wahrheitsproduktionen behauptet. Vielmehr ist nur die »wahre« Kunst in der Lage, solche Lebenswahrheiten unverstellter Glücksindividualität zu artikulieren. Kunst ist danach interessenlos, »Freude an sich« und »in sich«. Damit übersteigt sie partikulare Interessen, vor allem instrumentelle Rationalität, egoistische Nützlichkeitserwägungen der »Wucherer« und »Spekulanten«, der geldgierigen Parvenus und industriellen Ausbeuter.

Kunst gilt in diesem Denken als der eigentliche »Spiegel der Natur«. Aber sie ist nicht nur deshalb die überlegene Wissensform, weil sie die Wahrheit des Sinnlichen manifestieren kann. Darüberhinaus ist der ästhetische Zugang zum Leben und zur Welt – im Gegensatz zur sich immer wieder selber dementierenden Wissenschaft – der sicherere

Weg. Gerade im künstlerischen Prozeß drücken sich Unmittelbarkeit und Authentizität aus. Der Künstler schafft intuitiv, aus dem Unbewußten; er überläßt sich seinen Eingebungen, dem zu bearbeitenden Materialien usw. Spontaneität regiert. In dieser Unmittelbarkeit, die sich dem nur vernünftigen Diskurs entzieht, liegt das Sicherheitsversprechen des ästhetischen Weltzugangs, denn der unbewußte, unmittelbare, spontane künstlerische Ausdruck ist unhintergehbar.

Unmittelbarkeit bedeutet Wahrheit; das Unbewußte entzieht sich der Lüge. Jenseits aller gesellschaftlichen Sphären des Zufälligen, des Beliebigen drückt Kunst damit Notwendigkeit und Echtheit aus: »Der Luxus ist ebenso herzlos, unmenschlich, unersättlich und egoistisch, als das Bedürfnis, welches ihn hervorruft, das er aber bei aller Steigerung und Überbietung seines Wesens nie zu stillen vermag, weil das Bedürfnis eben selbst kein natürliches, deshalb zu befriedigendes ist, und zwar aus dem Grunde, weil es als ein unwahres, auch keinen wahren, wesenhaften Gegensatz hat, in dem es aufgehen, sich also vernichten, befriedigen könnte.... Und dieser Teufel, dies wahnsinnige Bedürfnis ohne Bedürfnis, dies Bedürfnis des Bedürfnisses, – dies *Bedürfnis des Luxus*, welcher der *Luxus selbst* ist, – regiert die Welt... Wer wird nun die Erlösung aus diesem unseligsten Zustande vollbringen? – Die *Not*, welche der Welt das *wahre Bedürfnis* empfinden lassen wird, *welches seiner Natur nach wirklich aber zu befriedigen ist*. Die Not wird die Hölle des Luxus endigen; sie wird die zermarterten, bedürfnislosen Geister, die diese Hölle in sich schließt, das einfache, schlichte Bedürfnis des rein menschlich sinnlichen Hungers und Durstes lehren; gemeinschaftlich aber wird sie uns auch hinweisen zu dem nährenden Brote, zu dem klaren süßen Wasser der Natur; gemeinsam werden wir wirklich genießen, gemeinsam wahre Menschen sein. Gemeinsam werden wir aber auch den Bund der heiligen Notwendigkeit schließen, und der Bruderkuß, der diesen Bund besiegelt, wird das gemeinsame Kunstwerk der Zukunft sein. In ihm wird auch unser großer Wohltäter und Erlöser, der Vertreter der Notwendigkeit in Fleisch und Blut, – das Volk, kein Unterschiedenes, Besonderes mehr sein; denn im Kunstwerk werden wir eins sein, – Träger und Weiser der Notwendigkeit, Wissende des Unbewußten, Wollende des Unwillkürlichen, Zeugen der Natur, – *glückliche* Menschen.«(H. i. O.)[9]

Wagners politische Ästhetik verbindet die Kritik an den ungerechten Verteilungsverhältnissen der industriellen Gesellschaft mit den Sicherheitsproduktion der unbestreitbaren Kunstwahrheit, die sich im Unwillkürlichen ausspricht. Zwangsläufig taucht in diesem Kontext eine Kritik der Bedürfnisse auf – die ihre Wirkungsmacht im 20. Jahrhundert in allen politischen Lagern entfalten wird –, will die richtige Kunst doch gerade die wahrhaften von den unwahrhaften Bedürfnissen unterscheiden lehren. Wagner entwickelt hier eine Semantik der Armut, des Rustikalen, die aber nicht zu wörtlich genommen werden sollte. Zwar unternimmt er in diesen Abschnitten den Versuch, seine Gesellschaftskritik »materialistisch« zu fundieren, indem er »den« Menschen auf seine »notwendigen« Grundbedürfnisse reduziert und den »Rest« zu willkürlichem Überfluß erklärt. Seit Hegel wissen wir, daß der »Knecht« aufgrund seiner depravierten Stellung näher am »Menschlichen« angesiedelt ist als der im Luxus lebende »Herr«, der zudem den »Knecht« zur Anerkennung seiner Herrenposition benötigt, während der »Knecht« ohne ihn zum Menschen wird. Wagner greift diesen Gedanken auf und erweitert ihn: »Hunger«, »Brot«, »Wasser« etc. stehen auch für psychische Grundgegebenheiten, für die Einfachheit des Glücks, das unter dem gesellschaftlichen Überbau, dem Luxus freigelegt werden muß.

Die herrschende, moderne Kunst weist aber solche Qualitäten des Wahren und Wahrhaftigen nicht mehr auf. Die Perversion der Geldwirtschaft hat nämlich auch die Kunst nicht verschont: »Das ist die Kunst, wie sie jetzt die ganze zivilisierte Welt erfüllt! Ihr wirkliches Wesen ist die Industrie, ihr moralischer Zweck der Gelderwerb, ihr ästhetisches Vorgeben die Unterhaltung der Gelangweilten. Aus dem Herzen unserer modernen Gesellschaft, aus dem Mittelpunkte ihrer kreisförmigen Bewegung, der Geldspekulation im Großen, saugt unsre Kunst ihren Lebens Saft, erborgt sich eine herzlose Anmut aus den leblosen Überresten mittelalterlich ritterlicher Konvention, und läßt sich von da – mit scheinbarer Christlichkeit auch das Schärflein der Armen nicht verschmähend – zu den Tiefen des Proletariats herab, entnervend, entsittlichend, entmenschlichend überall, wohin sich das Gift ihres Lebenssaftes ergießt.«[10]

Der Kampf um die Kunst ist politisch. Ästhetik steht im Zentrum von Wagners politischem Denken. Ein Denken, das von Kategorien der Echtheit, des Wahren, Unmittelbaren, Unwillkürlichen und der Versöhnung von Individuum und Gemeinschaft bestimmt ist. Diese Suche nach dem politischen Kunstausdruck des ganzen Wahren findet ihren Ausdruck im Gesamtkunstwerk.

In seinen kritischen Untersuchungen der zeitgenössischen Opernproduktionen, insbesondere der Werke Meyerbeers, registriert Wagner immer wieder ein Auseinanderfallen der großen Erzähl- und Gestaltungszusammenhänge.[11] Das »Kunstwerk der Zukunft« muß diese Auflösungserscheinungen überwinden; es muß Ganzheit artikulieren: »Die bildende Kunst, sahen wir, kann zu schöpferischem Gedeihen einzig dadurch gelangen, daß sie nur noch im Bunde mit dem künstlerischen, nicht auf bloße Nützlichkeit bedachten Menschen zu ihren Werken sich anläßt. Der künstlerische Mensch kann sich nur in der Vereinigung aller Kunstarten zum gemeinsamen Kunstwerke vollkommen genügen: in jeder Vereinzelung seiner künstlerischen Fähigkeit ist er unfrei, nicht vollständig das, was er sein kann; wogegen er im gemeinsamen Kunstwerke frei, und vollständig das ist, was er sein kann. Das wahre Streben der Kunst ist daher das allumfassende: jeder vom wahren Kunsttriebe Beseelte will durch die höchste Entwicklung seiner besonderen Fähigkeit nicht die Verherrlichung dieser besonderen Fähigkeit, sondern die Verherrlichung des Menschen in der Kunst überhaupt erreichen.

Das höchste gemeinsame Kunstwerk ist das Drama: nach seiner möglichen Fülle kann es nur vorhanden sein, wenn in ihm jede Kunstart in ihrer höchsten Fülle vorhanden ist.«[12]

Drama, Architektur, Skulptur, Malerei, Töne, Gesang, Tanz sollen zusammengeführt werden, um sich in ihrem Zusammenspiel als Einzelkünste aufzuheben. In seiner spezifischen Unmittelbarkeit und Sinnlichkeit, in seiner Subjektivität ist jedes Individuum ein Künstler. Doch das »Ich« bleibt partikular; erst im Kunstwerk kann es sich verallgemeinern. Im Gesamtkunstwerk sieht Wagner jene Sphäre der Intersubjektivität, die in der Moderne verloren gegangen ist. In der aufgefaltenen Sinnlichkeit des Gesamtkunstwerks entsteht Gemeinsamkeit; alle bestehenden Unterschiede werden niedergelegt. Das »Volk« steigt im Wagnerschen Denken zur Inkarnation dieser Gemeinschaft auf. Die Ästhetik des Gesamtkunstwerks korrespondiert mit der ethnischen, religiösen, ideologischen Homogenität des Volks-Staates. Es geht um die Auslöschung jeder Differenz; maßlos ist Wagners Haß auf die Juden als abgesonderter Bevölkerungsgruppe[13].

Selbst die Unterscheidung zwischen den Geschlechtern sollen fallen, wobei sich allerdings die Frauen zum Männlichen hin aufheben müssen.[14] Diese Einebnung trägt für Wagner das Zeichen der »Liebe«, der vollständigen Harmonie. Das vernichtete Andere, Überflüssige bereitet dem Notwendigen den Raum. Was für Kollektive gilt, trifft auch auf Individuen zu.

Tod und Verklärung

Wenn die Menschen zum homogenisierten Glück (H-Glück) gelangen sollen, dann müssen sie neu gemacht werden. Dazu müssen sie erstmal aus ihrem Leben herausgelöst werden. Deshalb steht der Tod im Zentrum des Gesamtkunstwerks. Wagner redet von der »Wonne des Sterbens«. Die Kunst erfüllt sich erst in der Auslöschung jeder Individualität: »Erst an dem im Leben Vollendeten vermögen wir die Notwendigkeit seiner Erscheinung erfassen, den Zusammenhang seiner einzelnen Momente zu begreifen: eine Handlung ist aber erst vollendet, wenn der Mensch, von dem diese Handlung vollbracht wurde, der im Mittelpunkt einer Begebenheit stand, die er als fühlende, denkende und wollende Person nach seinem notwendigen Wissen leitete, willkürlichen Annahmen über sein mögliches Tun ebenfalls nicht mehr unterworfen ist; diesen unterworfen ist aber ein Mensch so lange er lebt: erst mit seinem Tode ist er von dieser Unterworfenheit befreit, denn wir wissen nun alles, was er tat und was er war... Nur die Handlung ist eine vollkommen wahrhafte und ihre Notwendigkeit uns klar dartuende, an deren Vollbringung ein Mensch die ganze Kraft seines Wesens setzte, die ihm so notwendig und unerläßlich war, daß er mit der ganzen Kraft seines Wesens in ihr aufgehen mußte. Davon überzeugt er uns auf das Unwiderleglichste aber nur dadurch, daß er in der Geltendmachung der Kraft seines Wesens wirklich persönlich unterging... Die letzte, vollständigste Entäußerung seines persönlichen Egoismus, die Darlegung seines vollkommenen Aufgehens in die Allgemeinheit, gibt uns ein Mensch nur mit seinem Tode kund, und zwar nicht mit seinem zufälligen, sonderm seinem notwendigen, dem durch sein Handeln aus der Fülle seines Wesens bedingten Tode. Die Feier eines solchen Todes ist die würdigste, die von Menschen begangen werden kann.«[15]

Auch Wagner predigt also die uns immer wieder begegnende Paradoxie einer Philosophie des Subjekts, das seine Vernichtung betreiben muß, um den Leiden der Idiosynkrasien, der Individualität zu entkommen. Mit der Transzendierung des isolierten »Ich« meint der Schöpfer des Gesamtkunstwerks die traditionelle(n) Religion(en) ersetzen zu können. Die Kunst soll das Leben weihen und erlösen. In dieser Aufladung der Kunst zum Weihefestspiel gibt es keinen Bruch zwischen den hegelsch-optimistischen Frühwerken des »Meisters« aus Bayreuth und seinen düsteren Schopenhaueriaden seit Mitte der fünfziger Jahre des 19. Jahrhunderts. Kunst soll erlösen, befreien und versöhnen, mal die Gesellschaft, mal das Leben, mal von der Gesellschaft und vom Leben.

Jedes Individuum ist Künstler seiner selbst, ist Genie des eigenen Bewußtseins. Auch diese Rolle hat Wagner – wie kaum ein zweiter – verkörpert. Er macht seine Existenz zum Kunstwerk; folgerichtig vollendet er sich in Bayreuth. Allerdings geht es nicht ganz ohne Unterwerfungen, ohne Demütigungen. Als Ludwig II. von Bayern das bewunderte Genie Richard Wagner aus allen Kalamitäten, Schulden und Privathöllen befreit und nach München einlädt, schreibt der Komponist unter Tränen: »Teurer huldvoller König! diese Tränen himmlischster Rührung sende ich Ihnen, um Ihnen zu sagen, daß nun die Wunder der Poesie wie eine göttliche Wirklichkeit in mein armes, liebebedürftiges Leben getreten sind! – Und dieses Leben, sein letztes Dichten und Tönen gehört nun Ihnen, mein gnadenreicher junger König: verfügen Sie darüber als Ihr Eigentum! Im höchsten Entzükken, treu und wahr Ihr Untertan Richard Wagner Stuttgart 3. Mai 1864.«[16] Den Freund früherer Jahre, Friedrich Nietzsche, hat solche Selbstentmächtigung angeekelt. Im »Parsival« sieht er schließlich den endgültigen Abschied Wagners von den großartigen Ideen des weltschöpferischen Ich. Zuviel Schwäche, Dekadenz und Nihilismus für den Naumburger.

Doch in diesem Punkt sieht Nietzsche allzu scharf. Die Unterwerfung Wagners, seine religiöse Wendung, seine späte Bejahung stabilitätssichernder staatlicher Institutionen bedeuten eben keinen Bruch mit der Semantik der ästhetischen Revolution. Immer geht es Wagner um Einheit und Versöhnung, um das Aufgehen der Einzelnen im Großen und Ganzen. Dazu gehört auch der wahre Monarch, die wahrhaftige Religion, der gute Staat. In seinen Spätschriften (Über Staat und Religion, 1864, Was ist deutsch? 1865, Deutsche Kunst und deutsche Politik, 1867, Religion und Kunst, 1880, Heldentum und Christentum, 1881) entwirft Wagner das eigentliche politische Gesamtkunstwerk in der Ästhetisierung des Staates. Auch dieses Kunstwerk vollendet sich erst im Tod der Subjekte, in ihrer Auslöschung als Subjekte, in ihrer Auferstehung als Zombies.

Am Ende des Jahrhunderts und insbesondere nach der Jahrhundertwende kann man mehrere Zyklen europäischer, vor allem aber deutscher Wagner-Begeisterung beobachten. Zeitweilig ist er in Europa der meist aufgeführte Komponist; populärer als Verdi. Wagner-Vereine entstehen, Wagner-Jugendbünde und Wagner-Frauengruppen treten ins Leben. Eine eigene Zeitschrift begleitet alle Aktivitäten. Bald erscheinen Wagner-Enzyklopädien, Wagner-Handbücher usw. Bayreuth findet Kontakt zu den einschlägigen, modernitätskritischen Reformbewegungen der Zeit, vom Vegetarismus bis zur Luftkurbewegung. Schnell bildet sich der Bayreuther Kreis[17], der mehr oder weniger inspiriert das Werk des verstorbenen Meisters pflegt. Für die Schüler wird er zum Heiligen. Von »Religionslehre« und »Glaubensbekenntnis« wird geredet. »Offenbarungen« und »Heilsbotschaften« werden verkündet. Die Anhänger werden zu Jüngern einer neuen »Kirche«, schließlich zu Aposteln und Evangelisten.[18] Die Eingeweihten der Eingeweihten bilden »innere Kreise«, geheime Verbindungen, »wirkliche« Entscheidungszentren, Zirkel etc.

Alle wollen die Botschaft des Genies weitertragen, seinem Beipsiel folgen, und Houston Stewart Chamberlain schreibt: »Was die Kulturbedeutung von Bayreuth ausmacht, ist die Tatsache, daß hier ein Gipfel der Menschheit unter uns lebte und schuf und seinen Gedanken unvergängliche Gestalt verlieh; dadurch wird die Lehre, die sonst überall bloße Lehre bleibt, zu einem Erlebten: denn in dem Festspielhaus – welches das Ringen eines einzelnen, aber eines Wollenden und Könnenden, gegen die ganze Welt siegreich versinnbildlicht – erhebt sich das Beispiel leibhaftig vor unseren Augen; wie schon der Heiland uns lehrt: auf das Beispiel kommt es an, die bloße Lehre tut's nicht.«[19] Hitler wird schon 1923 auf den »Hügel« geladen; Wagners Villa trug seit eh und je den Namen »Wahnfried«.

Aber nicht alle waren zufrieden:

»Man möchte das alte Städtchen mit den imposanten Prunkdenkmälern einer längst versunkenen Kultur in seiner Einsamkeit durchwandern, in aller Stille genießen können. Der laute Fremdenverkehr stört, belästigt, verwirrt. Ich durchstreife den prächtigen Hofgarten, in dessen schönen Baumalleen auch nicht eine Bank unbesetzt ist. Endlich erwische ich ein freies Plätzchen. Doch – o Pech – neben mir sitzen ein Paar Engländerinnen, die sich aus einem gedruckten Buch die Leitmotive für heut abend gegenseitig vorsingen. Ihr Guten, denke ich bei mir, macht doch zwischen 7 und 8 Uhr morgens einen Spaziergang nach dem Siegesturm hinauf, seht, wie die Sonne durch die Bäume blinkt, atmet die frische Waldluft, lauscht auf das leise Rauschen der Blätter, legt euch in irgend einer verschwiegenen Stelle unter einen Baum, denkt an gar nichts und blickt in den Himmel hinein – und wenn ihr dann das Waldweben noch nicht begreift, dann nützen euch sämtliche thematische Siegfried-Führer gar nichts – laßt euch euer Geld wiedergeben und fahrt nach Hause und eßt Pudding. Aber sie merken nichts und üben unverdrossen weiter an ihren Waldvogel- und Lindwurm-Motiven. Ich ergreife die Flucht.... Es ist gegen Mittag. Die Straßen stehen gedrängt voller Menschen. Es ist die Stunde der großen Fremdenschau. Baireuth sagt sich guten Tag. Auch »er« ist da. Wer? So fragt nur jemand, der nicht in Baireuth war. Sein Bild grüßt uns aus sämtlichen Schaufenstern, und Ansichtskarten preisen ihn einstimmig als Erben des Hortes. Ich wende die Blicke fort von diesen aufdringlichen Erzeugnissen einer widerlichen Festspiel-Industrie. Gerade in Baireuth, wo die Person nichts, die Sache alles gelten soll, verletzt dieser Geschäftsbetrieb stärker als anderswo.... Fast will mir scheinen, als ob man in maßgebenden Kreisen diesen Persönlichkeitskultus gar nicht als übermäßig lästig empfände. Bei Tische ein ähnliches Bild: dilettantisch-oberflächliches Schwärmen, gesellschaftliche Etikette, Festspielklatsch. Sind das die Menschen, die Wagner als sein Volk erkannte? Die unter dem Zwange einer gemeisamen Not leiden? Auf Wiedersehen heut nach der Vorstellung in der Eule! – Gut – ich werde nicht hingehen.«[20]

9.
Sozialpolitik mittels Totmachen: Eugenik

Die Texte Charles Darwins über den Ursprung der Arten und die Abstammung des Menschen gehören zu den wirkungsmächtigsten Selbstbeschreibungen des zwischen Abgrund-Ängsten und Fortschritts-Euphorien hin- und hergerissenen 19. Jahrhunderts. Ängste verbinden sich mit seiner Abstammungslehre, weil nach Darwin die Idee eines sich um die Menschheit sorgenden Gottes, der als letzte Appellationsinstanz angerufen werden kann und von dem Gerechtigkeit und Mitleid erwartet werden können, hinfällig geworden ist. Der Mensch reiht sich, wie jedes andere Lebewesen, in die Natur ein und ist ihren Gesetzen unterworfen. Eine herausgehobene Stellung im Schöpfungsplan ist ihm nicht mehr geschenkt, sie wird zur Aufgabe seiner Selbsttätigkeit.

Doch Darwin bietet nicht nur das Szenario einer Erschütterung der menschlichen Herausgehobenheit. Von seinen Texten geht eben nicht nur – wie Freud noch festgestellt hat – eine Demütigung menschlicher Größenphantasien aus. Denn mit der Denkfigur einer natürlichen Höherentwicklung, einer Evolution zum Menschen hin, hält er trotz aller Verunsicherung eine wirksame Waffe für die Selbstbehauptung des Menschen bereit. Schließlich können im wissenschaftlichen Zugriff der Natur die Geheimnisse und Gesetze der Evolution abgerungen werden, um sie dann für die menschliche Selbstorganisation nutzbar zu machen.

Survival of the fittest

Wichtigste von der Sozialphilosophie Herbert Spencers geprägte Ikone in dieser Anleitung zum Überleben ohne Gott ist das *survival of the fittest*, das im Deutschen zum fehlerhaft übersetzten »Überleben des Tüchtigsten« wurde. Aber dieses Mißverständnis entspringt nicht nur dem Problem der Übersetzung. Derselbe Interpretationsweg vom »Passen« zur »Tüchtigkeit« findet sich auch im Englischen. Und dieses systematische Fehlverständnis zeigt die Unzufriedenheit der Darwin-Rezepienten mit der passivistischen Konstruktion der »Anpassung«. Daß der am besten Angepaßte überlebt, ist ja eigentlich nur eine Tautologie; Anpassung und Überleben fallen zusammen. Für Aktivismus und Gestaltung gibt es hier wenig Raum; die Evolution kennt nur Sterben oder Leben, keine Abstufungen, kein Besser und Schlechter. Im Leben, in der Existenz als solcher, besteht der evolutionäre Erfolg.

Die Rede von der »Anpassung« verweist darüberhinaus auf eine Koppelung von lebendem System mit einer spezifischen Umwelt. Leben heißt also, sich in einer spezifischen Nische einrichten; solange dort alles »paßt«, ist das Überleben gesichert. Folgerichtig müßte also davon gesprochen werden, daß es auf das Überleben im jeweiligen Medium ankommt. Und dann kann von einer Spitzenposition dieser oder jener Spezies nicht mehr geredet werden, weil sich die Vertikale des evolutionären Denkens in eine Horizontale verwandelt; alles, was gleichzeitig lebt, ist gleich erfolgreich in der Evolution.

In der Darwin-Interpretation des späten 19. und frühen 20. Jahrhunderts werden solche Interpretationswege aber nicht beschritten. Vielmehr wird die Evolution zu einem Schauspiel des Konkurrenzkampfes zwischen den und innerhalb der Arten. Evolution wird zur Arena eines ewigen Daseinskampfes, den nur der Tüchtigste für sich entscheiden kann. Daß diese Kraft aber eben *kein* Verdienst ist, *nicht* erworben werden kann, sondern in Form gelingender Fortpflanzung vorhanden oder eben nicht vorhanden ist, wird kaum problematisiert. Zwar ist die Kritik der Darwin-Anhänger an lamarckistischen Ideen der Vererbung erworbener Eigenschaften laut, doch mit der Figur des *survival of the fittest* tauchen sie in ihren Argumentationen selber wieder auf.

Damit werden Darwins Vorstellungen auf besondere Art politisch anschlußfähig: Tüchtigkeit läßt sich organisieren. Von dieser naturwissenschaftlichen Fundierung einer universalen Fortschrittsvision geht eine große politische Anziehungskraft aus. Nach Darwin können die Naturwissenschaften auch zu Sozialwissenschaften werden. So entsteht eine Biologie der Gesellschaft, die in ihrer großen Modernität die privilegierten Wirklichkeits- und Wahrheitsansprüche empirischen wissenschaftlichen Wissens für sich beansprucht. Diese Naturalisierung sozialen, ökonomischen und politischen Wissens ist in den modernen westlichen Industriegesellschaften überall verbreitet. Darwinismus, Evolutionstheorie und Vererbungslehre steigen in Deutschland, Großbritannien, Frankreich und den Vereinigten Staaten zu Leitdisziplinen auf, die über den akademischen Rahmen hinaus zielen und zu frühen Popularwissenschaften werden, in deren Orbit vielfältige politische Bewegungen kreisen.

In Deutschland kommt für diese Etablierung des darwinistischen und genetischen Diskurses der von Friedrich A. Krupp zum 1. Januar 1900 gestellten Preisfrage »Was lernen wir aus den Prinzipien der Deszendenztheorie in Beziehung auf die innerpolitische Entwicklung und Gesetzgebung der Staaten?« große Bedeutung zu. Dr. Wilhelm Schallmeyer gewinnt das Preisausschreiben mit dem Buch »Vererbung und Auslese – Grundriß der Gesellschaftsbiologie und der Lehre vom Rassedienst«.[1] Der sich seit Mitte des 19. Jahrhunderts gegenüber Theologie und Metaphysik durchsetzende naturwissenschaftliche Diskurs mit seiner scheinbar größeren Realitätsnähe läßt die *Medizin* zur Königsdisziplin werden. Damit kann sich auch die Genetik etablieren.

Nicht zufällig fällt praktischen Ärzten bei der Institutionalisierung einer Vererbungslehre besondere Bedeutung zu, die in ihrer täglichen Arbeit insbesondere in den industriellen Ballungsgebieten, aber auch in den infrastrukturell kaum erschlossenen ländlichen Regionen mit dem sozialen Hintergrund von Gesundheit und Krankheit konfrontiert werden. Hier steigt der Mediziner zum Universalexperten auf, dessen gesellschaftliche und politische Interventionen wissenschaftlich abgestützt scheinen.

Der genetische Diskurs geht dann auch im Nu über einen engen fachwissenschaftlichen Rahmen hinaus. Eine genetisch fundierte Sozialbiologie des frühen 20. Jahrhunderts konstituiert sich zunächst als umfassende Gesellschaftslehre, bevor sie sich – etwa im akademischen Milieu der medizinischen Fakultäten – institutionalisieren kann. Schallmeyers Buch richtet sich bezeichnenderweise an »Rassehygieniker, Bevölkerungspolitiker, Ärzte, Anthropologen, Soziologen, Erzieher, Kriminalisten, höhere Verwaltungsbeamte und politisch interessierte Gebildete aller Stände.«[2]

Eugenik wird zum Namen dieser neuen Naturwissenschaft der Gesellschaft. Sie beansprucht den Rang, Einheitswissenschaft der Moderne zu sein. Das Ankündigungsschreiben des im August 1932 in New York stattfindenden »Third International Eugenics Congress« zeigt einen Baum der Erkenntnis, dessen Krone die Eugenik ist und zu dessen Wurzeln u. a. Ökonomie, Politikwissenschaft, Anthropologie, Bevölkerungslehre, Psychiatrie, Jura, Geographie gehören. »Eugenics«, heißt es an dersselben Stelle, »is the self direction of human evolution. Like a tree eugenics draws its materials from many sources and organizes them into an harmonious entity«.[3] Deutsche Eugeniker entwerfen ähnliche Szenarien einer privilegierten, an Naturgesetzen ausgerichteten Integrationswissenschaft. Bei Schallmeyer finden sich etwa Listen von Hilfswissenschaften wie Jura, Kriminologie, Medizin, Soziologie, die letztlich erst in der eugenischen Interpretation ihre volle Kraft entwickeln könnten.

Die Vererbungslehre als Universalwissenschaft wird damit auch zur Sinnstifterin moderner Gesellschaften. Einer ihrer frühen Anhänger, der Sozialdarwinist Alexander Tille, erklärt die Eugeniker gar zu den Gründern einer wissenschaftlichen Religion der neuen Zeit und stellt sie neben neben »Moses, Buddha und Jesus«[4]. An dieser Semantik wird einmal mehr deutlich, daß die neuzeitliche, empirisch orientierte Medizin sich als Überwinderin und Fortsetzerin theologischer Kategorien begreift. Vor Tille haben etwa schon Helmholtz und Virchow die Ärzte zu den Priestern der Moderne erklärt.[5] In der Enträtselung der Natur (nicht mehr in der Übersetzung göttlicher Offenbarungen) soll das Ziel menschlicher Ordnung gefunden werden. Naturwissen erhält so seine eigentliche Bedeutung.

Abgründe

Die eugenische Verkündigung beginnt mit der Apokalypse rassischer Verschlechterung. Gerade weil die zeitgenössischen Gesellschaften dieser genetischen Generalwissenschaft nicht folgen und sich beispeislweise die »schlechten Rasselinien«[6] vermehren, wird die Evolution des Menschen bedroht. Die sozial überlegenen Menschen verzichten auf ihre Fortpflanzung, während sich die sozial Unterlegenen ungehemmt vermehren. Die Eugenik entdeckt in diesem Zusammenhang ihren Antikapitalismus: »Niemand wird heute dem manchesterlichen Gedanken beistimmen, daß der soziale Erfolg durchweg die Tüchtigsten ausliest. Die Rekrutierungsstatistik beweist, daß gerade im Handelsberuf der Prozentsatz der Körperlich-Minderwertigen hervorragend groß ist. Wo aber die Gesinnung des Kapitalismus rein zum Durchbruch kommt und die guten Traditionen des Kaufmannsstandes vernichtet, da wird die rücksichtslose Erwerbsgier gewiß nicht die ethisch-wertvollen Linien auslesen... Nun ist es gerade dieser

›soziale Auftrieb‹, der zu später Ehe und zur Beschränkung der Kinderzahl führt. Das ist das Entscheidende: Der Trieb zu einem höheren Leben, der überall berechtigt ist, und gerade die wertvollen Linien auszeichnet, führt – nicht unter den Bedingungen jeder Kultur, aber unter den Bedingungen der modernen Zivilisation – zur (kontraselektorischen) Ausmerze! Damit führt notwendig die moderne Zivilisation zur relativen Rassenentartung oder... zur ›Rassen-Verpöbelung‹«.[7] Die Vermehrung der Falschen verschlechtert die Rasse kontinuierlich bis hin zum Rassentod, wie ihn schon die antiken Kulturvölker erlebten. Der eugenische Diskurs liefert die Folie für Abstiegs- und Verfallswahrnehmungen; er naturalisiert die Kritik an der modernen Zivilisation und gewinnt so eine scheinbar unangreifbare Begründung für die Norm des richtigen, gesunden Rassestandards.

In der Natur siegt immer nur der Tüchtigste, während die menschlichen Gesellschaften eine gefährliche Mitleidsmoral mit den Untüchtigen pflegen. In deutlicher Anlehnung an Nietzsches Rede von der Sklavenmoral und seinen vielfältigen Züchtungsideen[8] der blonden Bestie stellt Alexander Tille der Ordnung der Natur die menschlichen Moralentwürfe gegenüber: »Wir erbärmlichen Menschenkindlein haben uns aus allerhand Schwachheiten ein Moralchen zusammengebraut. Du große Natur hast eine andere Moral, darum bist du nach unserem Moralchen unmoralisch. Nun wollen wir Menschenkindchen dir doch einmal unser Moralchen aufnötigen. Ob unsere Rasse dabei herunterkomme, ist ganz gleich... Wenn wir nur unserem Moralchen zum Siege verhelfen! Das nennen wir dann den ›Sieg des Geistes‹, ›Triumph der Zivilisation‹, ›Errungenschaften der Menschlichkeit‹. Du läßt die Tüchtigsten überleben, wir auch die Untüchtigen. Wir haben eigene Anstalten, in denen wir Krüppel, Lahme, Blinde, Irre, Schwindsüchtige, Syphilitische aufpäppeln, um sie dann gelegentlich zu entlassen, damit sie sich fortpflanzen und ihre Krankheiten weiter vererben können... «.[9]

Evolution wird hier ausschließlich als physiologische Größe verstanden, und die Rede von der »Tüchtigkeit« bezieht sich ausschließlich auf überlegene Körperlichkeit.[10] Gesundheit ist die »Artnorm«; alles Kranke soll – in Analogie zur angeblich so verfahrenen Natur – ausgemerzt werden. Der moralische Haushalt des modernen Menschen hingegen verbietet diesem nun gerade diese Auslöschung des Devianten und leitet mit dieser Abkehr von den Gesetzen der Natur den Untergang menschlichen Lebens ein. Im Zentrum dieser Krisenwahrnehmung steht das eigentliche Subjekt der Eugenik, die (oder eine spezifische) menschliche Gemeinschaft/Rasse. Das Kollektiv ist Gegenstand der Evolution, nicht das Individuum. Ob der Fortschritt glückt, entscheidet immer nur die Gesamtheit aller Artgenossen.

Die Individuuen sterben – für sie gibt es keine genetische Entwicklung. Der Vererbungs- und Auslesediskurs zielt allein auf die Stärkung und Sicherung der Gemeinschaft. Deshalb nimmt das Denken in eugenischen Kategorien auch die in Kulturkritiken der Moderne immer wieder lautwerdende Verzweiflung über die ungehemmte Individualisierung und den Verlust sozialer Verantwortlichkeit auf. Denn die eugenische Gesellschaftsbiologie orientiert ihre politische Handlungsanweisungen eben an der Lebens- und Entwicklungsfähigkeit der Rasse, des Volkes, der Nation usw. Sie will für die Nachgeborenen Zukunft und Evolution sichern. Damit konstituiert sie sich als moderne Bewegung und Wissenschaft, die ihrer Logik ein lineares Zeitmodell der prinzipiell endlosen Perfektibilität zugrundelegt.

Die Zukunftsunfähigen, die therapieresistenten Ungesunden, diejenigen mit den gemeinschaftsgefährdenden schlechten Genen müssen ausgemerzt werden, um diese stetige Verbesserung zu sichern. Für die Zukunft müssen in der Gegenwart Opfer von denen gebracht werden, die im eugenischen Szenario als – wie es heißt – Ballastexistenzen diesen Weg in die permanente Perfektionierung verstellen. Diese eugenische Ethik zur Sicherung der nächsten Generationen entwickelt für das politische Denken des frühen 20. Jahrhunderts eine enorme Anziehungskraft. An dieser Stelle wird auch deutlich, daß die Eugenik – im Gegensatz zu medizinischen Therapien der Genetik – nicht auf die Heilung und Gesundung von Individuen zielt, sondern sich als biologische Sozialwissenschaft versteht. Ausdrücklich geht es ihr nicht um das Wohl des einzelnen.

Die Stigmatisierung der anderen, der Unterschichten, der ethnischen Minderheiten etc. als bedrohlich und minderwertig dient darüber hinaus auch als Mittel sozialer Distinktion. Mit der Semantik des *survival of the fittest* und der drohenden genetischen Verschlechterung steht dem gesellschaftspolitischen Diskurs eine Argumentationskette zur Verfügung, die sowohl gegen die scheinbar dekadenten, alten aristokratischen Oberschichten als auch gegen die fortschreitende Vermassung und die Vermehrung der Unterschichten ins Feld geführt wird. Dabei geht von der sogenannten »Rassenverpöbelung« der eigentliche Schrecken aus. Bessere Gene zu haben und diese auch an die eigene Nachkommenschaft weiterzugeben, wird zur überlegenen soziobiologischen Position erklärt, der die Politik endlich zum Durchbruch verhelfen muß. In dieser genetischen Disposition liegt dann auch der eigentliche Adel, der wahre Führungsanspruch in dynamisierten Gesellschaften, die ihre Schichtungen funktionell (und nicht ständisch traditionalistisch) legitimieren.

Dynamik

Diese politische Aufladung des erbbiologischen Diskurses ist an der Vielzahl eugenischer Bewegungen erkennbar. Weingart u. a. zählen in ihrer Studie folgende Gruppen und Vereinigungen auf: »Gobineau-Gesellschaft, Deutschbund, Ring der Norda, Geheimer nordischer Ring, Gesellschaft für Rassenhygiene, Thule-Bund, Ostara-Gesellschaft für das Herrentum der Blonden, der Deutsche Orden, der Artamanenbund, der Nordische Bund, der Paul-de-Lagarde-Verein, die Germanische Gesellschaft Edda, der Verein für Menschenzüchtung, der All-Arierbund, der Kampfbund für deutsche Kultur, der Werkbund für deutsche Volks- und Rassenforschung, der Deutsche Bund für rassische Siedlungen, der Germanen-Orden, der (Reichs-)Hammerbund«.[11] Hier soll nicht der Eindruck erweckt werden, diese sozialdarwinistischen, eugenischen Vereinigungen seien in allen Detailfragen einig. Ganz im Gegenteil kann festgestellt werden, daß die Meinungsunterschiede zwischen ihnen mitunter beträchtlich waren. Nicht alle der o. g. Gruppen proklamierten in ihren Publikationen etwa eine Dominanz arischer Rasselinien. Differenzen gibt es in der Einschätzung von Kapitalismus, Sozialismus, dieser oder jener Politik. Gleichwohl erscheinen diese Unterschiede im Detail vor einem gemeinsamen Horizont an wissenschaftlichen Grundannahmen über die Bedeutung erbbiologischer Grundlagen für die Organisation von Staat und Gesellschaft. Die Bemühungen der Menschenzüchter zielen auf die Sicherung der binnengesellschaftlichen Hierarchien und außenpolitisch auf die Dominanz der jeweiligen Rasse. Das Feld der internationalen Beziehungen ist in diesen biopolitischen Szenarien ohnehin das eigentliche Schlachtfeld des genetischen Kampfes. Außenpolitisches Durchsetzungsvermögen bestimmt schließlich auch die eugenischen Maßnahmen in der Innenpolitik, denn nur die gesunde Rasse kann sich im internationalen Daseinskampf behaupten.

Diese Wahrnehmung eines ewigen Kampfes um die Existenz bringt aber nicht nur Bedrohungsszenarien der genetischen Verschlechterung und der erbbiologischen Apokalypse hervor. Neben solchen Aspekten einer negativen Utopie kommt dem eugenischen Diskurs auch eine positive utopische Funktion zu: Die Eugenik phantasiert den neuen Menschen als stählernen Helden ewiger Gesundheit und Kraft. Dabei scheint der genetischen Manipulation, der politischen Zuchtwahl keine Grenze gesetzt. Für einen der wichtigsten deutschen Eugeniker, Fritz Lenz, dessen Handbuch »Grundriß der menschlichen Erblichkeitslehre und Rassenhygiene« (1921, mit Erwin Baur, Eugen Fischer) zur Standardliteratur der Vererbungsforschung gehört und Lenz' akademische Reputation über Weimarer Republik und NS-Staat bis in die Bundesrepublik fortführte, ist sogar die Akzeptanz der jeweiligen Wirtschafts- und Gesellschaftsordnung genetisch manipulierbar. In einem Aufsatz über die »Soziologische Bedeutung der Selektion« schreibt er, daß es »theoretisch möglich (wäre), durch Ausmerzung aller Menschen, die sich einer Zwangswirtschaft nicht anpassen könnten, eine Rasse von Menschen zu züchten, denen persönliche Freiheit und Besitz kein Lebensbedürfnis wären.«[12] In solchen Konzepten wird gar nicht mit Menschen gerechnet, vielmehr mit menschlichen Hohlformen und Schablonen, die sich je nach züchterischer Absicht so oder so ausfüllen lassen. Extra-borniert ist darüber hinaus allerdings auch die sozio-biologische Vorstellung vom Streben nach Freiheit und Besitz als objektivierbarer und genetisch verortbarer Kategorie und eben nicht erst in historischen und kulturellen Sinn-Kontexten gefördertes oder unterdrücktes Verhalten.

Blasse Utopien

Die Eugenik kann alles. Sie ist als positive Züchtungswissenschaft von Francis Galton etabliert worden, der in seinem Buch »Kantsay where« schon im letzten Drittel des 19. Jahrhunderts eine Utopie einer eugenischen Regulierung der Gesellschaft vorgelegt hat. Im eugenischen Diskurs kommt der Phantasie der jeweiligen Autoren große Bedeutung zu, und ihre Werke tragen dann auch deutliche Zeichen der *science fiction*. Allerdings bleiben die entworfenen Szenarien der jeweiligen Züchtungsziele merkwürdig farblos und uninteressant. So stellt der schon zitierte Kurt Hildebrandt zwar den »Heros« als Züchtungsziel dar, aber auch diesem haftet die leichte Stupidität überragender Muskelkraft an: »Der Mann spricht weniger, lacht und weint schwer... Vor allem fängt er Neues an; auf Grund seiner

Beobachtungen verändert und erfindet er; es treibt ihn vorwärts zu nützlichen und schönen Künsten: Er liebt große und rasche Bewegungen. Er ist mutig, freut sich am Kampfe und streitet gern, haßt aber den Zank. Widerstand oder Schädigungen rufen lauten, heftigen Zorn hervor... Gerechtigkeit die schönste Tugend. Alles Schlaffe, Weiche, Niedrige verachtet er, er ist stolz und will lieber hart als weich erscheinen... Die strenge Einehe ist wider die Natur des Mannes...«[13]. Kurz, es geht ihm um das Urbild eines Olympiasiegers im Gewichtheben. Ein Zombie. Hildebrandt betont, daß diese körperliche Überlegenheit aber nicht ausreiche und zu dieser entsprechende geistige Fähigkeiten treten müßten: Erst dann sei der »Heros« fertig. Ein Gewichtheber mit akademischem Diplom.

Typisch für einen Teil des eugenischen Diskurses ist die Anknüpfung des zu züchtenden Rassestandard an schon vorhandene Formen der Stärke, Überlegenheit, Gesundheit usw., die mit Hilfe der Genetik nur auf Dauer gestellt und verallgemeinert werden sollen. Eugenik sichert den status quo der schon für erbbiologisch wertvoll gehaltenen Individuen.

Um diese Gesunden zum Zuge kommen zu lassen, müssen sich aber Politik und Gesellschaft grundlegend wandeln. So kommt dem rassischen Adel schon die Legitimation zu, aus einer langen Zuchtwahl hervorgegangen zu sein: »Auch innerhalb der Menschheit haben solche Auslesevorgänge stattgefunden zur Bildung von Adelskasten. Dazu gehört, daß diese adligen Rasselinien, da ja kein auslesender Züchter über ihnen steht, selbst das wählende Prinzip, die adlige Norm in sich tragen. Weiter gehört dazu, daß sie sich der ehelichen Mischung mit minderen Rasselinien enthalten... Wenn wir von einer (relativen) Höherzüchtung durch Auslese sprechen, so kann sie nur darin bestehen, daß innerhalb des Volkes der Adel sich stark (eventuell auch unehelich), das übrige Volk sich schwächer fortpflanzt... Die moderne Zivilisation, die Sucht nach Gleichheit, die zerstörende Nivellierung alles Gestalteten ist dem Prinzip der Auslese feindlich. Sie reißt nach Möglichkeit die Schranken nieder. Dabei denke ich natürlich nicht an das ererbte Adelsprädikat, die sechzehn Ahnen, sondern an die edlen Rasselinien, den leibhaften Wert, den angeborenen Adel überhaupt.«[14]

An dieser Passage können die Aporien einer solchen Züchtungsideologie abgelesen werden. So wird zum einen auf die genetisch hochwertigen Rasselinien des Adels verwiesen, die doch ihre Überlegenheit – konsequent darwinistisch argumentiert – in ihrer Kontinuität, ihren Ahnenreihen beweisen. Aber diese Form der Sicherung des status quo ist für den eugenischen Autor nicht akzeptabel, will er doch den wahren Adel stärken, den leibhaften, den angeborenen. Das kann der überkommene alte Adel schon aufgrund der vielfältigen Dekadenzanklagen gegen ihn nicht sein. Durch diese Konstruktion einer genetischen Authentizität wird die Kategorie der aristokratischen Führung sozial und politisch geöffnet. Eine neue Elite kündigt sich an: Die genetisch Besten rücken in die Positionen des Adels ein.

Der eugenische Diskurs ist keineswegs reaktionär. Ihm geht es nicht um die Wiederherstellung des *ancien régime.* Vielmehr verschwinden in der Naturalisierung der Gesellschaftstheorie die Unterschiede zwischen rechts und links, konservativ und progressiv. Die Eugeniker sehen sich selber an der Spitze des Fortschritts marschieren, sie sind zukunftsorientiert, planen für die kommenden Generationen.

Eugenischer Sozialismus

Karl Kautsky, ausgerechnet, entwirft zu Beginn des 20. Jahrhunderts dann auch ein eugenisches Szenarium, das jenseits des nationalistisch-arischen Umfelds der diversen Vereine für Menschenzüchtungen angesiedelt ist. Im letzten Kapitel seiner Schrift »Vermehrung und Entwicklung in Natur und Gesellschaft« (1910) konstruiert Kautsky die genetischen Konsequenzen einer sozialistischen Gesellschaft. In den Aspekten einer negativen Eugenik stimmt er in den Chor seiner Zeitgenossen ein, die dem Industrialismus vielfältige dysgenische Auswirkungen zuschreiben. Die bürgerliche Gesellschaft produziert in ihrer ökonomischen Gier, ihrem Egoismus, ihren Krisen, ihrem Verfall den genetischen Untergang. So schafft sie ein »Lumpenproletariat«, das es nicht nötig habe »... für seine Notdurft zu kämpfen, (es) braucht nicht die größten Anstrengungen zu machen. Betteln erfordert keine Kraft. Kränklichkeit und Krüppelhaftigkeit regen das Mitleid an, fördern den Bettel.«[15] Dagegen sieht Kautsky im »Proletariat« den wahren Adel: »In der hohen Aristokratie, die noch auf Reinheit des Blutes hält, gesellt sich zu (den) Hemmungen der Vermehrung noch die Gefahr der Unfruchtbarkeit durch Inzucht, die indes auch bei Kapitalistendynastien auftritt, wenn diese versuchen, durch Familienheiraten das Familienvermögen zusammenzuhalten. Spielte nicht der Ehebruch gerade in diesen höchsten Kreisen eine große Rolle, sie wären physisch schon ganz verkommen. Nicht bloß ökonomisch, auch physisch verdanken sie viel dem Proletariat.«[16] Auch in diesem Denken werden gesellschaftliche Herrschaftsansprüche durch genetische Überlegenheit legitimiert. Nur das Subjekt der eugenischen Ordnung ändert sich. Zielen Hildebrandt, Schallmeyer u. a. auf Distinktionsgewinn für Angehörige der Mittelschichten, so setzt Kautsky auf das Proletariat. Nur die Arbeiterklasse kann die für Kautsky so notwendige »Rassenhygiene« organisieren und die »Entartung« der Menschheit aufhalten.[17]

Der neue Mensch ist wieder einmal zum Heros ausersehen. Kautsky schließt seine Abhandlung mit der eugenischen Utopie umfassender Gesundheit, Kraft und Freude: »Ganz anders liegen die Dinge in einer sozialistischen Gesellschaft. Keiner ist mehr als Kapitalist der Sklave seines Kapitals, das ihm die Ehe mit einer vielleicht ungeliebten, kranken, aber jedenfalls besitzenden Frau und die Zeugung eines Erben vorschreibt. Und alle Lebensbedingungen verschwinden, die heute im Proletariat und auch in den oberen Klassen Krankheit und Entartung erzeugen. Wer noch eine gesunde Veranlagung in sich hat, wird sie entwickeln und kräftigen. Kränklichkeit wird nicht mehr eine Massenerscheinung sein, aus der es kein Entrinnen gibt. Wenn dann noch kranke Kinder in die Welt kommen, wird ihr Siechtum nicht als Schuld der sozialen Verhältnisse, sondern einzig als persönliche Schuld der Eltern erscheinen. Damit ist der Boden gegeben, auf dem eine wirksame ›Sozialeugenik‹, ein gesellschaftliches Streben nach Wohlgeborenheit erstehen kann. Jetzt wird die öffentliche Meinung wie das Gewissen der Eltern selbst jede Fortpflanzung eines siechen Körpers verurteilen, wird es als Pflicht eines jeden Erwachsenen, der sich nicht vollständig gesund fühlt, anerkannt werden, daß er bei Eingehung einer ehelichen Verbindung sachkundigen Rat darüber einhole, ob es für ihn beziehungsweise seinen Ehegenossen ratsam sei, sein Geschlecht fortzupflanzen oder nicht. Die Zeugung eines kranken Kindes wird dann mit ähnlichen Augen betrachtet werden wie etwa heute noch die eines unehelichen Kindes. So wird der Sozialismus der Menschheit nicht nur reichliches materielles Wohlleben, nicht bloß Muße, sondern auch Gesundheit und Kraft bringen und die Krankheiten als Massenerscheinungen ausrotten. Ein neues Geschlecht wird erstehen, stark und schön und lebensfreudig, wie die Helden der griechischen Heroenzeit, wie die germanischen Recken der Völkerwanderung, die wir uns als ähnliche Kraftnaturen vorstellen dürfen, wie etwa heute noch die Bewohner Montenegros.«[18]

Die Konstruktion des Neuen orientiert sich an Bildern des Alten; in den Kraftnaturen mehr oder wenig wilder Bergvölker vollendet sich diese Eugenik. Schon bei Kautsky ist implizit von den kranken Ballastexistenzen die Rede, die allein aufgrund ihrer Existenz Schuld auf sich laden. Die Differenz zwischen rechts und links mag im Begriff der Rationalität liegen, der in Kautskys Visionen eine große Rolle spielt. Letztlich werden die genetisch Unwerten freiwillig auf ihre Fortpflanzung verzichten; der eugenische Staat kommt ohne Zwang aus. Die Macht polstert sich streng wissenschaftlich.

Vererbungspolizei

In der weichen Strategie unterscheidet sich Kautskys genetisches Paradies von den Entwürfen, die von Schallmeyer, Hildebrandt u.a. vorgestellt werden. Die Bedrohungswahrnehmung der genetischen Verschlechterung und die Hoffnung auf die Züchtung des neuen Menschen evozieren Phantasien der erzwungenen Höherzüchtung. Über den Appell an die erbbiologisch »Minderwertigen« hinaus werden Zwangsmaßnahmen gefordert. Skurrilitäten wie die Erlaubnis der Mehrehe für genetisch besonders potente Männer bzw. erfolgreiche Frontsoldaten, die Erhebung von Wehrsteuern von Kriegsdienstunfähigen sind eher Randphänomene.

Ausmerzung ist im übrigen das wichtigste Schlagwort. Gefordert werden Asylierung der Kranken, Erbschwachen usw. Zwangssterilisierungen sind genauso vorgesehen wie Selektion von Verbrechern und Degenerierten. Lombroso gibt mit seiner besessenen Anthropometrie das wissenschaftliche Ziel der Eugeniker vor: Der neue Mensch wird vermessen und kartographiert, photographiert und erfaßt. Keine Devianz darf unbeobachtet bleiben.

Im Zentrum dieses Diskurs steht die Tötung. Die »geborenen Verbrecher« sollen exekutiert werden; die Soldaten mit den unwerten Genen sollen als »Kanonenfutter« verheizt werden. Insgesamt soll ein Kampf ums Dasein politisch simuliert werden, um wirkliche Auslese betreiben zu können. Die Überlebenden, die unheilbar Gesunden werden in Zuchtgemeinschaften zusammengefaßt, über die Zuchtwarte wachen. Eheberater und Erbbiologen steigen zu den eigentlichen Gesellschaftswissenschaftlern auf. In der entwickelten eugenischen Gesellschaft untersuchen dann schließlich Ärzte jedes Neugeborene. Werden Abweichungen von der Norm des neuen Menschen festgestellt, dann töten diese Menschenzüchter das Kind schmerzlos mit einer Injektion. Die betroffenen Eltern kennen keine Trauer und machen sich – so Alfred Ploetz in seinen »Grundlinien einer Rassenhygiene« – aufs neue »frisch ans Werk«.[19] Der neue Mensch kennt kein Erschrecken mehr, keine Trauer, kein Gefühl. Er ist gesund; mehr kann über ihn nicht gesagt werden – ein Zombie.

10.
Nation als Bürgerkrieg: Der Fall Dreyfus

Die Dreyfus-Affäre, schreibt Richard Sennett, sei ein klassisches Beispiel dafür, wie sich in einer Gesellschaft ein unüberbrückbares Schisma auftut, wenn in ihr eine Gemeinschaft entsteht, die sich auf eine abstrakte, diffuse Kollektivpersönlichkeit stützt. »Kein Wandel der materiellen Verhältnisse, keine geschichtliche Wende vermag die Positionen, die die Gegner einmal bezogen haben, zu verändern, denn es geht in diesem Konflikt, so jedenfalls scheint es, beiden Seiten nicht um irgendeinen Sachverhalt, sondern um Integrität, Ehre und Kollektivität als solche.«[1]

Was machte dieses unüberbrückbare Schisma aus? Was ist so besonders am Fall Dreyfus, der bis heute immer wieder neu leidenschaftliche kriminalistische Anteilnahme und unverdrossenen politischen Spürsinn erregt hat? Ist der Fall Dreyfus ›typisch französisch‹ – ganz gewiß ist er das – und darüber hinaus auch ein sozio-politisches Phänomen nationaler und internationaler Entwicklungen am Ende des 19. Jahrhunderts?

Über den Fall Dreyfus sind ungezählte Artikel, Aufsätze, Kapitel und Abschnitte in Büchern, ganze Monographien geschrieben worden. Es ist nicht abzusehen, daß die Autoren und die Leser zu dem Ergebnis kommen könnten, nun sei es aber genug, man solle sich anderen Affären zuwenden. Dies allein gilt schon als ein Indiz für die hitzige Bedeutsamkeit der Angelegenheit.

In den neunziger Jahren des vorigen Jahrhunderts zeigte sich in mehreren europäischen Ländern, daß der Nationalismus als Integrationsideologie für ganze Gesellschaften nicht ohne unerwünschte Nebenfolgen und nicht ohne erhebliche Rückschläge seine Wirkungen entfalten konnte. Die Grenzen des Imperialismus in seiner hohen Zeit scheinen im Buren-Krieg durch. In Deutschland radikalisiert sich der Nationalismus im Kampf gegen machtpolitische Konsequenzen der ›sozialen Frage‹ und, indirekter, im Kampf gegen den ›Ultramontanismus‹. In der Monarchie der Habsburger entfesselt der Nationalismus seine sie im Ersten Weltkrieg dann sprengenden Kräfte.

Und in Frankreich bildet sich gerade mithilfe der sozialpsychologischen Mechanismen des modernen Nationalismus die Konstellation der Nation als Bürgerkrieg heraus. Der Konflikt zwischen einem ›alten‹ Frankreich, für das die Kirche, die Armee und das Großbürgertum stehen, und einem ›neuen‹ Frankreich, dem die Republik und soziale Modernisierung als oberste Werte gelten, läßt sich allerdings nur an seiner Oberfläche eindeutig identifizieren. Das zweite Kaiserreich unter Napoléon III. hatte es im übrigen beinahe geschafft, diesen Konflikt umzudeuten. (Hätte der Kaiser nur auf Maurice Joly gehört![2]) Wie üblich bei derlei Polarisierungen, werden auch in diesem Konflikt die unterschiedlichsten historischen Erfahrungen, Traditionen, Interessen und Wünsche eingebaut, verstärken ihn und machen ihn so immer unübersichtlicher.

Das politische Schicksal Frankreichs erscheint in der gesamten zweiten Hälfte des 19. Jahrhunderts umdüstert. Selbst in jenen Jahren der Diktatur Napoléons III., die sich durch wirtschaftlichen Aufschwung auszeichneten und diese französische Art, Lebenslust zu demonstrieren, um die jedermann in Europa die Franzosen beneidet, selbst damals gab es nicht nur bei den hellsichtigen Pessimisten immer mal wieder, wie einen nicht ganz zu vertreibenden schlechten Geschmack im Munde, das Gefühl, mitten in einer zunehmend unwirklichen Entwicklung zu leben. ›Unwirklich‹ heißt dabei so viel wie: unsolide.

Die Niederlage gegen Deutschland und die das französische Nationalgefühl demütigende Gründung des Deutschen Reichs ausgerechnet in Versailles, das klägliche Ende des Regimes von Napoléon III, die Schrecken der Pariser Commune, die darauf folgenden politischen Unsicherheiten mit ihren zuweilen bizarren Episoden wie dem abgeblasenen Staatsstreich des Generals Boulanger, Skandala und Skandälchen aller Art, darunter als Dauerbrenner zu Beginn der neunziger Jahre der Panama-Finanz-Skandal, politische Attentate – eine scheußliche Zeit. Die Existenz des mächtigen und vielgehaßten äußeren Feindes, des ›Erbfeindes‹ Deutschland nämlich, reichte nicht hin, um die Nation im Innern zu einen.

Exkurs zum modernen Antisemitismus

Der moderne Antisemitismus, man versteht darunter jenen im Zeichen von biologisch konstruierten Nationalismus und Rassismus stehenden Juden-Verfolgungs-Wahn, wie er sich im letzten Drittel des 19. Jahrhunderts in modernen Gesellschaften ungleichmäßig ausbreitete[3], erwies sich im von Krisen und Rückfällen uneben gemachten gesellschaftlichen Entwicklungsprozeß des Kapitalismus und seiner Randzonen als wirkungsvolles Instrument, mit dessen Hilfe sich Schuldige an diesen Krisen und Rückfällen stigmatisieren ließen. Solch ein Antisemitismus war in der Tat eine ideologische Mehrzweckwaffe:

- Er gab religiöser Dumpfheit einen schneidenden Strahl aktivierender Motivation in die Finger.
- Er gab vor, eine plausible Antwort für wirtschaftliche Schwierigkeiten im Lande zu haben.
- Er verlieh dem kulturellen Unbehagen vieler Menschen, die Opfer des wachsenden Mobilitätszwanges waren oder ihn auf sich zukommen sahen, eine leicht erlernbare Sprache.
- Er erlaubte auch den anämischsten Intellektuellen das rhetorische Spiel mit den Ingredenzien mystischer Kraft (Blut und Sperma, Boden und Kampf, Ritual und Tod).
- Er festigte den nationalen Zusammenhalt, indem er bestimmte ›innere Feinde‹ ausschloß aus dem, was mit dem Euphemismus Volksgemeinschaft benannt wurde.
- Er sammelte und konzentrierte soziale Frustrationen und projizierte sie in einem sicheren Verfahren, nämlich von einer Mehrheit auf eine Minderheit, auf Fremde.

Wobei der Sachverhalt, daß ein großer Teil der Juden in der ersten Hälfte des 19. Jahrhunderts mit der ihnen damals erst möglich gewordenen Assimilation den Status des Fremden abstreifen sollten und wollten, nunmehr ebenso als Ausdruck besonders aggressiver Andersartigkeit gesehen wurde wie die zionistische Gegenbewegung seit dem Ende dieses Jahrhunderts.

Soziale Ängste, aus welchen Gründen immer sie entstanden sein mögen, werden dadurch, daß man den Ängstlichen einen vermeintlichen Verursacher vorstellt, nur oberflächlich beruhigt. Sie köcheln sozusagen vor sich hin und können allezeit mittels zufälliger oder inszenierter Ereignisse wieder hochgekocht werden.

Der Fall Dreyfus in Frankreich war solch ein Ereignis, von dem zu entscheiden, ob es zufällig oder inszeniert war, relativ unwichtig ist. Außerdem gilt schon auf dem Theater, daß zuviele Regisseure das Stück verderben, wieviel mehr noch in der Politik.

Die Affäre

Militärische Spionage und Gegenspionage sind nicht erst seit den Romanen Ian Flemings oder der Ausbreitung einer kollektiven Verrats-Obsession im Großbritannien der Nachkriegszeit[4] von gefährlichem Interesse. Auch schon am Ende des 19. Jahrhunderts spielte beides eine zwielichtige, aber zugleich faszinierende Rolle im Verkehr der Staaten und in binnen-organisatorischen Reibungen, wie sie ja z.B. innerhalb von Streitkräften nicht ungewöhnlich sind. Besonders nach einem verlorenen Krieg.

Gerade auch das deutsch-französische Verhältnis nach 1871 war durch wechselseitige Spionage und Spionenfurcht belastet. Und es ist kein Wunder, daß der Elsaß und Lothringen sowohl Schauplatz als auch ideologische Wärmequelle für derlei Aktivitäten bildeten.

Als im Herbst 1894 im Großen Generalstab der französischen Armee ein Brief auftauchte, den offensichtlich ein französischer Offizier an den Feind (hier in Gestalt des Militärattachés an der deutschen Botschaft in Paris) geschrieben und in dem er die Überlassung geheimer militärischer Informationen angekündigt hatte, fällt im internen, vermutlich nicht sehr systematischen Beratungsprozeß in den Büros des Generalstabs der Verdacht auf den Artillerie-Hauptmann Alfred Dreyfus. Wie einer der Offiziere, die in diesem Stadium der Affäre eine dynamische, sie eigentlich erst zu einer solchen machende Rolle spielen, sagt, als der Name des jüdischen Hauptmanns aus reicher elsässischer Familie fällt: »Das hätte ich gleich bemerken sollen!«[5]

In erstaunlich kurzer Zeit kommt die Affäre politisch in Schwung. Aufgrund eines dubiosen Schriftgutachtens wird Dreyfus als Verfasser des Verräter-Briefes, *le bordereau* genannt[6], von der Militärjustiz angeklagt und am 22. 12. 1894 zu lebenslänglicher Verbannung verurteilt.

Der Spätherbst 1894 sah eine vehemente antisemitische Pressekampagne in Frankreich. Obwohl Regierungen ihre Spionage-Angelegenheiten, gleichviel ob erfolgreiche oder Mißerfolge, lieber im Verborgenen abwickeln, sind doch leicht zu verzerrende internationale Verbindungen dabei im Spiel, wurde hier gezielt die rechte Presse mobil gemacht (am 28. Oktober 1894). Vermutlich war das der zweite und entscheidende Schritt, damit aus einem ›normalen‹ Spionagefall die Affäre Dreyfus wurde.

Nun beginnt also die zweite Etappe der Affäre. Ihre wichtigsten Akteure sind einmal die Familie (Mutter und Brüder) Dreyfus, die auf verschiedenen Wegen eine Rehabilitation Alfreds bewirken möchte, wozu es erst einmal nötig ist, genügend Hintergrunds-Informationen zu sammeln. Und zweitens ist es der neu ernannte Chef des Nachrichtenbüros der Armee, Major Picquart. Dem fällt nämlich auf, auch anhand neuen Materials aus der deutschen Botschaft[7], daß nicht Dreyfus, vielmehr ein anderer Offizier, Major Esterhazy, der Schreiber des *bordereau* gewesen ist.

Damit könnte eigentlich die Affäre zu Ende sein. Aber es kommt ganz anders, denn jetzt wird sie in kaum noch nachvollziehbarer Eile immer krimineller. Gegen Picquart werden aus seiner Dienststelle heraus mit gefälschten Papieren Erpressungsmaterialien zusammengestellt; Esterhazy wird vor einem Kriegsgericht angeklagt, indes freigesprochen. In der Öffentlichkeit kursieren Broschüren und Pamphlete pro und contra Dreyfus.

In ihre dritte Etappe kommt die Affäre Dreyfus am 13. Januar. 1898, dem Tag, an dem Zolas offener Brief an den Präsidenten der Republik unter der Balkenüberschrift »*J'accuse*« in der Zeitung *L'Aurore* veröffentlicht wird. Die Wirkung ist enorm. Anatole France hat in seiner Grabrede auf Zola diesen publizistischen Paukenschlag so beschrieben: »Alles war gerettet. Zola hatte nicht nur einen Justizirrtum angeprangert, er hatte auch die Verschwörungen der gewalttätigen, tyrannischen Mächte aufgezeigt, welche die soziale Idee und die Freiheit des Gedankens ersticken wollen. Zolas mutige Worte weckten Frankreich auf.«[8] Die unmittelbare Folge von Zolas Anklage war, daß er selbst angeklagt wurde, und zwar vom Kriegsminister, wegen Beleidigung des Kriegsgerichts, das den Major Esterhazy freigesprochen hatte. Flucht nach vorn nennt man solch ein Verhalten. Wenn sie machtgestützt ist, kann sie erfolgreich sein. Zola wird verurteilt. Höchststrafe: ein Jahr Gefängnis und 3.000 Francs Geldbuße (damals ein beachtlicher Betrag). Zola entzieht sich dem obrigkeitlichen Zugriff und weicht vorübergehend ins Exil aus.

Dieses Jahr 1898 bringt jedoch den Umschwung der Affäre. Zwar wird der standfeste Picquart aus der Armee entlassen. Aber vor allem in den Reihen der gegen Dreyfus Verschworenen kommt es zu

Lücken. Esterhazy, ein im übrigen ziemlich unzuverlässiges Subjekt, wird wegen des Verdachts verhaftet, Telegramme an Picquart gefälscht zu haben. Der Major Henry stirbt eines gewaltsamen Todes. Ein anderer Offizier, du Paty de Clam, scheidet aus der Armee aus.

Der Durchbruch ist erreicht, als Esterhazy öffentlich eingesteht, das *bordereau* verfaßt zu haben. Nach weiteren heftigen Auseinandersetzungen, zwischendurch wechseln auch andauernd die Minister und die Regierungen, wird die Verurteilung von Dreyfus vom Kassationshof aufgehoben. Der Prozeß muß wiederholt werden. Er beginnt am 7. August 1899 vor dem Kriegsgericht in Rennes. Dieser Prozeß, wiewohl alles andere als objektiv geführt, leitet den ›geordneten Rückzug‹ der Armee ein. Dreyfus wird jetzt nur(!) noch zu zehn Jahren Festungshaft verurteilt – und sogleich, nachdem er auf Berufung verzichtet hat, begnadigt.

Ende der Affäre? Keineswegs. Das sich über die ersten Jahre des 20. Jahrhunderts hinziehende Nachspiel mischt die Karten noch einmal durch. Im Sommer 1906 wird das Urteil von Rennes annulliert. Dreyfus wird rehabilitiert und im Range eines Majors reaktiviert. Er wird zum Ritter der Ehrenlegion geschlagen. Er wird noch 29 Jahre leben. Aber das bedeutet keineswegs Ende gut – alles gut. Immer mal wieder wird während der letzten Jahrzehnte in der innenpolitischen Auseinandersetzung Frankreichs auf die Affäre Bezug genommen. Zuletzt im zeitlichen Umfeld der *Centenaire*-Feiern zur Affäre, die in Frankreich Anlaß für neu aufgelegte Spekulationen über ein nach wie vor unenthülltes Geheimnis der Affäre boten sowie etliche Verstimmungen über falsche Töne, etwa aus den Reihen der Streitkräfte.[9] Verschwörung und Fälschung, diese Begriffe tauchen immer wieder auf, wenn es um die Affäre Dreyfus geht. Daß es auch um Landesverrat ging, scheinen alle Beteiligten im Verlauf der Affäre immer mehr vergessen zu haben. So nachdrücklich schoben sich zwischenmenschliche, binnenorganisatorische und innenpolitische Konflikte in den Vordergrund.

Fälschungen

Die meisten der prozeßentscheidenden und auch die öffentliche Diskussion auf sich ziehenden Dokumente waren Fälschungen. Und selbst, was nicht ohne weiteres als Fälschung zu identifizieren ist, wurde doch von den Protagonisten in einen Kontext gestellt, der es sozusagen zu einem funktionalen Äquivalent von ›echten Fälschungen‹ machte.

- Das *bordereau*: Für Siegfried Thalheimer »ein Machwerk« und keineswegs ein »echtes Dokument der Spionage, geschrieben von dem ›Verräter‹ Esterhazy«[10] – war es in Wirklichkeit der ›echte‹ Verräterbrief Esterhazys[11] oder der im Rahmen einer Gegenspionage-Aktion der Franzosen von Esterhazy auf Anweisung seines Vorgesetzten, des Obersten Sandherr, komponierte Köder für die Deutschen? Auf welche Weise ist es zurück in französische Hand gelangt? Zufällig? Aus Schlamperei? Oder beginnt schon hier, mit der Abfassung des *bordereau*, die Verschwörung gegen den Juden Dreyfus?
- Das »geheime Aktenstück«: Sehr umfangreich kann es nicht gewesen sein. Es enthielt Spionage-Dokumente, die in den Jahren zuvor vom Nachrichtenbüro gesammelt worden waren und aus denen sich, mit einiger Mühe, die Spionagetätigkeit von Dreyfus ableiten ließ. So wird in einem Brief des italienischen Militärattachés an seinen deutschen Kollegen von *»ce canaille D«* berichtet, die ihm zwölf Befestigungspläne von Nizza für jenen übergeben habe. Außerdem enthält das »geheime Aktenstück« gefälschtes Material »Mündliche Mitteilungen von X«, in dem, ohne daß ein Name erwähnt wird, von einem Verräter im Generalstab die Rede ist.
- Das *»petit bleu«* vom Frühjahr 1896: Es handelt sich um einen Brief des deutschen Militärattachés, Oberst Schwarzkoppen, an Esterhazy. Der Brief ist, in weiblicher Handschrift, auf blaues Papier geschrieben. Der neue Chef des Nachrichtenbüros, Picquart, wird durch dieses Dokument und andere (echte?) auf die Person Esterhazy aufmerksam und überzeugt sich rasch davon, daß die Handschrift des *bordereau* nur von Esterhazy stammen kann.
- Die »Fälschung Henry«: Damit ist ein Brief des italienischen Militärattachés an seinen deutschen Kollegen bezeichnet, in dem der Name Dreyfus expressis verbis erwähnt und vorgeschlagen wird, daß sie beide jegliche Beziehung zu »dem Juden« ableugnen sollten. Dieser Brief tauchte am 2. November 1896 auf. Er ist von Major Henry gefälscht worden, der damit verhindern wollte, daß sich weiterhin aufklärende Aufmerksamkeit auf die Rolle und Person Esterhazys richtet. Für einige Zeit war dieses Täuschungsmanöver durchaus erfolgreich. Vermutlich hat Henry, für Bredin übrigens der Hauptschurke der ganzen Affäre, diese Untat mit seinem Leben bezahlen müssen.

Die Fälschungen, ihr taktischer und politischer Nutzen sowie ihre entsprechend hohen Kosten, bilden zugleich das Fundament wie das dynamische Element der Affäre Dreyfus. Wie man aber erkennen kann, handelt es sich immer nur um auf kurzfristige Wirkung angelegte Dokumente. Nur, wenn man wie Thalheimer die Affäre als ein von Anfang an für innenpolitische Zwecke geplantes antisemitisches Komplott betrachtet, also auch das *bordereau* für eine gezielt Dreyfus und *nur* ihn belasten sollende Fälschung ansieht, erscheint sie in einem anderen Licht – dann gewinnen die Verschwörer fast schon mephistophelische Statur. Diese Version wird in der historischen Forschung heute nicht mehr vertreten.

Konsequenzen

Wie in einem verkleinerten Modell der ruckweisen sozialen Veränderungen in Frankreich um die Jahrhundertwende zeigen sich an der Affäre Dreyfus die Protagonisten und Akteure dieser Veränderungen. In den zwölf Jahren zwischen der Verhaftung des Hauptmanns und seiner Rehabilitierung, zwischen 1894 und 1906, brachen die monarchistischen Hoffnungen zusammen, ging der Einfluß der (katholischen) Kirche zurück, wurde die Armee der mehr oder minder effektiven Kontrolle der Republik unterstellt, konsolidierte sich die Republik, wurde die Arbeiterbewegung stärker und näherten sich die verschiedenen linken Strömungen einer politischen Einheit an, ohne ihr bald darauf erneut einsetzendes Auseinanderdriften verhindern zu können[12].

Die Affäre war seit dem absichtsvollen Einschalten der Presse durch die Armee ein erstes und gleich voll ausgebildetes Beispiel für das, was wir inzwischen ein *Medienereignis* zu nennen uns angewöhnt haben. Die Presse als eine Institution der Informationsvermittlung, mehr aber noch der Bündelung und Artikulation von Gruppenmeinungen gehörte zu den ›Gewinnern‹ der Affäre. Der Akzent muß allerdings sehr nachdrücklich auf dieser gruppen-funktionalen Perspektive liegen – zur Aufklärung, zu einem rationalen Diskurs trug sie kaum etwas bei. Die nach unten führende Geschmacks-Spirale als Grundfigur der öffentlichen Meinung funktionierte bereits auf das Prächtigste.

Ein anderer ›Gewinner‹ waren die Intellektuellen, die sich pro (mehrheitlich) und contra (die rechte Minderheit) Dreyfus organisierten und echauffierten. Das Selbstverständnis der Intellektuellen, insbesondere der linken, Sprachrohr von Vernunft und Aufklärung zu sein, wurde in der Affäre Dreyfus härter geschmiedet, und es sollte sich im Verlauf der verschiedenen Krisen und Konflikte des 20. Jahrhunderts nicht so schnell verschleißen[13]. Eine Untergruppe der Intellektuellen, von der Wolf Lepenies berichtet, nämlich die um Emile Durkheim versammelten ›neuen‹ Soziologen, konnte mit dem republikanischen *›dreyfusisme‹* als Rückenwind ihre akademischen Karriere-Auspizien an der Pariser Universität nachhaltig aufbessern[14].

Die Dreyfusisten und ihr ›neues‹ Frankreich schienen eindeutig den Sieg davongetragen zu haben, als Dreyfus rehabilitiert wurde. Die Mittel dazu, also etwa Zolas *J'accuse*-Text, waren zwar keine Fälschungen, aber auch nicht immer unbedingt moralisch einwandfrei, worauf insbesondere Richard Sennett hinweist. Am Ende der Auseinandersetzung gab es jedenfalls keine Versöhnung der verfeindeten Lager, sondern nur einen Waffenstillstand aus Erschöpfung und weil die Affäre selbst unmittelbar politisch nicht mehr viel hergab. Die Trennlinie zwischen den beiden Lagern hat sich aber in Frankreichs politischer Geschichte im 20. Jahrhundert immer wieder neu, zuweilen sogar dramatisch bemerkbar gemacht.

Nation als Bürgerkrieg

Es muß auffallen, daß der Fall Dreyfus, obwohl doch eigentlich eine Angelegenheit der Außen- und Militärpolitik Frankreichs, so gut wie keine dem internationalen System der Zeit zugewandte Seite besaß. Der eigentliche Feind, um den es ging, war *innerhalb* der territorialen und ideellen Gestalt der Nation zu finden. Der alles entscheidende Zeitpunkt der Affäre lag ganz an ihrem Anfang. Er war nicht länger, als eine kurze Exklamation Zeit braucht. »Das hätte ich gleich bemerken sollen!«, sagt der Chef des Nachrichtenbüros, Oberst Sandherr, als er vom Verdacht hörte, der auf den Hauptmann Dreyfus gefallen war. Was hätte er gleich bemerken sollen? Daß Dreyfus Jude war.

Das paßte in den Zeitgeist, und es paßte vor allem in die Erklärungsmuster eines in die Regression gedrängten politischen Denkens, das den Verfall der Größe Frankreichs während der letzten Jahrzehnte auf das Wirken zersetzender Elemente in der Nation zurückführte. Kein Zweifel für ein derartig regrediertes politisches Denken, daß die Juden an allem Schuld waren. »Gegen Ende der achtziger Jahre entstand eine von (den)... Führern des alten Frankreich, aber auch von den gläubigen Bauern und breiten Schichten des städtischen Kleinbürgertums getragene Bewegung zur Befreiung Frankreichs von den Juden.«[15] Der dynamische Impuls dieser Bewegung, zugespitzt in einem Satz, lautete: Wenn wir nicht mehr so sind, wie wir waren und wie wir sein möchten, dann liegt das vor allem daran, daß Fremde bei uns so tun, als wären sie wie wir, wo sie doch in Wirklichkeit selbst anders sind und uns verändern. Im Fall des Hauptmanns Dreyfus hat das einer der bekanntesten französischen Antisemiten, Edouard Drumont, in einem Artikel seiner Zeitung *»La libre Parole«* vom 26.Dezember 1894 so formuliert: »Dreyfus hat einen Vertrauensbruch begangen, aber er hat kein Verbrechen gegen sein Land begangen. Damit ein Mann sein Land verraten kann, muß er zunächst einmal ein Land haben.«

Diese Version des Antisemitismus dient vielerlei Zwecken zugleich. Sie stellt einen Code bereit, der politische Verständigung auf fast spielerische Weise erlaubt. Sie kann zur Mobilisierung großer Massen dienen: Nicht zufällig schreibt Gustave Le Bon sein Buch über die Psychologie der Massen auch unter dem Einfluß der Demonstrationen und Aufmärsche im Kontext der Affäre Dreyfus. Sie erlaubt das Operieren mit Doppelstandards. Vor allem aber ist sie flexibel genug, um die Feind-Gruppierung geradezu beliebig zu manipulieren; denn nicht nur um die Juden ging es, sondern auch um die, welche mit ihnen gemeinsame Sache machen.

Nationalstaaten sind keine Kollektiv-Organismen. Nationale Einheit und die gleiche Ausrichtung der Interessen und Handlungen der Staatsbürger stellen nicht die Regel dar, vielmehr die seltene (und, wie man oft erfahren konnte, meist nicht wünschbare) Ausnahme.

Die diffuse, zuweilen scharf in Konflikte hineinzielende Interessenvielfalt von Individuen und Gruppen innerhalb einer Nation kann über Institutionen und Mechanismen des Interessenausgleichs ausbalanciert und entschärft werden. Sie kann durch Unterdrückung und monopolisierte Meinungs-Manipulation nur oberflächlich vereinheitlicht werden. Sie kann schließlich durch einen Polarisierungsprozeß in den Zustand eines latenten oder gar manifesten Bürgerkriegs gestoßen werden. Auch dies kommt gar nicht so selten vor, weil manch ein Akteur von dieser Konstellation über kurz oder lang Gewinne erwartet. Man darf sich diese Akteure allerdings nicht als Super-Machiavellisten vorstellen. Meistens lassen sie sich einfach hinreißen.

Die Nation als Bürgerkrieg erlebt ihre Polarisierung durchaus nicht als Zerreißprobe – Revolutionen, Sezessionen sind hier nicht zu gewärtigen. Und noch etwas ist erscheint paradox: Für das sie umgebende internationale Milieu stellt die Nation als Bürgerkrieg keine besondere Bedrohung dar. Das Deutsche Reich hat von der Affäre Dreyfus um ein Mehrfaches von dem profitiert, was ein wirklicher, aber verborgen gebliebener Spion im französischen Generalstab an aufschlußreichen Materialien hätte liefern können.

11.
Front/Kampf/Mythos: Der Krieg produziert Zombies

»Während des langen, leidvollen und mörderischen Ersten Weltkriegs brachten sich Millionen von Menschen gegenseitig um, die kurz vor Kriegsausbruch noch ›Krieg dem Kriege‹ geschworen hatten. Sie waren nun die Waffenbrüder derer, die sie beschuldigt hatten, Militaristen, Chauvinisten und Kriegstreiber zu sein; Waffenbrüder auch Millionen anderer, die aus Pflichtgefühl kämpften oder auch ohne recht zu wissen warum. Nach 1918 zogen weder die einen noch die anderen ehemaligen Frontkämpfer den Sinn ihres Opfers in Zweifel: Sie hatten gekämpft, um das Vaterland zu verteidigen, und ihr Krieg war ein ›gerechter Krieg‹. Fünfzig Jahre lang wurden sie nicht müde, das immer wieder zu betonen.«[1] Selbst wenn man ein paar Abstriche an dieser Aussage des distanzierten Historikers vornimmt, so trifft sie doch im Kern zu. Gewiß gab es diejenigen, die sich im August 1914 der allgemeinen Kriegsbegeisterung zu entziehen wußten[2]. Und wenn es auch zunächst nicht viele waren, so wurden ihre Reihen doch mit der Zeit verstärkt durch jene, deren Enthusiasmus vom August 1914 recht bald tiefem Schrecken wich. Und nach Kriegsende gab es in den Ländern, die sich am Weltkrieg beteiligt hatten, nicht nur eine zahlenmäßig stark angewachsene, sondern auch (für einige Zeit jedenfalls) politisch wichtiger gewordene pazifistische Bewegung.

Dennoch sind das im Grunde marginale Erscheinungen, die dem von Marc Ferro beschriebenen, eigentlich ja rätselhaften Sachverhalt untergeordnet sind. Und es waren mehr als nur die »nächsten fünfzig Jahre«, die den Sinn des Krieges zwischen 1914 und 1918 für diejenigen, die an seinen Fronten gekämpft (oder sich hinter den Fronten aufgehalten) haben, lebendig hielten. Am 24. Juni 1979 hielt einer der Veteranen des Ersten Weltkriegs eine »Ansprache zu Verdun«, deren erste Worte lauten: »Ich neige mich vor den Gefallenen.« Der Anlaß für diese Ansprache war eine deutsch-französische Erinnerungsfeier, und selbstverständlich wurde dem Geist der Völkerfreundschaft und des Friedens gebührend Reverenz erwiesen. »Die Zeit der Feindschaft zwischen unsern Völkern, einer Feindschaft, zu der wir von früh auf erzogen wurden, ist vorbei. Ich habe sie nie akzeptiert. Den großen Konflikten freilich kann sich der Einzelne nicht entziehen, und selbstverständlich trägt er sie mit und bei den Seinen aus. Die Sympathie zu wahren, wie zwischen Friedrich und Voltaire, ist immer möglich, wenn heute auch schwieriger als im Barock. Adversaire, wenn die Umstände es gebieten, doch nicht ennemi. Agon, doch nicht polemos.«[3]

Das ist ein seltsamer Text. Ein Greis hat ihn vorgetragen, übrigens noch sehr gut in Schuß (wie man so sagt). Eine Stimme aus dem 19. Jahrhundert. Oder aus einem simulierten 18. Jahrhundert?

Der Autor diese Rede ist in Deutschland überaus umstritten, auch schon seit mehr als fünfzig Jahren. Vor- und Mitläufer der nationalsozialistischen Demokratiezerstörung für die einen, sublimer Gegner der Herrschaftselite zwischen 1933 und 1945 für die anderen; einer, der den Schrecken des Krieges lakonisch protokolliert hat, sagen die einen, der diesen Schrecken ästhetisiert hat, sagen die anderen. Auf diesen Streit wollen wir uns aber hier nicht einlassen[4].

Jedoch wird uns Ernst Jünger, wenn auch nicht der einzige, so doch der wichtigste Text-Lieferant für den Weltkriegs-Diskurs zu Beginn des 20. Jahrhunderts sein. Aus seinen Texten scheinen die irisierenden und irritierenden Haltungen des Weltkriegs-Soldaten deutlicher heraus als in den meisten anderen (unangesehen der moralischen und politischen Positionen der verschiedenen Autoren).

Die Fragen, auf die wir eine Antwort suchen, stecken implizit in der Eingangspassage dieses Kapitels: Wie war es möglich, daß dieser Krieg so lang, leidvoll und mörderisch werden konnte, ohne daß sich die Menschen, die ihn auszufechten hatten, dagegen zur Wehr setzten? Was hat sie an den Fronten gehalten? Und schließlich auch: Wie hat sich das Erlebnis des Weltkriegs in diejenigen eingeprägt, die ihn überstanden haben?

Ausgangs-Stimmung

Der Kammerdiener von Marcel Proust war ein Landsturmmann. Als im August 1914 auch in Frankreich die allgemeine Mobilmachung angeordnet wurde, berührte ihn das kaum. Seine Seelenruhe begründete er mit den von Céleste Albarat überlieferten Worten: »Das wird nicht lange dauern. Ich bin beim Landsturm, mich wird man frühestens in vierzehn Tagen einberufen. Und bis dahin werden wir sie schon alle umgebracht haben und in Berlin sein, und Sie werden sehen, daß ich nicht weg muß.«[5]

Er mußte dann aber doch weg. Seine Zuversicht, es werde nur einen kurzen Krieg geben, nach Tagen und allenfalls nach Wochen zu zählen, teilte er wohl mit den meisten Menschen damals in Europa. Und er teilte mit ihnen auch die jeweilige nationale Sieges-Zuversicht, nur daß die freilich entgegengesetzte Kriegsziele umschloß. Man kennt die Photographien von deutschen Militärtransporten in Eisenbahnwaggoons zur Front; auf die Waggonwände hatten Soldaten mit Kreide Sprüche geschrieben wie »Zum Frühstück Auf nach Paris« oder »Auf Wiedersehen auf dem Boulevard«. Solche Formeln hatten auch etwas Beschwörendes und drückten aus, daß man zwar mit Begeisterung in den Krieg zog, jedoch sich schon mit noch größerer Erwartung auf die Zeit danach freute – die, so meinte man, lag in naher Zukunft und würde Gelegenheit zur Siegesfeier sein.

In der historischen Forschung sind die verschiedenen nationalen politischen Kulturen vor dem Ersten Weltkrieg und deren militaristische Anteile häufig untersucht worden, mal eher erklärend, mal eher mit dem Ziel der politischen Entlarvung. Entlarvung und Erklärung haben indes den Kern des »Augusterlebnisses« kaum zu erhellen vermocht, der eben in der eigentümlichen Mischung zwanghaft-freiwilliger kollektiver Kriegsbegeisterung besteht, die wiederum durchsetzt ist von uneingestandener Kriegsangst, die wiederum übertönt und übertüncht wird von ihre Gruppendynamik entfaltender Großsprecherei. »Für Rußland, für Frankreich, für ganz Europa gilt, daß der zerbrechliche Internationalismus mit dem ersten Trompetensignal in tausend Stücke zerbrach. Für den Franzosen oder den Deutschen war der Erste Weltkrieg ebenso klar und eindeutig ein Beutekrieg, wie er zugleich auch Kreuzzug, Verteidigung seiner Meere, Kampf für seinen Glauben oder Klassenkampf war.«[6]

Der Begriff ›Beutekrieg‹ ist nun allerdings in den offiziellen Verlautbarungen und auch in den privaten Vorab-Bilanzen der in den Krieg ziehenden Männer nicht aufgetaucht. Doch darf man sich nichts vormachen: Einen Krieg führen, um dadurch einem staatlichen Konkurrenten etwas abzujagen (ein Territorium, ein Einflußgebiet, Schätze und Reichtümer), das galt als erlaubt. Vor allem galt es als ein Verhalten, das die anderen staatlichen Akteure schon längst praktizierten, so daß man selbst, würde man hier zurückstehen, nicht nur etwas verlöre, sondern auch noch als der Dumme dastünde.

Und wenn auch die Dirigenten der Staaten und die Befehlshaber der Streitkräfte solches Verhalten einzig im Interesse der Staatsräson gut hießen, so läßt es sich doch auch, manchmal ein bißchen außerhalb der strengen Regeln, auf die Bedürfnisse von Individuen hin umdefinieren. Der Begriff Beute gehört jedenfalls, historisch gesehen, mit dem des Krieges genauso eng zusammen wie der Begriff Tod.

Krieg und ›Weltgedanke‹: Die neue Dimension

Das Motiv der vielen Soldaten, die 1914 in den Krieg zogen, kann aber nicht auf das private Beutemachen beschränkt werden. Es ging vor allem auch um die Erlösung von einer sozio-psychologischen Blockierung und um ein merkwürdig verzerrtes Weltmissionarstum.

Zum ersten dieser beiden abstrakten Vorstellungen: Einen Krieg zu führen, das galt als Härtetest einer sonst womöglich in Dekadenz versinkenden Gesellschaft. Unzählige Zeugnisse, vor allem von Intellektuellen, Künstlern, Gymnasial- und Hochschullehrern (Berufsgruppen mit besonders weit verbreitetem Hang zu hybridem Selbstbewußtsein sowie mit geradezu gefährlicher Ideologie-Anfälligkeit) dokumentieren die auf den Krieg projizierte soziale Heilserwartung. Ein einziges Beispiel sei dafür angeführt, das Sonett »Eine Sehnsucht aus der Zeit« von Alfred Walter Heymel, zuerst publiziert in der Zeitschrift »Der Sturm« im November 1911:

Aus sanfter Schwermut und der Liebe Trauer
Ermann ich mich; versuch mich zu ermannen
Und kann doch Tod und Untergang nicht bannen,
Wohin ich flüchten will, ragt Mauer auf an Mauer.

Grüb ich den Acker um, ein guter Bauer,
Dient ich im Schweiße, wüßte ich, von wannen
Dies alles kommt, und wüßte, wie von dannen
ich käm aus Schmach und Schande, Scham und Schauer.

Es fehlt uns vielen Dienst und Ziel und Zwang,
Die allen nottun und so wenige wollen;
So schmachten wir in Freiheit sonder Siege.

Im Friedenreichtum wird uns tödlich bang.
Wir kennen Müssen nicht noch Können oder Sollen;
Wir sehnen uns, wir schreien nach dem Kriege.[7]

»Besser Krieg als dieses ewige Warten«, heißt es 1913 in einer französischen *Enquete sur la jeunesse*[8]. Für Deutschland hat, freilich in überspitzter Terminologie, aber in Bezug auf das Bildungsbürgertum durchaus mit guten Gründen, Modris Eksteins festgestellt: »Im August 1914 sahen die meisten Deutschen die bewaffnete Auseinandersetzung, auf die sie sich einließen, von einem geistigen Standpunkt aus. Dieser Krieg war vor allem eine Idee und keineswegs eine Verschwörung, die darauf abzielte, Deutschland territorial zu vergrößern. Jenen, die sich über solche Dinge Gedanken machten, war eine solche Vergrößerung bestenfalls unvermeidliche Weiterung eines Sieges, eine strategische Notwendigkeit, Beiwerk der unabdingbaren Geltendmachung deutscher Rechte; maßgeblich für den Krieg waren territoriale Überlegungen jedenfalls nicht. Noch bis zum September 1914 konnten weder Regierung noch Militärs konkrete Kriegsziele vorweisen, alles, was man hatte, war eine Strategie und eine Vision – die Vision einer Expansion Deutschlands in einem eher existentiellen als physischen Sinne.«[9]

Eine Interpretation dieses in vielen Zeugnissen zum Ausdruck kommenden Selbstverständnisses entweder als reine Propaganda oder als reine Opfer staatlicher Propaganda greift zu kurz, zumal sich solche ›geistigen‹ oder ›existentiellen‹ Aspekte des Krieges bei seinem Beginn auch in anderen europäischen Ländern ausmachen lassen. Der Krieg als Fortsetzung der Politik, ja vielleicht sogar als ihre heftigste Verdichtung, erschien niemandem, nur wenigen Pazifisten als illegitim. Aber was war der Sinn solcher derart verdichteter Politik?

Die Suche nach einer Antwort führt uns zur zweiten der oben erwähnten Vorstellungen. Gegen Ende der Epoche des Imperialismus standen sich die Mächte nicht mehr nur als konkurrierende Akteure gegenüber, die um Einfluß und regionale Hegemonie kämpften. Vielmehr ging es jetzt um mehr, um eine Überwindung des bisherigen internationalen System und seiner Ordnungsstrukturen mittels eines neuen »Weltgedankens«. Heinz Gollwitzer faßt unter diesen zeitgenössischen Begriff »politische Programme, die über nationale Selbstverwirklichung hinausgehen und europäisch richtungsweisende, wenn nicht weltgültige Prinzipien oder Lehren durchsetzen wollen.«[10] Solche Prinzipien oder Lehren hatten zwar ihren Ausgangspunkt in nationalen politischen Kulturen und dienten also auch zur Festigung nationaler Identitäten. Ihre erste große und, wie sich bald herausstellte, viel zu früh anberaumte Stunde feierten diese Prinzipien oder Lehren am Ende des Ersten Weltkriegs, als aus den USA und aus dem revolutionären Rußland zwei Weltgeltung beanspruchende Ordnungs-Modelle für das 20. Jahrhundert propagiert wurden.

Vier Jahre davor waren es in Deutschland jene als »Ideen von 1914« bezeichneten, bewußt in Antithese zu den Forderungen der Französischen Revolution von 1789 gestellten Konzepte und Visionen, die militärisch zur Weltgeltung gebracht werden sollten. »Auf neuidealistischer Grundlage mit Frontstellung gegen ›westlichen‹ Rationalismus und Utilitarismus verdichtete sich in den ›Ideen von 1914‹ ein Kultur- und Gesellschaftsprogramm, das man auf den Nenner ›Kant gegen Rousseau‹ gebracht hat und das, von seinen Urhebern als... geistige Entscheidung von Weltrang begriffen, der Menschheit einen zu den bisher herrschenden alternativen Weltgedanken anzubieten schien...«.[11] Gollwitzer zitiert in diesem Zusammenhang den Marburger Neukantianer Paul Natorp, der 1915 in einer Kriegsbroschüre nicht eben bescheiden, aber gewissermaßen ohne politischen Arg geschrieben hatte: »Wir spüren das Morgenwehen eines neuen Tages nicht nur für Deutschland, sondern für die Menschheit.« Die Werte, für die man sich hier stark machte, auch Thomas Mann grübelte und ließ sich darüber einen Bart wachsen, waren Kultur gegen Zivilisation, Innerlichkeit gegen Verflachung, Gemeinschaft statt Gesellschaft, ja und ein von Marx und seinen Anhängern weit entfernter, idealistischer, national eingefärbter Sozialismus.

Das außenpolitische Pendant zu diesem Gesellschaftsprogramm war »der Versuch, Deutschlands Politik als Kampf für eine gerechtere Weltordnung gegen den britischen Imperialismus zu stilisieren...«[12]. Ihren Widerhall fand diese Stilisierung in den Ausbrüchen des Englandhasses zu Beginn des Krieges, was eine Strophe aus dem »Haßgesang gegen England« von Ernst Lissauer (er starb 1937 in der Emigration) vom September 1914 illustrieren soll:

Nimm du die Völker der Erde in Sold,
Blaue Wälle aus Barren und Gold,
Bedecke die Meerflut mit Bug bei Bug,
Du rechnest klug, doch nicht klug genug.
Was schiert uns Russe und Franzos:
Schuß wider Schuß und Stoß um Stoß!

Wir kämpfen den Kampf mit Bronze und Stahl
Und schließen wir Frieden irgend einmal,
Dich werden wir hassen mit langem Haß,
Wir werden nicht lassen von unserem Haß,
Haß zu Wasser und Haß zu Land,
Haß des Hauptes und Haß der Hand,
Haß der Hämmer und Haß der Kronen,
Drosselnder Haß von siebzig Millionen.
Sie lieben vereint, sie hassen vereint;
Sie haben alle nur einen Feind:
England.[13]

Pastor im Waffenrock

»Zur Zeit des Kriegsbeginnes, im August 1914, als das Wetter des Weltkriegs über unser Volk hereinbrach, war Willi Schüßler Pastor in einer schlesischen Dorfgemeinde, zu Kunzendorf, Kreis Glogau. Treuen Herzens arbeitete er mit Fleiß und Freudigkeit auf dem kleinen Saatfelde, auf das ihn sein Gott gestellt. 1885 als zehntes Kind des Kaufmanns Johannes Schüßler zu Cottbus geboren, hatte er das Gymnasium seiner Vaterstadt besucht und in den Jahren auf den Universitäten Erlangen, Halle, Marburg und Berlin Theologie studiert...«[14] Nach Absolvierung der zweiten theologischen Prüfung in Berlin ist Willi Schüßler 1910/11 seiner Dienstpflicht als Einjähriger bei einem Infanterie-Regiment nachgekommen.

Als der Krieg beginnt, schreibt er seinem Bruder: »Manchmal halte ich's kaum mehr aus, hier zu bleiben, möchte an der Front mitkämpfen... Ich bin gewiß, daß sie mich noch rufen... Ich bin so voller Vertrauen: Gott hat Großes mit unserem Volke vor. Es ist an Israels Stelle getreten. Darum müssen wir siegen...«. Am 7. November dann der briefliche Jubelschrei: »...Ich bin durch! Morgen ist Sitzung des Gemeindekirchenrats, der seine Zustimmung geben soll.« Es vergehen noch einige Monate mit Vorbereitungen; erst gegen Ende Februar 1915 ist es wirklich so weit – Willi Schüßler ist an der Front in Frankreich.

Er führt eine Gruppe und steht seinen Mann in den Grabenkämpfen. Seine Beobachtungen und Gedanken formuliert er in Briefen an seine Frau, die kurz vor der Geburt ihres ersten Kindes steht, sowie an Freunde und Bekannte. Am 25. März 1915:

»Daß kein deutscher Soldat Greueltaten tut auch nur ähnlich denen, wie sie aus Belgien erzählt werden, dafür lege ich meine Hand ins Feuer... Auch unsere Leute reden von den Franzosen: ›die verdammten Hunde‹, ›die Schweine‹, aber das ist eben der Ton der Soldateska, den ich korrigiere, den man aber kaum ausrotten kann. Dieselben Leute würden eine Stunde später einem verwundeten Franzosen ihr letztes Kommißbrot anbieten... Auch ich halte für die beiden Grundschäden den Alkohol und die Unsittlichkeit... Gott sei Dank, bekommen die Leute hier so wenig Alkohol in die Hände, daß er keinen Schaden anrichten kann... Im Schützengraben und in der Reservestellung gibt es weibliche Wesen überhaupt nicht. Gott sei Dank! Aus den französischen Schützengräben hört man oft Weibergekreisch... Sehr erfreut, beglückt bin ich davon, daß, seit wir auf französischem Boden sind, die ›Ferkeleien‹ in den Gesprächen, die in der Garnison unerträglich waren, fast ganz aufgehört haben... Je größer die Gefahr, desto sauberer die Gespräche. Der Gedanke an Tod, Ewigkeit, Verantwortung wirkt hier einigend... Sie glauben gar nicht, wie ich mich freue über dieses sichtbare Zeichen der segensreichen Wirkung des Krieges.«

Von April 1915 an besucht Schüßler, inzwischen zum Vizefeldwebel befördert, einen Kriegsschulkurs in Nordfrankreich, mehrere Stunden hinter der Front. Ende Mai geht es wieder zurück (oder: nach vorn) an die Front, aber nur für ein paar Tage. Dann muß er in ein Feldlazarett eingeliefert werden. Diagnose: Gelbsucht.

Am 15. Juni schreibt er nach Hause: »Heute habe ich etwas Merkwürdiges erlebt. Ich habe einen Mann meiner Kompagnie, einen Katholiken, unter Beteiligung des hiesigen katholischen französischen Priesters auf dem hiesigen katholischen Friedhof beerdigt: was im Kriege alles möglich ist!«

Ende Juni wird er aus dem Lazarett entlassen. Gerade zum Leutnant befördert, kehrt er an die Front zurück und muß am 8. Juli in die vorderen Stellungen einrücken. »Wenn ich heute in Stellung gehe, dann gehe ich so hinein, ganz so, wie ich's so oft in meinen letzten Briefen schrieb. Wir wollen dankbar sein, unserem Gott einmal unseren ganzen Gehorsam beweisen zu dürfen.« Am 12. Juli schreibt er an seine Frau:

»Wir haben wieder unendlich viel Grund zu danken. Es liegen schwere, anstrengende Tage hinter uns... Ich habe wieder so manche gesegnete Stunde erlebt, aber auch viele grausige Bilder... Da mein Kompagnieführer einen Granatsplitter in den Mund bekam, bin ich seit heute früh Kompagnieführer, natürlich nur vorübergehend... Laß uns herzlichst danken, daß wir wieder so Großes erleben durften, und daß ich wieder so wunderbar bewahrt geblieben bin. Laß uns weiter fröhlich vertrauen, ja? Grüß alle, die mich mit Liebe umgeben. Ich grüße Dich tausendmal. Mich wollen die grausigen Bilder immer noch nicht loslassen. In seelische Konflikte bin ich nie gekommen.«

Eine halbe Stunde später, als Willi Schüßler an einer vorgeschobenen Stelle seine Befehle gegeben hatte, wurde er getroffen und starb auf der Stelle.

Mürbe Körper, neuer Mensch

Im Vorwort zur zweiten Auflage (1925) des ursprünglich drei Jahre zuvor erschienenen Buches »Der Kampf als inneres Erlebnis« skizziert Ernst Jünger sein damaliges Schreib-Interesse folgendermaßen:

»Als ich diese Blätter geschrieben hatte, dachte ich, damit in bescheidener Weise einen Querschnitt durch das seelische Erlebnis des Frontsoldaten in einer ganz persönlichen Fassung gegeben zu haben... Heute ist mir klar, daß diese Blätter unbewußt schon von der Essenz unserer großen Städte durchtränkt sind, die kurz nach dem Kriege einen sehr seltsamen Anblick boten... Wäre es besser, wenn man diese vier Jahre ganz aus seinen Erinnerungen striche? Oder hatte es doch in dem großen Heere, das den Willen zur Macht und zur Ausdehnung über die Grenzen trug, auch Sinn für tiefere Fragestellungen gegeben, hatte man Gefühl für historische Größe gehabt, hatte man bewußt gelitten, oder hatte man sich abschlachten lassen in einer Weise, die im besten Falle Mitleid verdiente?«[15]

Jünger beklagt in diesem Vorwort die »Maßlose Undankbarkeit«, mit welcher die »augenblicklichen Wortführer des Volkes« die heimkehrenden Soldaten empfingen, »die doch über vier Jahre lang zum mindesten im besten Glauben ihr Leben Tag für Tag für das Volk eingesetzt und auf alles... was diesem Leben Glanz und Farbe verleiht«, verzichtet hätten. Zugleich jedoch schreibt er vom »Hochgefühl«, vom »feierlichen Willen« und einem »wilden Auffluten des

Lebens« im Kriege, so daß die Lektüre dieses Vorworts einen ziemlich zwiespältigen Eindruck hinterläßt und eine gleichfalls zwiespältige Erwartung entstehen läßt. Soll hier ein Lobby-Text der Kriegsteilnehmer zwecks Eintreibung eines größeren Anteils sozialer Anerkennung vorgestellt werden? Oder geht es um die kühl-nostalgische Beschreibung eines prächtigen, blutigen Spieles, »an dem die Götter ihre Freude hatten« – und die Teilnehmer auch?

Die dreizehn Kapitel von Jüngers Kampf-Schrift tragen jeweils einen Begriff als Überschrift: Blut, Grauen, Der Graben, Eros, Pazifismus, Mut, Landsknechte, Kontrast, Feuer, Untereinander, Angst, Vom Feinde, Vorm Kampf. Die Grundstimmung ist expressiv-lakonisch. Nicht die Wiederkehr gleicher oder ähnlicher Ur-Erfahrungen wird beschworen, sondern die Einzigartigkeit der historischen Stunde als »Weltwende« (S. 1).

»Der Krieg ist es, der die Menschen und ihre Zeit zu dem machte, was sie sind. Ein Geschlecht wie das unsere ist noch nie in die Arena der Erde geschritten, um unter sich die Macht über sein Zeitalter auszuringen. Denn noch nie trat eine Generation aus einem Tore so dunkel und gewaltig wie aus dem dieses Krieges in das lichte Leben zurück... Der Krieg, aller Dinge Vater, ist auch der unsere; er hat uns gehämmert, gemeißelt und gehärtet zu dem, was wir sind. Und immer, solange des Lebens schwingendes Rad noch in uns kreist, wird dieser Krieg die Achse sein, um die es schwirrt... Und ist er in uns, so ist er überall, denn wir formen die Welt.« (S. 1/2) Das klingt nun weniger lakonisch als überschwenglich; aber wir lesen es als knappe Sachaussage über einen Transformationsprozeß, dem die Beteiligten unterworfen waren und der seine Vollendung erst in der Rückschau der Nackriegszeit (die ja Zwischenkriegszeit war) fand. Bernd Hüppauf spricht von der »Ikonographie dieses neuen Typus des Soldaten«, der sich schnell in Literatur und Massenmedien verbreitet habe. »Er wird meist als Portrait eines Soldaten seitlich oder schräg von vorn wiedergegeben, oft auf Grundlinien reduziert: ein scharf markiertes Profil, das Auge starr auf ein vorgestelltes Objekt in der Ferne gerichtet, ein betont kräftiges Kinn, schmale Lippen... In diesen Portraits wird das Auge nicht als ein Fenster gezeigt, durch das der Eindruck der Welt ins Innere aufgenommen würde, sondern es ist selbst aktiv und richtet sich auf ein Ziel wie eine Waffe.«[16] Dies ist das Bild eines Untoten.

Die »versponnene Kultur« (S. 2) mit ihrer »großen überdröhnten Unzufriedenheit am Grund« (S. 3) ist durch den Krieg aufgerissen worden. Er zahlte die Entschädigung für alles bislang Versäumte in einer rauschenden Orgie. »Im Kampf, im Kriege, der alle Übereinkunft vom Menschen reißt wie die zusammengeflickten Lumpen eines Bettelmannes, steigt das Tier als geheimnisvolles Ungeheuer vom Grunde der Seele auf. Da schießt es hoch als verzehrende Flamme, als unwiderstehlicher Taumel, der die Massen berauscht, eine Gottheit, über den Heeren thronend.« (S. 6/7) Im Kampf kommt der Augenblick, »wo aus dem Weißen im Auge des Feindes der Rausch des roten Blutes flammt« (S. 7), der Moment des Grauens. »Der Anblick des Gegners bringt neben dem letzten Grauen auch Erlösung von schwerem, unerträglichen Druck. Das ist die Wollust des Blutes...«. (S. 8) »Das ist der Ring von Gefühlen, im Kampf, der in der Brust des Kämpfers tobt, wenn er die Flammenwüste der riesigen Schlachten durchirrt: Das Grauen, die Angst, die Ahnung der Vernichtung und das Lechzen, sich im Kampfe völlig zu entfesseln.« (S.9) Und danach: »Der ungeheuerliche Traum, den die Tierheit in ihm geträumt in Erinnerung an Zeiten, wo sich der Mensch in stets bedrohten Horden durch wüste Steppen kämpfte, verraucht und läßt ihn zurück, entsetzt, geblendet von dem Ungeahnten in der eigenen Brust, erschöpft durch riesenhafte Verschwendung von Willen und brutaler Kraft.« (S.9)

Eine andere Art Grauen bildet sich angesichts der Verwesung (ein sehr deutsches Wort). Der Kämpfer lebt mitten unter Leichen in allen Aggregatzuständen; das bewirkt auch bei ihm eine besondere Art der Regression.[17]

> »Leichenfelder vor ihnen, von ihren Geschossen gemäht, neben und zwischen ihnen die Leichen der Kameraden, Tod selbst in ihren Augen, die seltsam starr in eingefallenen Gesichtern lagen, diesen Gesichtern, die an die grausige Realistik alter Kreuzigungsbilder erinnerten. Fast verschmachtet hockten sie in der Verwesung, die unerträglich wurde, wenn wieder einer der Eisenstürme den erstarrten Totentanz aufrührte und die mürben Körper hoch in die Lüfte schleuderte. Was half es, daß sie die nächsten mit Sand und Kalk bestreuten oder eine Zeltbahn über sie warfen, um den steten Anblick der schwarzen, gedunsenen Gesichter zu entgehen. Es waren zu viele; überall stieß der Spaten auf irgendwas Verschüttetes. Alle Geheimnisse des Grabes lagen offen in einer Scheußlichkeit, vor der die tollsten Träume verblichen. Haare fielen in Büscheln von Schädeln wie fahles Laub von herbstlichen Bäumen. Manche zergingen in grünliches Fischfleisch, das nachts durch zerrissene Uniformen glänzte. Trat man auf die, so hinterließ der Fuß phos-

phorische Spuren. Andere wurden zu kalkigen, langsam zerblätternden Mumien gedörrt. Anderen floß das Fleisch als rotbraune Gelantine von den Knochen. In schwülen Nächten erwachten geschwollene Kadaver zu gespenstischem Leben, wenn gespannte Gase zischend und sprudelnd den Wunden entwichen. Am furchtbarsten war jedoch das brodelnde Gewühl, das denen entströmte, die nur noch aus unzähligen Würmern bestanden.« (S. 14)

Wer solches Grauen durchlebt hat, auf des Messers Schneide zwischen Gelächter und Wahnsinn, fühlt sich als Wiedergeborener des Barbarentums, als Landsknecht »auch der Liebe« (S. 34), »abhold allem Feinen, Zarten, Lyrischen« (S. 35).

Krieg und Kampf erscheinen als entscheidende Lebensform.«In diesem Punkte treffe ich mich mit dem Pazifisten aus Überzeugung: Zuerst sind wir Menschen, und das verbindet uns. Aber gerade, weil wir Menschen sind, wird immer wieder der Augenblick kommen, wo wir übereinander herfallen müssen. Anlässe und Mittel des Kampfes werden sich ändern, der Kampf selbst ist eine von vornherein gegebene Lebensform, er wird immer derselbe sein.«(S. 46) Weil das so ist, gilt eine grausame und tröstende Dialektik (dieses Wort findet sich bei Jünger nicht): »Nicht einer ist umsonst gefallen.« (S. 49)

Wer aber überlebt hat, der ist ein anderer geworden. Die Kriegsversehrten, und es gab Millionen von ihnen, kehrten in ein Leben zurück, das ein permanenter Schrecken zu werden drohte.[18] Wer äußerlich heil geblieben war, fühlte sich als Wiedergänger, als Zombie. Der blickt auf Politik, Wirtschaft, auf alle Prozesse gesellschaftlichen Lebens mit den Augen des Stoßtrupp-Soldaten:

»Wenn ich beobachte, wie sie geräuschlos Gassen in den Drahtverhau schneiden, Sturmstufen graben, Leuchtuhren vergleichen, nach den Gestirnen die Nordrichtung bestimmen, dann überkommt mich die Erkenntnis: Das ist der neue Mensch, der Sturmpionier, die Auslese Mitteleuropas. Eine ganz neue Rasse, klug, stark und Willens voll. Was hier im Kampf als Erscheinung sich offenbart, wird morgen die Achse sein, um die das Leben schneller und schneller schwirrt... Das glühende Abendrot einer versinkenden Zeit ist zugleich ein Morgenrot, in dem man zu neuen, härteren Kämpfen rüstet. Weit hinten erwarten die riesigen Städte, die Heere von Maschinen, die Reiche, deren innere Bindungen im Sturme zerrissen werden, den neuen Menschen, den kühneren, den kampfgewohnten, den rücksichtslosen gegen sich selbst und andere. Dieser Krieg ist nicht das Ende, sondern der Auftakt von Gewalt... Der Krieg ist eine große Schule, und der neue Mensch wird von unserem Schlage sein.« (S. 76/77)

Morgenrot: Schlechtwetterbot[19].

Front/Kampf/Mythos

Ernst Jüngers Text (und sein Autor auch) sind in den letzten Jahrzehnten häufig zum Gegenstand von Kontroversen über den verderblichen Einfluß solcher Überhöhungen des Kriegserlebnisses 1914-18 auf das politische Schicksal der Weimarer Republik und den Aufstieg des Nationalsozialismus gemacht worden. Dazu nichts an dieser Stelle. Immerhin: die Überhöhung des Kriegserlebnisses von den und für die Überlebenden ist ein Vorgang, der sich auch in anderen Gesellschaften abgespielt hat, die am Krieg beteiligt waren, und der von den verschiedenen politischen Kulturen unterschiedlich geprägt wurde. Ganz gewiß wurde er auch durch die Abrechnungs-Position am Schluß des Krieges bestimmt. So zählt z. B. eine Studie über den Einfluß des Krieges auf die britische Gesellschaft als Elemente der dort erfolgten Mystifizierung des Krieges auf:

»*... the idealism betrayed; the early high-mindedness that turned in mid-war to bitterness and cynicism; the growing feeling among soldiers of alienation from the people at home for whom they were fighting; the rising resentment of politicians and profiteers and ignorant, patriotic women; the growing sympathy for the men on the other side, betrayed by the same ways and suffering the same hardships; the emerging sense of the war as a machine and of all soldiers as victims; the bitter conviction that the men in the trenches fought for no cause, in a war that could not be stopped.*«[20]

Das Erlebnis-Material, das überall verarbeitet wird, ist dasselbe. In einer charakteristischen Verdrehung der politischen Abrechnung des Krieges bleibt bei den »Siegern« eine melancholische Bitterkeit, wohingegen bei der »Verlierern« Töne eines beschädigten Trotzes auszumachen sind, und das übrigens nicht nur unter national-spezifischen, sondern auch unter klassen-spezifischen Gesichtspunkten.

Die Mystifizierung des Kriegserlebnisses, des Kampfes im Schützengraben, des massiven Einbruchs der Technik in die Vernichtungsschlachten[21] bedeutete eine ganz besondere Art der Integration von Individuum und Gemeinschaft, von Gewalt und Ordnung, von Ausnahme und Regel, von innerem und äußerlichem Erleben, von Rausch und Vernichtung, von instrumentellem Fortschritt und äußerster Regression. In ihrer Summe bedeutete sie in der Tat eine Blaupause für den »neuen Menschen« als Zombie.

12.
Jugendweihe: Erziehung zum Tod

Zwei junge Offiziere, Freiwillige der wilhelminischen Weltkriegsarmee, werden von der West- an die Ostfront verlegt. Einer von ihnen notiert: »In dem Eisenbahnwagen, der uns quer durch Deutschland von Metz nach Posen führte, saß ich dem rasch liebgewonnenen Kameraden viele Stunden gegenüber. Es wurde viel gelacht und geplaudert. Aus allen seinen Worten sprach ein reiner, klarer gesammelter Wille. So wie er die Anmut des Knaben und die Würde des Mannes paarte, war er ganz Jüngling, und er erinnerte mich in seinem bescheidenen, selbstsicheren Lebensfrohsinn fast schmerzhaft deutlich an meinen jüngsten Bruder, der in den ersten Septembertagen in Frankreich gefallen war. »Sind sie nicht Wandervogel Wurche?« fragte ich ihn aus meinen Gedanken und Vergleichen heraus, und sieh, da hatte ich an die Dinge des Lebens gerührt, die ihm die liebsten waren! Aller Glanz und alles Heil deutscher Zukunft schien ihm aus dem Geist des Wandervogels zu kommen, und wenn ich an ihn denke, der diesen Geist rein und hell verkörperte, so gebe ich ihm recht....«[1]

Dieser Abschnitt steht am Beginn eines der erfolgreichsten und wirkungsmächtigsten Romane über deutsches Heldentum im Ersten Weltkrieg. Walter Flex' »Wanderer zwischen beiden Welten« erscheint Ende 1916 als ›authentisches‹ Buch zum Krieg, und dieser Anspruch der Unmittelbarkeit und Wahrhaftigkeit bestimmt Produktions- und Rezeptionshaltung von Autor und Lesern. Es handelt sich bei dieser Apotheose des Leutnants aus der Wandervogelbewegung Ernst Wurche (1894-1915) um die Beschreibung des kurzen Lebens einer ›wirklich‹ existierenden Person. Wobei sich die Schilderung dieses Lebens auf das Jahr zwischen dem Ausbruch des Krieges und seines Endes im August 1915 beschränkt. Die Biographie reduziert sich hier auf das Sterben. Die quasi existentiell verbürgte Wahrhaftigkeit des Buches erfährt durch den Tod seines Autors Walter Flex

(1897-1917), der seinen Kameraden gerade um zwei Jahre überlebt, eine weitere Beglaubigung. Flex/Wurche werden in den zwanziger Jahren zum Mittelpunkt eines Todeskultes großer Teile der akademischen Jugend. Zu ihren Elternhäusern und ihren Gräbern finden Pilgerfahrten statt. Das Thüringische Landesmuseum richtet für den Eisenacher Flex eine kleine Gedenkstätte ein, die Deutsche Hochschulgilde »Ernst Wurche« errichtet 1930 über dessen Grab im polnischen Posiminicze/Olita einen Granitblock mit »Greif«. Eine Walter-Flex-Büchersammlung für deutsche Schulen in Litauen soll an das nationale, kriegerische Wirken des Autors erinnern.

Nur am Rande sei bemerkt, daß diese Faszination bei einigen bis weit über das Ende des Zweiten Weltkriegs anhält. Flex' Kriegserlebnis erreicht beim Beck-Verlag 1966 die Gesamtauflage von einer Million Exemplaren. 1972 gründet sich ein Walter-Flex-Freundeskreis, der eine Gedächtnisstätte und den Nachlaß des Autors pflegt.[2]

Jugendbewegung

Ohne den Bezug zur Jugendbewegung der Jahrhundertwende und insbesondere der Jahre unmittelbar vor Ausbruch des Weltkrieges ist die Anziehungskraft dieses Mythos nur unzureichend zu verstehen. Flex ist ein handwerklich schlechter Autor, der nicht richtig erzählen kann, kaum Spannungsbögen konstruiert, dem die Metaphern verrutschen und die Charaktere hölzern werden. Bei allem Authentizitätsanspruch treten seine Menschen hauptsächlich als Ideologieträger auf. Es gibt viel besser erzählte, interessantere, spannendere Kriegsgeschichten. Gleichwohl ist die Wirkung des »Wanderers« beträchtlich, wohl gerade deshalb, weil hier in der Form des Kriegsromans das Selbstbild einer Jugendbewegung präsentiert wird, die sich als die Lösung aller Probleme der modernen Gesellschaft verstanden hat. Im Töten und Getötet-werden für Kaiser, Volk und Vaterland findet diese politische Fähigkeit der Jugend zur Überwindung der Pathologien der Moderne ihren beispielhaften Ausdruck.

Der in den folgen Abschnitten zu skizzierende Jugend-Begriff geht dann auch über die Beschreibung einer neuen sozialen Bewegung von Schülern, Lehrlingen, Studenten zu Beginn des 20. Jahrhunderts weit hinaus. Jene Aspekte einer vor allem schulreformerisch orientierten Bewegung sollen hier nicht weiter ausgeführt werden, weil die Anziehungskraft einer politischen Semantik der ›Jugend‹ und ihres

›Aufbruches‹ sich eben nicht an diesen Jugendpolitiken im engeren Sinne festmacht. Weit folgenreicher und bindungskräftiger ist der Anspruch, als Jugendbewegung gesellschaftliche, ja allgemein menschliche Verbesserung durchsetzen zu können:

> »Wer spricht heute in Deutschland ein ernstes und einziges Wort? Wer terrorisiert uns Kämpfer einer neuen Zukunft? Wer zwingt alle produktive, unbändige Kraft unverbrauchter Jugend, wer arbeitsbewußte Massen zur Untätigkeit? Alte, ehrgeizige Generäle, sterile Politiker, eigensüchtige Kapitalisten: Schemen, die sich vor dem Sterben fürchten, obgleich sie lange tot sind. Wenn wir uns fragen, wer ist denn ursprünglich für unser Schicksal, unsere Zukunft verantwortlich und deshalb berechtigt, bestimmend, urteilend auf diese einzuwirken, so wird zur klaren Antwort, daß wir Jungen selbst es sind, die diese Riesenaufgabe, diese gigantische Verantwortung zu tragen haben. Doch nie und nimmer jene Generation, die in ihrem Fortschritt selbst noch in den siebziger, achtziger Jahren des vorigen Jahrhunderts wurzelt: vielfach aus einer Mischung von neuromantischen und materialistischen Blutwellen.... Weg damit, da doch alle Kraft, alles wühlende, brausende Leben, Kommende, Werdende im Frühling durch die Welt pulst, zur Jugendzeit der Erde.... Springt auf ihr, die ihr stolz, jung und mutig seid, zielerfüllt laßt uns vorwärtsschreiten. Finsternis im Nacken, Gewürm unter Tritten. – Auf denn ihr Zielmenschen – wir werden Sieger, die nach uns Vollender sein.«[3]

Jugend wird zum Synonym für Zukunft; ihr gehört das Morgen. Fundierung erfährt dieses Pathos kommenden Heils durch eine Naturalisierung von Generationenkonflikt und politischer Gegenwartskritik. Die Jugend ist wie der Frühling, ein Versprechen besserer Zeiten, eine Knospung, ein zartes aber beharrliches Pflänzchen, das Blüte und später reiche Ernte ankündigt. Notwendig wird die Natur zur Verbündeten einer solchen Jugendmission. Im Kontakt mit ihr, im Wandern, den Zeltlagern usw. praktizieren die Aufbruchswilligen in Distanz zur Eltern- und Erziehergeneration nicht nur neue Lebensformen und neue Sinngemeinschaften, sondern bauen die Natur zur gegengesellschaftlichen Idylle aus. Das Natürliche kann dann auch als Kriterium zur Beurteilung sozialer Verhältnisse erhebliche Mobilisierungskraft entwickeln; Natur ist ursprünglicher, unmittelbarer, echter als gesellschaftliche Konventionen, denen der Makel des Hergestellten,

Künstlichen und Partikularen anhaftet. Demgegenüber betont die Jugend zwar vehement ihre Selbstbestimmung und Autonomie, damit ihren Kulturauftrag der Höherentwicklung der menschlichen Verhältnisse, befindet sich in dieser Selbstschöpfung aber in Übereinstimmung mit dem natürlichen Wollen und Walten und entgeht deshalb dem Verdacht des Zufälligen. Ihre Nähe zur Natur verschafft der Jugend also eine priviligierte Position jenseits der überkommenen Standpunkte.

Diese Modernitäts- und Dekadenzkritik übernimmt problemlos das sozialdarwinistische Gedankengut der Zeit, denn das Prinzip der Evolution paßt genau in die Vorstellungen einer besonderen Verantwortung der nachwachsenden Generationen für die Entwicklungsrichtung sozialer und politischer Verhältnisse. Die Eugenik steigt ja zur Wissenschaft der Rettung zukünftiger Generationen auf, während das Alte mit dem Makel der dysgenischen Belastung verbunden wird. Daß die Jugend nicht mehr unter den ›Sünden der Väter‹ zu leiden hat, steht im Zentrum genetischer Hygieneutopien. Reinheit und Sauberkeit gehören dann auch zu den wichtigsten Selbstzuschreibungen dieser Jugend. Die Wahrheit gesunder Körper und Seelen ist unbestreitbar und schlägt konkurrierende soziale Sinnangebote leicht aus dem Feld.

Das Überkommene steigt so zum eigentlichen Feindbild der Jugend auf; das Alte muß aufhören, niedergehen, sterben, sonst infiziert es die Zukunft mit seinen Giften. Literarisch füllt so mancher jugendbewegte Opferkitsch und so manches ›Vatermorddrama‹ dieses Freund-Feind-Schema mit Stoff. Die Politik der umfassenden Gesundung, der Reinheit und Klarheit ist nun nicht nur auf die eher ›bürgerliche‹ Jugendbewegung begrenzt. Auch die eher linken Gruppen der Arbeiterjugend produzieren eine Zukunftsvision der Ambivalenzfreiheit, der neuen Spiritualität und Sozialhygiene gegenüber den ›Vätern‹.

Doch schon dem an der Jugendbewegung teilnehmenden Beobachter Walter Benjamin fällt auf, daß es mit dieser Konfliktorientierung seiner Altersgenossen so weit her auch nicht ist. Als Alternative zu den nationalen Jahrhundertfeiern des Beginns der antinapoleonischen Befreiungskriege 1813 lädt die Freideutsche Jugend 1913 auf den Hohen Meißner. Gegen die Traditionserfindung der Alten soll die freie Jugend ihre Authentizität betonen. Doch ohne »onkelhafte Worte« kommt der Jugendprotest nicht aus; die erwachsenen Führer wie Keil, Avenarius, Wyneken und Luserke geben den Ton an: »Daß diese Jugend joviale Bonhomie ertrug, ist das Schlimmste. Daß sie sich von jedem »Abgeklärten« den heiligen Ernst rauben läßt, mit dem sie zusammen kam. Daß sie lächelnde Leutseligkeit entgegennimmt, anstatt Distanz zu fordern. Diese Jugend hat den Feind, den geborenen, den sie hassen muß, noch nicht gefunden. Aber wer von denen auf dem Hohen Meißner hat ihn erlebt? Wo blieb der Protest gegen Familie und Schule, den wir erwartet hatten? Hier hat keine politische Phrase den Weg des jugendlichen Fühlens geglättet. Blieb er deshalb unbeschritten? Hier war noch alles zu leisten. Und hier ist das Jugendliche zu offenbaren, die Empörung: gegen das Elternhaus, das die Gemüter verdumpft, gegen die Schule, die den Geist auspeitscht. Die Jugend schwieg. Sie hat noch nicht die Intuition gehabt, vor der der große Alterskomplex zusammenbricht. Jene gewaltige Ideologie: Erfahrung – Reife – Autorität – Vernunft – der gute Wille der Erwachsenen – sie wurde am Jugendtage nicht gesehen und nicht gestürzt.«[4] Benjamin bedauert solche sozialpatriarchalische Betreuung durch die Älteren. Gerade auf dem Höhepunkt ihrer politischen Bedeutung habe sich die Jugendbewegung zum Stolz der Erwachsenen entpolitisiert.

Diese Banalisierung durch Unversalisierung des jugendlichen ›Kultur- und Zukunftspathos‹ kann deutlich an der sogenannten »Meißner-Formel« der Freideutschen Jugend abgelesen werden, die während ihres Treffens folgendes Gelöbnis ablegt: »Die Freideutsche Jugend will aus eigener Bestimmung, vor eigener Verantwortung, mit innerer Wahrhaftigkeit ihr Leben gestalten. Für diese innere Freiheit tritt sie unter allen Umständen geschlossen ein. Zur gegenseitigen Verständigung werden Freideutsche Jugendtage abgehalten. Alle gemeinsamen Veranstaltungen der Freideutschen Jugend sind alkohol- und nikotinfrei.«[5]

Ein Jugendprogramm wird hier in der Betonung von Autonomie und Selbstbestimmung durchaus sichtbar. Fremden Willen beugen sich diese Verschworenen nicht; ihre Normativität, ihr Leben soll allein aus ihnen selber entstehen. Doch eine »innere Freiheit« ohne äußere Grenzen dieser Freiheit kann es nicht geben, verliert doch der Begriff einer absoluten Freiheit seine Unterscheidungsmöglichkeiten zur Unfreiheit. Damit fallen aber Freiheit und Unfreiheit zusammen. Eine paradoxe Denkfigur, wir kennen sie schon, entsteht, und mit Verve versucht die Jugendbewegung dieses Paradoxon durch die Betonung der Authentizität ihres Wollens aufzulösen. Zwar tauchen das Alte und die Alten als Grenzmarkierungen der freien Selbstbestimmung auf, aber die Echtheit, Unverwechselbarkeit, Unmittelbarkeit und Ursprünglichkeit der Jugend bedarf solcher Feindbilder zur Identitätsfindung nicht.

In der Betonung der Wahrhaftigkeit, der Klarheit, Reinheit der eigenen Existenz knüpft diese Jugendbewegung damit nicht nur an lebensreformische Beliebigkeitsprogramme der kalendarischen Jahrhundertwende an, sondern beansprucht darüberhinaus einen überlegenen Status gegenüber dem Unreinen, in welcher Gestalt das auch immer auftreten möge. Glanz und Heil verbreiten solche Jünglinge, weil sie sich – ganz authentisch und nur aus sich selber heraus – einer selbstgesetzten Sache weihen, ihrer Selbstbestimmung konsequent folgen. Sie kreieren sich selber; Ernst Wurches Wille – so können wir bei Flex lesen – schmiedet aus sich ein »Kunstwerk« des neuen Menschen.

Damit löst sich aber der Jugendbegriff von seinem Generationenbezug ab. Zwar wird die naturalistisch und biologistisch unterfütterte Dekadenzkritik weiter ausgebaut, doch mit der Betonung des Authentischen als dem eigentlichen Kern von Jugend öffnet sich der Formenkreis der Jugendbewegungssemantik allen Akteuren, die eine solche Unmittelbarkeit, Weihe, Selbstbindung usw. für sich ersehnen. Die Zeit zwischen den Weltkriegen präsentiert dann auch zahlreiche totalitäre Gruppen und Grüppchen, die, streng hierarchisch oder streng anarchistisch, charismatisch oder sonstwie apart, geführt von ›alten‹ Männern und zentriert um ›alte‹ Themen, ständig ihre Jugendlichkeit, Neuheit, Antibürgerlichkeit betonen. Der politische Sozialtypus des Berufsjugendlichen entsteht.[6]

In dieser Entleerung der Inhalte des jugendbewegten Protestes zu beliebigen Chiffren des Wahrhaftigen geht aber nicht das hohe Pathos der Jungen verloren. Stattdessen wird die Lücke zwischen politischen Zielvorstellungen und rhetorischem Kraftwaufwand breiter. Je unbestimmter, allgemeiner, nichtssagender die beschriebenen politischen Zielvorstellungen, desto überschäumender die Semantik. Dieses Authentizitätsmotiv ist nicht an eine bestimmte politische Grundströmung gebunden. Die Klarheit der Jugend, ihren Vitalismus, ihre Reinheit usw. kann für alle Großideologien der Moderne flottgemacht werden, weil sich im Jugendprotest gegen die Dekadenz der Verhältnisse Angst vor der Ambivalenz des Politischen manifestiert, das Übersichtlichkeit und Widerspruchsfreiheit nur selten produziert und jenseits von Auslöschungsphantasien des Anderen auf Verhandlungen mit diesem angewiesen ist. Der Krieg wird hier zum Gegenbegriff des Politischen, zum Raum der klaren Entscheidung, des Entweder-Oder, der Authentizitätsbeglaubigung. Womit wir wieder bei Walter Flex' Schriftstellerei angekommen wären.

Patchwork

»Trotz und Demut, die Anmut des Jünglings, lagen wie ein Glanz über der Haltung des straffen Körpers, dem schlanken Kraftwuchs der Glieder, dem stolzen Nacken und der eigenwilligen Schönheit von Mund und Kinn. Sein Gehen war federnde, in sich beruhende und lässig bewegte Kraft, jenes Gehen, das »Schreiten« heißt, ein geruhiges stolzes und in Stunden der Gefahr hochmütiges Schreiten. Der Gang dieses Menschen konnte Spiel sein oder Kampf oder Gottesdienst, je nach der Stunde. Er war Andacht und Freude. Wie der schlanke, schöne Mensch in dem abgetragenen grauen Rock wie ein Pilger den Berg hinabzog, die lichten grauen Augen ganz voll Glanz und zielsicherer Sehnsucht, war er wie Zarathustra, der von den Höhen kommt, oder der Goethesche Wanderer.... Sein Gang war Wille und Freude. Er ging aus der Vergangenheit in Zukunft, aus den Lehrjahren ging er in seine Meisterjahre hinüber.«[7]

Diese Beschreibung des Wandervogels Wurche läßt sich nun in manche Richtungen hin interpretieren. So sagt sie etwa über die viel diskutierte *Sexualnot* der Jugend von 1900 mehr aus als dem Autor lieb sein kann. Doch hier soll es nicht um die latente Homosexualität deutscher Männerbünde gehen[8]. Aufschlußreicher ist die Beschreibung der Kombination von physischen und psychischen Eigenschaften des Heros. Deutlich treten Kraft und Gesundheit des Leutnants hervor. Der stählerne Körper verweist auf strotzendes Selbstbewußtsein, das ohne Demut nicht auskommen soll. Woher diese kommt, wem oder was gegenüber sie bezeugt wird, bleibt unausgeführt. Es scheint so zu sein, daß neben Hochmut und Trotz eine Prise Bewußtsein von der Begrenztheit der eigenen Bestände einfach vorhanden sein muß, damit der Held dem Durchschnittsmenschen nicht allzuweit entrückt. Wenn es an dieser Stelle auch nur durchscheint, so ist doch die christliche Symbolik unverkennbar. Der neue Mensch trägt nicht nur Feldgrau und verkörpert soldatische Tugenden, sondern ist Gläubiger und Verkünder, folgt einer inneren Bestimmung, ist sich seiner Unterworfenheit unter eine höhere Macht bewußt. Er stellt seine Muskularität in christlichen Dienst, der sich aber im Diesseits erfüllt. Ein Gewichtheber, der auch kirchlicher Sozialarbeiter ist.

Wie in einem Flickenteppich werden um diesen Glaubenskern nun weitere Stücke ›großer‹ Individualität genäht. Wurche ist authentisch im »Spiel«, im »Kampf«, im »Gottesdienst«. Das »interessenlose Wohlgefallen« am kindlichen Spiel gesellt sich zum männlichen Kampf und erhält Erhabenheit im Gottesdienst. Schon jetzt wird deutlich, daß die angebliche Individualität des neuen Menschen aus Versatzstücken besteht, die aller inhaltlichen Füllung entkleidet nur noch in ihrer Verweisfunktion wichtig sind. Mit dem Motiv des Wanderers stellt Flex nicht nur Beziehungen zur Wandervogelbewegung der Vorkriegszeit her. Darüberhinaus knüpft er an Topoi der romantischen Literaturtradition an. Gebetsmühlenartig werden immer wieder Hinweise auf Goethes Wanderer, Nietzsches Wanderer Zarathustra, den Pilger usw. in die Charakterisierung Ernst Wurches eingestreut, dessen Individualität in solchen Bezügen völlig untergeht.[9]

Dieses Zitatmaterial korrespondiert mit dem Anspruch der Ganzheitlichkeit des neuen Menschen. Schon bei der Skizzierung der Inhalte der Jugendbewegung sollte deutlich geworden sein, daß diese ihren Wahrhaftigkeitsanspruch und die Echtheit ihrer individuellen Selbstbestimmung als Überwindung der fragmentierten, kompromißbelasteten schlechten Wirklichkeit begreift. Die Jugend verkörpert diese Widerspruchsfreiheit; Harmonie, Klarheit, Reinheit sind die wichtigsten Vokabeln ihrer Selbstbeschreibung.

Doch dieser Anspruch, in der ganzheitlichen, körperlich überlegenen, sittlich hochstehenden, musisch gebildeten Person des neuen Menschen die zerrissene Gesellschaft zu heilen, läßt von seiner Individualität nichts übrig. Wenn an anderer Stelle der Kriegsgeschichte dann noch einmal darauf hingewiesen wird, daß die Bibliothek Wurches, die dieser bis in die vorderste Linie mitnimmt, aus Nietzsches »Zarathustra«, Goethes »Wanderer« und dem »Neuen Testament« (letzteres liest der Leutnant natürlich in einer altgriechischen Ausgabe) besteht, dann bleibt es auch hier bei der Anspielung, beim Zitat.

Die jugendbewegte Authentizität ist modische Konstruktion; die Unverwechselbarkeit des Heros ist geklont, folgt einem stereotypen Bild des ideellen Gesamthelden. Dazu gehören dann eben auch ein entsprechender Bildungshorizont und die Prägung durch ›große‹ Kulturereignisse. Aber die Größe des Ereignisses bleibt genauso Simulation wie die tiefe Wirkung auf den neuen Menschen.

Auch die Nähe zur Jugendbewegung, zum Meißner-Gelöbnis wird vor allem im Stereotyp hergestellt. Folgerichtig darf in Flex' Kriegserlebnis eine Wander- und Nacktbadeszene nicht fehlen:

»Dann lagen wir lange im Gras und ließen uns von Wind und Sonne trocknen. Als letzter sprang der Wandervogel aus den Wellen. Der Frühling war ganz wach und klang von Sonne und Vogelstimmen. Der junge Mensch (Wurche), der auf uns zuschritt, war von diesem Frühling trunken. Mit rückgeneigtem Haupte ließ er die Maisonne ganz über sich hinfluten, er hielt ihr stille und stand mit frei geöffneten Händen da. Seine Lippen schlossen sich zu Goethes inbrüstigen Versen auf, die ihm frei und leicht von den Lippen sprangen, als habe er die ewigen Worte eben gefunden, die die Sonne in ihn hinein und über Herz und Lippen aus ihm herausströmte... Feucht von den Wassern und von Sonne und Jugend über und über glänzend stand der Zwanzigjährige in seiner schlanken Reinheit da, und die Worte des Ganymed kamen ihm schlicht und schön und mit einer fast schmerzlich hellen Sehnsucht von den Lippen. ›Da fehlt nur ein Maler!‹ sagte einer von uns.«[10]

Der Maler ist allerdings schon da gewesen. Flex setzt hier seinen Kameraden Wurche in das berühmte Modebild der Jugendbewegung, das »Lichtgebet«, das der nicht minder berühmte »Fidus« passend zum Jugendtag auf dem Hohen Meißner in Massenauflage als Poster und Postkarte herausbrachte und dort verkaufen ließ. Lichtbad und Sonnenheil erscheinen in Serie, und seriell sind auch die Zombies à la Ernst Wurche. Sie kommen aus dem Steckbaukasten des Erhabenheitskitsches.

Christus

Den Höhepunkt erreicht diese Synthese des jungen Übermenschen in seiner Erhöhung zu einem zeitgenössischen Jesus Christus. In seinem Fragment gebliebenen weiteren Kriegsroman »Wolf Eschenlohr«, für den als Titel »Erziehung zur Ewigkeit« vorgesehen war, nimmt der Student Eschenlohr die Stelle Wurches als Verkörperung des neuen Menschen ein. Kurz bevor die Kriegsfreiwilligen in die Kaserne ziehen, treffen sie sich mit ihrem geliebten, aber auch etwas gefürchteten alten Professor im Fechtsaal ihrer Brüderschaft: »Der helle Saal blendete die schlanke Jünglingsgestalt im schwarzen Samtrock voll an. Er gab seinem Gesicht eine fast gespensterhafte Blässe und warf seinen Schatten schwarz und riesig hinter ihn an die weiße getünchte Wand zwischen den immergrünen Lebensbäumen. Mitten im Reden hatte

Wolf Eschenlohr die Arme weit ausgebreitet.... Der blasse Junge, der mit gebreiteten Armen da stand, warf gegen die fackelhelle Wand in seinem Rücken den dunklen Schatten eines riesenhaften Kreuzes, an das er gebunden schien, ohne es zu wissen.«[11] Nicht nur die Inhalte, auch die Formen der Beschreibungen wiederholen sich. Im blassen Wolf Eschenlohr taucht wieder Fidus' Lichtbetender auf, und es legt ja gerade die Schwäche des Autors Flex bloß, daß das ausgebreitete Zitatmaterial dem Rezipienten keine Möglichkeit läßt, der richtigen Lesart zu entgehen. Flex' Bilder, Metaphern, Topoi erklären sich immer gleich selber.

Der Krieg wird religiös überhöht, und die neuen Menschen werden zu Religionsgründern. Wurche und Co. entsprechen offensichtlich dem Bedarf nach Transzendenz in säkularisierten Zeiten. Die ›Frontschweine‹ absolvieren einen Opfergang, finden im Graben ihr Golgatha. Selbst Winkelzüge der internationalen Politik im Weltkrieg werden von Flex neutestamentarisch gedeutet. So kommentiert Wurche den Kriegseintritt Italiens auf Seiten der Entente-Mächte mit Hinweisen auf Judas und dessen Schicksal.

Im Helden und seinem Verhalten erfährt religiöse Semantik ihre Aktualisierung und wird ganz diesseitig. »Fürchtet Euch nicht« ruft am Ende des »Wanderers« der tote Held den Überlebenden zu, denn er sei bei ihnen alle Tage.

Bevor die mit dieser religiösen Sinngebung der Existenz des neuen Menschen verbundenen Heils- und Erlösungsgeschichte ausführlicher untersucht wird, soll noch auf die Verbindung von Authentizitätsanspruch der Jungen und dieser neutestamentarischen Ikonographie hingewiesen werden. Der Opfergang der Kriegsfreiwilligen gilt als Beweis ihrer Wahrhaftigkeit, Echtheit, Selbstbestimmung. Wyneken, väterlicher Begleiter der Jugendbewegung, Redner auf dem Jugendtag von 1913 gab seinen Jungs die Aufforderung mit in die Schützengräben: »Wir wollen in eurem Heldentod die Bewährung unseres Glaubens an die Jugend sehen.« Ihr Sterben beweist ihre Wahrhaftigkeit, ihr Tod garantiert den Wert und den Sinn des gebrachten Opfers. Wobei das Massensterben im Stellungskrieg allerdings nicht gemeint war. Eher wird ein Kampf phantasiert, der auf individuellem Heldentum fußt. Wurche ist ein Meister der »sieben ritterlichen Künste der neuen deutschen Jugend: Singen, Wandern, Turnen, Schwimmen, Fechten, Tanzen und Reiten.«[12] Er stirbt schließlich bei einem gefährlichen Alleingang zur Ausspionierung russischer Linien, im Gefecht Mann gegen Mann. Das größte Glück des Leutnants besteht dann auch darin, einen Sturmangriff mitgemacht zu haben, und die Mutter des Getöteten nimmt die Nachricht vom Tod ihre Sohnes getröstet hin, als sie erfährt, daß dieser Lebenswunsch ihres Ernst in Erfüllung gegangen ist. In diesem – militärisch eher sinnlosen Tod – erfüllt sich das Schicksal Wurches. Dieser Opfertod, darauf zielt die Schrift Flex', ist Teil des jugendlichen Aufbruchs, vollendet ihn erst. Der Wandervogel Wurche ist das »Opferlamm« aber gleichzeitig auch – in Flex' überschießender Zitiererei – der gute »Hirte«, der deutschen »Herde«, also der Herr. Der junge Leutnant trägt einen »Heiligenschein« und das Flammenschwert des Erzengels, der zum Weltgericht lädt. Er fährt daneben als »Blitz aus wogender Wolke«[13] unter die Feinde Deutschlands. Die säkulare Leere bleibt, trotz aller rhetorischen Anstrengungen. Das Pathos ist hohl; die Sinngebung des Sinnlosen wirkt geradezu hysterisch.

Zombifizierung

Zur christlichen Ikonographie gehört das Motiv der Auferstehung Christi. Bei Flex wird daraus ein Wandern zwischen den Welten der Lebenden und Toten. Diese sollen »Heimrecht« unter den Lebenden genießen, nicht als Gespenster und »greisenhaft ernste Schatten«,[14] sondern in »Glanz« und »Schimmer« der Jugend. Trauer wird nicht zugelassen, zum Trauern gibt es ja auch keinen Grund, wenn die gestorbenen Helden eben nicht endgültig entrückt sind. »Plaudern« und »Lachen« wünscht sich Ernst Wurche, wenn die Lebenden an ihn, den Wanderer, denken. Doch neben der Tröstung erfüllt die Präsenz der Toten wichtige politische Funktionen.

Der jugendbewegte Arnold Bergstraesser spricht in diesem Zusammenhang davon, daß ein »Pflichtruf aus den Gräbern steige«[15]. Zum Vorleben, gehört auch das Vorsterben, und in ihrem Tod weist diese Jugend auf das Kommende. Die Toten bahnen den Weg in die Zukunft, ihr Opfer beweist ihre Wahrhaftigkeit.

In Flex' Nachlaß findet sich ein Appell an die Überlebenden, dieser Wegweisung zu folgen:

> »Die Toten lassen sich nicht halten, Ihr Lebendigen: Nicht Geisterbanner sollt Ihr sein und Totenbeschwörer, Ihr Leidgeschlagenen! Ihr sollt Totenerwecker werden! Habt Ihr Herzenskraft und Leibeskraft genug zu solchem Werke?... Die besten Kämpfer des deut-

schen Idealismus liegen unter der Erde. Erwartet nicht alles von den Heimkehrenden. Nur den Toten könnt Ihr ganz vertrauen, die in Euch leben, denn es ist kein Falsch an ihnen. Glaubt, die Besten unseres Volkes sind nicht gestorben, damit die Lebendigen tot seien, sondern daß die Toten lebendig würden. Sind nicht allzu viel Tote unter den Lebenden? Nicht das Glück ist das letzte Ziel des Menschen, sondern seine Vollendung als leiblich-sittliches Wesen. Dazu helfe Euch der Krieg. Die Sieger werden unter den Toten sein.«[16]

Hier paßt nun nichts mehr zusammen. Einerseits verfügen die Toten über eigenen Willen und eigene Kraft; sie sind nicht zu halten. Andererseits müssen sie erweckt werden. Einerseits sind sie nicht gestorben, damit auch die noch Lebenden tot seien, andererseits sind sie gestorben, damit die Toten lebendig würden. Wer markiert den Unterschied? Nur im richtigen Weltkriegssterben entsteht Authentizität. Und so werden Leben und Tod zu beliebigen semantischen Versatzstücken, wie Jugend und ihre Bewegung.

Den Tod für seine Sache reklamieren zu können, übt einige Anziehungskraft aus. Und gerade der »Große Krieg« zieht einen regelrechten Denkmals- und Todeskult in den beteiligten politischen Systemen und Gesellschaften nach sich. Dabei wird die Auffassung, daß die Besten in den Schützengräben gestorben seien, zum europäischen Mythos. Der Aufbruch der Jugend vollendet sich im Weltkriegstod, gerät zum Fanal eines neuen Glaubens, der endlich mit Blut beglaubigt wird und schafft so eine Vergangenheit, die ihrerseits mit Wiedergängerei lockt und droht.

13.
Das (vorläufig) Fremdeste: Terrestrischer Exotismus

Je globaler das Kommunikations- und Beziehungsgeflecht der Menschen auf der Erde geworden ist, desto weiter sind die Entfernungen zum Aller-Fremdesten geworden.[1] Heute müssen ganze Galaxien mit Geschwindigkeiten durchquert werden, für die die Bezeichnung Windeseile geradezu lächerlich unangemessen wäre, um mit dem wirklich Fremden in Kontakt zu kommen. Und weil das zumeist in Filmen passiert, ist das wirklich Fremde nichts anderes als ein Produkt der forcierten Maskerade. Was die professionellen Reisenden durch das Universum wie Captain Picard auch immer in Rechnung stellen. Die Zuschauer hingegen, besonders das Jungvolk hat es ja auch nötig, kriegen dabei mit, daß es auch unter Zombies anderer Sterne, mit Schildpatthaut und Tentakeln oder wie immer sie aussehen mögen, gutartige und böse, kluge und weniger kluge, eher männliche und eher weibliche gibt. Wie bei den Menschen auch.

Vor dem 20. Jahrhundert waren intergalaktische Phantasien noch seltener. Das Aller-Fremdeste, was man sich bei uns so vorstellen konnte, besaß noch terrestrischen Ursprung.

Die Attitüde gegenüber dem Fremden ist in der Regel: Schaulust (in je nach Umständen und persönlicher Unbedachtheit größerer oder geringerer Distanz). Die Schaulust auf das Fremde, abgestuft auch nach dem Grad der Naivität, vom Gaffen mit offenem Maul[2] bis zum hermetischen Imaginieren, ist ein Akt des Eingreifens und des Nichteingreifens zugleich. Sie vermittelt Berührung und Nichtberührung in einem. Sie erlaubt die ›halbe Entschlossenheit‹ des wagemutigen Hinsehens, das jedoch, bis auf wenige Ausnahmen, nicht ansteckend ist. Sie läßt das Individuum sich dem Fremden öffnen, aber so, daß sie zugleich den Schrecken vor diesem Fremden zähmt.

Das Fremde hier

Eine kleine und auf verstaubte Weise gruselige Anekdote über ein exotisches Schau-Objekt besonderer Art wird aus Wien überliefert: »Als Glanzstücke des Naturhistorischen Museums in Wien galten um 1800 verschiedene ›ausgestopfte‹ Farbige. Der bekannte Äthiopier Soliman, in den Diensten der Fürsten Lobkowitz und Liechtenstein, wurde 1796 wegen seiner Schönheit und Ebenmäßigkeit auf Wunsch des Kaisers präpariert und in die Schauräume des Museums gestellt. Statuarisch in griechischer Pose, war er ›mit einem Federgürtel und einer Federkrone aus bunten Straußenfedern, Arme und Beine mit Glasperlenschnüren geschmückt‹... Einen Mulatten, zu Lebzeiten Tierwärter in der Schönbrunner Menagerie, ereilte dasselbe Schicksal wie das der von ihm betreuten Tiere. Nach seinem Tod stellte man ihn in sein gewohntes Ambiente. ›seit 1801 ritt er... auf einem Kamel des Afrika-Dioramas‹.«[3]

Das Fremde bei uns, das ist eine Angelegenheit von Zoos und anderen abgeschlossenen Bezirken (Ghettos); und eigentlich hat man es auch lieber, wenn das Fremde gar nicht mehr lebendig ist, weil es sich dann besser arrangieren läßt, als wäre es noch lebendig.

Die Faszination dieses Fremden, selbst oder gerade wo es ausgestopft ist, kommt daher, daß man nie dorthin kommt, daß es die eigene Identität an ihren Rändern, meist wohlig, fühlbar werden läßt. Wie bei allem menschlich-Monströsen (und das Fremde wird perzipiert als eine Spielart des Monströsen) kann sich das schaulustige Individuum, für sich oder mit seines- und ihresgleichen, sagen: Dies da, es gehört dazu, unzweifelbar, aber es gehört nicht richtig dazu, zu MIR nämlich oder zu UNS. Nur in Klammern sei hier erwähnt, daß es mit der eher naiven, also der Schaulust mit offenem Maul, circa seit dem letzten Drittel des 19. Jahrhunderts auch deshalb so rapide bergab geht, weil ein neues Medium, die Photographie, alles Fremde, was vor die Linse der Apparaturen und ihrer Träger kommt, sozusagen zweidimensional ausstopft. (Eine informationsreiche Sozialgeschichte dieses Mediums beginnt mit dem kuriosen, aber auf hintergründige Weise passenden Satz: »Die Fotografie ist der Neger der Kunst.«[4])

Exotismus – Sog des Fremden der Ferne

Der bedeutendste Beitrag zur Reflexion über den Exotismus stammt von dem französischen Marinearzt Victor Segalen (1878-1921). Er ist viel herumgekommen und schrieb seltsam hermetische Dichtungen, auch Essays und Berichte ethnologischen Inhalts. Ostasien, vor allem China, aber auch Tahiti und Äthiopien gehörte seine Vorliebe.

Segalen will den Exotismus als Ästhetik des Andersseins darstellen. ›*Esthétique du divers*‹ heißt der Terminus in der Originalsprache, ein wenig verschroben im Deutschen wiedergegeben als »Ästhetik des Diversen«[5]. »Unter dem Begriff des ›Diversen‹ verstehe ich alles, was bisher als fremdartig, ungewöhnlich, unerwartet, überraschend, geheimnisvoll, verliebt, übermenschlich, heroisch, ja selbst als göttlich bezeichnet wurde, kurz all das, was anders ist...«. Diesem Anderen und seiner Fremdartigkeit rückt die Ästhetik zu Leibe, und zwar systematisch, denn sie ist für Segalen »die Wissenschaft vom Anblick und zugleich von der Hervorhebung der Schönheit des Anblicks; es ist das wundervollste Mittel der Erkenntnis.«[6]

Daß sich Wissenschaft und das Wundervolle bei Segalen nicht wechselseitig neutralisieren, sondern einfach so, als gäbe es da kein Problem, miteinander verbunden werden, mag die eine oder andere Augenbraue hochtreiben; der Verdacht der Scharlatanerie liegt nahe. Jedoch sollte man im Auge behalten, daß wir es hier mit einem Ethnologen und Künstler zu tun haben, der durch seine Erfahrungen mit den zwei Seiten der ›Wirklichkeit‹, der eigenen und der fremden, in Berührung gekommen ist und nun eine Sprache sucht, die der einen wie der anderen gerecht wird. Segalen schreibt: »Der Exotismus ist also keine Anpassung; er ist also nicht das vollkommene Begreifen eines Nicht-Ich, das man sich einverleiben könnte, sondern die scharfe, unmittelbare Wahrnehmung einer ewigen Unverständlichkeit.«[7]

Die Ästhetik des Andersseins beruht auf dem Eingeständnis der Undurchdringbarkeit des Exotischen. Man kann den Verdacht haben, daß Segalen dies postuliert hat, weil er ahnte, wie fragil das Exotische ist und wie leicht zu beschädigen, also eben doch, wenn auch mit schlimmen Konsequenzen, durchdringbar. Nebenbei bemerkt, für Segalen waren die Pseudo-Exoten, von denen es im 19. Jahrhundert mehr und mehr zu geben begann, waren Leute wie Pierre Loti oder »die Touristen« nichts anderes als »Zuhälter des Exotismus«. Das Katastrophale an der von ihnen und für sie vorgenommenen Vermarktung des Exotischen besteht darin, daß sie es unerbittlich Stück für Stück zerstört.

Der Sog des Fremden in die Ferne hat aber die Figur eines Bogens. Den macht man ja, wenn man reist. Eine Forschungs-Reise etwa sieht so aus: Konzipierung und Vorstellung der Fremde, antizipatorische

Anpassung auf Zeit, Reisevorbereitungen aller Art – das ist die erste Etappe. Die Reise selbst mit Abfahrt, Sammlung von Eindrücken und deren Stapelung sowie Rückkehr macht die zweite Etappe aus. Und schließlich die dritte Etappe: jetzt werden die Eindrücke und Artefakte, die man mitgebracht hat, systematisch untersucht und geordnet.

Segalen hat anläßlich seiner China-Expedition im Jahr 1914 über die Wirkung reflektiert, die der Sog des imaginierten Fremden in der Wirklichkeit des Fremden, in der Erinnerung an das Fremde auslöst. Der Zusammenprall des imaginierten und des wirklichen Fremden ruft einen Schock hervor. Wirklichkeit des Fremden? »Ich möchte einem Mißverständnis der Worte vorbeugen. Wirklichkeit bedeutet hier nichts anderes als das, was sich dem reinen Gedankenspiel entgegensetzt; was man berührt, was man sieht und wahrnimmt, was man mißt und was man riecht.«[8] Die so definierte Wirklichkeit, die Erfahrung, steht in einer Art permanenter Auseinandersetzung mit dem Imaginierten; beides schließt einander scheinbar aus. Denn was erfahren wird, braucht nicht mehr imaginiert zu werden, kann auch nicht mehr imaginiert werden. Jedoch ist diese scheinbar plausible Vorstellung falsch. Denn »dazwischen gibt es ohne Zweifel etwas, das größer und weiter ist als sie. Und das ist unberührt von der Erfahrung, unsagbar, entzieht sich jeglichem Einfluß und vereint Gegensätzliches in sich... Ich kann nicht daran denken, es zu definieren. Sobald ich es täte... würde ich von Zweifeln befallen...«[9] Er nimmt die Beschreibung eines Siegels aus der Han-Dynastie als Behelf, um eine Ahnung zu erlauben von dieser größeren Größe und weiteren Weite zwischen Imagination und Wirklichkeit (Erfahrung), zwischen dem Eigenen und dem Exotischen (anders Seienden) – in der Tat nur ein schwacher Behelf.[10]

Anmerkungen zur chinesischen Geschichte vor und nach 1900

China wirkt allein schon erdrückend, wenn man sich seine Ausdehnung vorstellt. Sein Alter als politischer Kosmos erzwingt Hochachtung. Die wird im übrigen der beeindruckenden Fülle seiner kulturellen Leistungen unwillkürlich gewährt. Selbst wenn es uns, spitznasig-irritiert, auch schon ein wenig verwundert, daß wir so umstandslos alles, was sich in China über die Jahrtausende hin abgespielt hat, nicht einzelnen Menschen oder vielen Menschen zuschreiben, sondern eben China. Mag sein, daß Unkenntnis der geschichtlichen Abläufe dabei eine Rolle spielt; aber vor allem ist es die abendländische Vorstellung, daß China durch eine fest in sich zusammengepreßte, über die Generationen und die historischen und demographischen Umbrüche hinweg ausgebildete kollektive Identität gekennzeichnet war und ist.

Umbrüche nun hat es nicht wenige gegeben. Das »Reich der Mitte« hatte im 19. Jahrhundert, wenn auch nachhaltig geschwächt, die Aufteilung Asiens unter die europäischen Mächte einigermaßen überstanden, wenn auch in zerfleddertem Zustand. 1842 hatten die Briten Hongkong ›auf Dauer‹ besetzt (das Ende dieser ›Dauer‹ ist nun allerdings ganz nah), und im Vertrag von Nanking aus dem gleichen Jahr wurden eine Reihe chinesischer Häfen für den europäischen Handel »gewaltsam geöffnet«[11]. Dem folgten auch erhebliche innenpolitische Turbulenzen, etwa der Tai-ping Aufstand (1850-1864), ein Bauernaufstand mit der Stoßrichtung gegen Großgrundbesitzer, die Mandschu-Dynastie und gegen den Westen. Während der zweiten Hälfte des 19. Jahrhunderts wird China weiter vom Westen »penetriert«. Nach dem chinesisch-japanischen Krieg 1894/95 wird Korea unabhängig und Taiwan (bis 1945) japanisch. 1898 »pachtete« Deutschland den Hafen Kiau-tschou mit etlichem Hinterland von der chinesischen Regierung. Andere Länder »pachteten« andere Ländereien. Die Europäer sicherten sich Vorzugsrechte für den Handel und Kapitalinvestitionen in den Vertragshäfen, sie beanspruchten und erhielten in eigenen Stadtvierteln dieser Städte exterritoriale Rechte. Außerdem wurde in China nach Kräften christlich missioniert.[12]

Vor diesem Hintergrund politischer Schwäche und Dekadenz, für welche der reaktionäre Hof unter der Kaiserwitwe Tsu-hsi das aggressiv-enigmatische Symbol war, entwickelten sich in China politische Reformideen; wie üblich in der Verknotung von Konzepten, die eher auf die Restaurierung alter Größe und auf die Abwehr alles Fremden hinausliefen, mit solchen, in denen westliche Vorbilder nachgeahmt wurden. Den Aufstand der Boxer im Jahr 1900, in dessen Verlauf der deutsche Botschafter in Peking ermordet und das europäische Gesandtschaftsviertel dort belagert wird, nehmen die europäischen Mächte zum Anlaß für eine großangelegte Militär- und Strafaktion gegen den gemeinsamen Feind China. Der ist allerdings so schwach, daß seine Gegenwehr kaum der Rede wert ist, so daß das ganze Unternehmen in eine hemmungslose Plünderungsorgie mündet[13]. Die blinde Wut und die Grausamkeit der europäischen Soldateska ist vielleicht durch ein unbewußtes Motiv verstärkt, steht man doch einer Kultur gegenüber, die Schwäche und Arroganz zugleich ausstrahlt. Sie wird als antipodisch empfunden, als das Aller-Fremdeste. Das japanische Kontingent verhält sich nicht anders als die Europäer – seine Brutalität wird auch von einer besonderen Furcht vor der Ansteckung der Dekadenz geleitet.

Im Jahr 1904 besiegt Japan Rußland in einem kleineren Krieg und übernimmt als Siegerbeute die russischen Privilegien in der Südmandschurei und Port Arthur.

In den internen chinesischen Auseinandersetzungen siegt 1911, nach etlichen erfolglosen Versuchen, die Macht zu ergreifen, der Reformer Sun Jat-sen (1866-1925) – allerdings nur halb. Das chinesische Reich, nun eine Republik, bleibt politisch geschwächt, zerrissen und gepeingt vom *warlord*-System. Geeinigt wird das Land erst in der Mitte des 20. Jahrhunderts durch den Sieg der Kommunisten unter Mao Tsetung im Bürgerkrieg mit der Kuomintang, der Partei Sun Jat-sens und seiner Nachfolger, nachdem beide gemeinsam zuvor im Kontext des Zweiten Weltkriegs auf der Seite der Anti-Hitler-Koalition die japanischen Invasoren aus der Mandschurei vertrieben hatten. Seit 1949 gilt die Volksrepublik China wieder als ein potentiell mächtiger, zuweilen als bedrohlich beurteilter *topdog* der internationalen Politik.

Exotismus: Sprung durch den Spiegel

Dem Fremden, dem anders Seienden sich annähern, das geht auf verschiedenen Wegen; aber manche davon erweisen sich dann doch als Sackgassen. Die Expeditionen in das Unbekannte machen es bekannt, und dann ist es nicht mehr. Die teilnehmenden Beobachtungen der Ethnologen sind häufig vor allem teilnahmsvolle Selbstbeobachtung – und als solche durchaus aussagekräftig, wie uns etwa das Tagebuch von Malinowski in Melanesien lehrt[14]

Dieser eigentümlich geschwungene Bogen zwischen dem Selbst und dem Anderen, dem Ich und dem Fremden kann sich mit kleinstem Raum begnügen. Es sei, schreibt ein in diesen Dingen in der Regel verläßlicher Gewährsmann, eine »über alle Maßen bemerkenswerte Tatsache, daß der Mensch mit – *sich* auf die gleiche Art kommuniziert wie mit dem *Anderen*.«[15] Und umgekehrt. Der Blick durch den Spiegel beginnt als Blick in den Spiegel.

Für Segalen steht der Wirklichkeitssinn dem Imaginären/Imaginierten gegenüber, wie das eine Fabeltier dem anderen auf dem Siegel aus der Han-Dynastie[16]. Wie kann man das, was zwischen ihnen ist, erkunden? Segalen antwortet, jetzt überrascht er uns nicht mehr damit, daß dies am ehesten möglich sei mittels der auf die Schönheit der Vorgänge ausgerichteten Sinne. Darunter fällt auch die Intuition.

Klingt das nicht fast ein wenig kitschig? Aber Segalen hat es doch geschafft, uns ein paar Anhaltspunkte dafür zu liefern, daß dieser Weg am weitesten führt und die am meisten faszinierenden Ausblicke erlaubt. Auch übrigens mehr als nur ein paar Anhaltspunkte dafür, daß das chinesische »Gegenbild Europas«[17] wirklich das Aller-Fremdartigste für uns darstellt, den Exotismus der Exotismen.

Im Innersten dieses Aller-Fremdartigsten liegt der »Verbotene Palast« oder die »Verbotene Stadt«, jenes Gefüge von Palästen und Gärten, Gräben und Ställen, jenes Labyrinth, das um den Kaiser von China gesponnen wurde, den Sohn des Himmels.

Der Enthnologe hat also in einer Erzählung, einer Art Kriminalroman in Tagebuchform, die Annäherung an das Aller-Fremdartigste zu unternehmen versucht. Die Erzählung heißt nach ihrer Hauptfigur »René Leys«[18] und wurde im Winter 1913/14 in Peking niedergeschrieben. Die erzählte Zeit liegt zwischen März und November 1911. Dies ist der *plot*: Ein französischer Arzt (der Ich-Erzähler und Tagebuch-Schreiber; er heißt, wie man irgendwann beiläufig erfährt, Segalen) kommt nach Peking, weil er den jungen Kaiser Guanxu untersuchen soll. Der Kaiser soll krank sein, aber vielleicht ist er schon gestorben, als der Arzt eintrifft. Auf jeden Fall wird der ausländische Spezialist bei Hofe nicht vorgelassen, obwohl er sich mit verschiedenen Mitteln wie Bestechung u. a. darum bemüht, in das »Innere einzudringen«.

Es gelingt ihm nicht, und so entschließt er sich, der in Peking auf Abruf bereit bleibt, seine Kenntnisse des Mandschu-Dialekts zu vertiefen. Vielleicht, so hofft er, verbessert er damit seine Chancen, weiter vorzudringen, vorbei an Wärtern, Eunuchen, chinesischen Ärzten und anderen. Sein Sprachlehrer wird ein junger Belgier, eben René Leys, der im Hauptberuf Lehrer an der Schule für Adlige im Fach Volkswirtschaft ist. Ein zweiter Sprachlehrer des Ich-Erzählers wird ein Chinese, Herr Wang. Zum Bekanntenkreis des Arztes gehört ferner ein M. Jarignoux, Beamter im Verkehrsministerium, schon seit mehr als zehn Jahren in China lebend und mit einer Chinesin verheiratet (sowie, was schlechten Stil verrät, mit seinen Konkubinen protzend).

Auch über Herrn Wang sowie den ›naturalisierten‹ M. Jarignoux hofft der Erzähler, sich Zugang zum Palast verschaffen zu können. Zunächst jedoch ist daran gar nicht zu denken, und so muß er sich damit begnügen, die »verbotene purpurblaue Stadt« von außen zu erkunden. »Zum zehnten Mal werde ich sie belagern, sie umzingeln, den genauen Umriß zu erkunden suchen, am Fuß ihrer Mauern wie die Sonne vom Osten zum Süden und zum Westen wandern und die Rundreise, wenn es mir gelingt, von Norden her beenden.« (S. 23)

Bei einem dieser Ausflüge trifft der Arzt auf René Leys, und er erzählt ihm von seinem Auftrag, den er nicht erfüllen kann, weil man ihn nicht zur Audienz in den Palast hineinläßt. Er erwähnt auch seinen Verdacht, daß der Kaiser bereits verstorben sei.

Danach beginnt eine seltsame Enthüllungsgeschichte, denn es stellt sich heraus, daß René Leys den Kaiser früher oft gesehen hat, ja daß er sich als dessen Freund bezeichnen konnte. Aber nun sei er tot (S. 52). In langen und gewundenen Gesprächen, bei denen der Erzähler immer nachdrücklicher in René Leys dringt (immer dieses Hineindringen/Hineindrängen in etwas Anderes/einen Anderen!), erfährt er von diesem immer abenteuerlichere Details über das Leben des Kaisers und über die Drohung, die darüber hing wie ein Damoklesschwert. René als Chef einer besonderen Geheimpolizei, die ausschließlich mit dem Schutz des Regenten beauftragt ist... René als heimlicher Geliebter der Kaiserin... als Vater ihres Sohnes.

In Peking mehren sich unterdes die Zeichen des politischen Umsturzes, und während das politische Klima immer erregter wird, fallen die zögernd vorgebrachten Offenbarungen von René Leys über das bedrohte Leben der Kaiserfamilie immer weniger verschlüsselt aus. Alles spitzt sich zu, als René den Erzähler in einen Coup zur Rettung der Kaiserfamilie vor den Schergen der Revolution einweiht.

Aber in der entscheidenden Nacht passiert nur die Revolution. Zugleich scheint das Gespinst der Erzählungen Renés ganz in sich zusammenzufallen. Ist er ein Lügner, ein Phantast? Am nächsten Morgen findet man René tot – vergiftet; und dem Erzähler dämmert es, daß es wahrscheinlich seine, des Erzählers, eigene Suggestionen gewesen sind, die René in den Tod getrieben haben. »Übrig bleiben unerklärliche Augenblicke... flüchtige Wahrnehmungen, Lichtblicke, Erhellungen... fernes Aufleuchten, Worte, die man nicht erfinden und Gesten, die man nicht nachahmen konnte...«. (S. 237)

Dieser kafkaeske Exotiosmus ist sozusagen notgedrungen ganz narzistisch geworden, weil das Aller-Fremdartigste und Geheimnisvollste schon dabei war, sich aufzulösen. Aber selbst dann behält es diesen Status und kann von der Wirklichkeit nicht restlos vereinnahmt werden.

Farce und Fake

In unseren »Lehren des Abgrunds« wird in dem Kapitel über die »gelbe Gefahr« nebenbei auf die Lebensgeschichte(n) von Sir Edmund Backhouse hingewiesen, in der/in denen sich die überraschendsten und verwirrendsten Spuren einer Inszenierung von exotischer Dekadenz finden[19], was uns fast vermuten läßt, René Leys oder wenigstens Victor Segalen haben Sir Edmund gut gekannt und mit ihm über den untergegangenen Kaiserhof im Verbotenen Palast Informationen geheimster Art ausgetauscht.

Sir Edmund Backhouse lebte von 1873 bis 1944; seine Vorfahren waren nordenglische Quäker, mehr oder weniger wohlbetucht. Sein Bildungsweg verbindet einige der klassischen Stationen englischer Edel-Erziehung des späten 19. Jahrhunderts: St. George's in Ascot (1882), Winchester College (1886), Merton College, Oxford (1892). In Oxford galt er, das war sozusagen nur eine Spielart des Konventionellen, als Exzentriker. So sammelt er 1895 Geld für die Verteidigung Oscar Wildes; im selben Jahr verschwindet er, ohne formalen Abschluß, stattdessen unter Hinterlassung eines Berges von Schulden, nach einem ›nervösen Zusammenbruch‹ aus Oxford. Drei Jahre später taucht er in China auf, wo er in der Folgezeit als Übersetzer für den Times-Korrespondenten Morrison tätig wird. Im Jahr 1901, also kurz nach der europäisch-japanischen Intervention in China wegen des Boxer-Aufstandes, wird er zum Professor für Rechtswissenschaften und Literatur an der neu gegründeten Universität von Peking ernannt – ein Halbtagsjob ist das, keineswegs besonders angesehen oder gut bezahlt.

1908 betätigt er sich als bezahlter Untervertreter der Eisenbahnfirma Pauling & Co. Zwei Jahre später (1910) erscheint das Buch *»China under the Empress Dowager«*, deren Ko-Autor der Journalist Bland ist. Die beiden Autoren stützen sich bei ihren sensationellen Veröffentlichungen aus dem inneren Herrschaftszirkel der Kaiserin-Witwe auf das Tagebuch eines hochgestellten Mitglieds des Hofes und

Verwandten der Kaiserin. Im gleichen Jahr 1910 wird Backhouse auch als Vertreter der Firma John Brown & Co. geführt, die Kriegsschiffe baut und verkauft. 1914 erscheint, wieder in gemeinsamer Autorschaft mit J.O.P. Bland, das Buch *»Annals and Memoirs of the Court of Peking«*. Zuvor schon hat Backhouse damit begonnen, der Bodleian Library in Oxford umfangreiche Sammlungen von Handschriften, Schriftrollen und Büchern, zusammen ca. 17.000 Einzelstücke, zu stiften – 4,5 t Frachtgewicht... Mit dieser Stiftung erhält die Bodleian Library schlagartig eine der umfangreichsten Sammlungen chinesischer Schriften in Europa.

1914 lehnt Backhouse den Ruf auf den Lehrstuhl für Chinesisch am King's College in London ab, offenbar weil er auf den entsprechenden Lehrstuhl in Oxford reflektiert, den er allerdings nie angeboten bekommt. 1917 gibt es Spuren von Backhouse in Victoria, British Columbia – er ist krank. Angeblich soll er sich in Nordamerika aufgehalten haben, weil er im Auftrag der britischen Regierung Waffenkäufe vornehmen soll; aber worum es sich dabei gehandelt hat, geht aus den Akten des zuständigen Ministeriums nicht hervor.

Um 1920 gibt es Probleme mit weiteren Sendungen von Backhouse an die Bodleian Library – die Schriften erweisen sich als Fälschungen (nichts Unübliches). In den zwanziger Jahren soll Backhouse stark unter dem Einfluß seines chinesischen Dieners stehen, er ›naturalisiert‹ sich, äußerlich jedenfalls, was ihn von den anderen Europäern in Peking trennt, die das *›going native‹* als Schwäche und auch ein bißchen als Verrat an den westlichen Werten betrachten. 1944 stirbt Backhouse, ein zurückgezogen lebender Gelehrter, der zwei Jahre zuvor zum Katholizismus übergetreten ist.

In der Sinologie galt Sir Edmund Backhouse lange Zeit als seriöser, wenn auch leicht verrückter Experte der späten Mandschu-Dynastie. Allerdings gab es bald einen Wissenschaftler-Streit um die Echtheit der Tagebücher jenes ›hochgestellten Verwandten der Kaiserin‹ mit Namen Ching-shan. In der Bodleian Library bewahrte man sein Andenken als das eines großzügigen Spenders von antiquarischen Kostbarkeiten.

Dieses abenteuerliche Leben bekommt noch eine weitere Drehung, als über rätselhafte Umwege dem Oxforder Historiker Trevor-Roper das Manuskript der Memoiren von Backhouse übergeben werden. In diesen Memoiren wird das »verborgene Leben des Sir Edmund Backhouse« beschrieben, der sich im Europa der neunziger Jahre als junger Student inmitten der dekadenten Elite seiner Zeit bewegt, als

Ephebe und Geliebter von Verlaine, Oscar Wilde, Max Beerbohm und anderen, der sich in China nach dem Boxeraufstand und den furchtbaren Plünderungen des Verbotenen Palastes das Vertrauen der Kaiserinwitwe und (genauso wichtig) ihres Ober-Eunuchen erwirbt und schließlich sogar zum Geliebten der Kaiserinwitwe – sie ist in den Siebzigern – avanciert. Ein ›weißer Teufel‹ im Zentrum des chinesischen Hofes, im geheimsten der Geheimzirkel, kurz bevor alles zu Bruch geht!

Trevor-Roper ist zunächst von diesen Memoiren hingerissen. Ein bißchen abstoßend findet er nur, daß Sir Edmund seinen Text mit reichlich obszönen Beschreibungen seiner erotischen Abenteuer auflockert. Als der Historiker schließlich beginnt, einige der beschriebenen Episoden zu überprüfen, kommt ans Licht: Kein Wort ist wahr, alles ist Fälschung, die privaten Memoiren genau so wie das berühmte und vielfach übersetzte Buch aus dem Jahr 1910 und sein Folgeband vier Jahre später[20].

Das leere Kästchen

In Buñuels *»Belle de Jour«* gibt es eine Szene, in der ein Besucher des zentralen Orts der Filmhandlung, ein Koreaner, den anwesenden Expertinnen etwas zu zeigen hat, was noch keine von ihnen je gesehen hat und das sie tief erschauern läßt. Es ist in einem Kästchen, und dem Zuschauer im Kinosaal wird nicht gegönnt, auch einen Blick in dieses Kästchen zu werfen.

Der europäische Exotismus des späten 19. und frühen 20. Jahrhunderts ist entweder verzweifelt oder snobistisch. Verzweifelt wegen der fast täglich zu beobachtenden Vernichtung, dem das Fremde, das Andere unterliegt, wogegen nichts unternommen werden kann, denn jeder Rettungsversuch ist Element der Vernichtung, jeder Assimilationsversuch wie etwa der Gauguins in Tahiti scheitert notgedrungen.

Snobistisch aber dann, wenn man sich die Entlastung von der eigenen Zivilisation nicht mittels Abstreifen alles Zivilisatorischen erträumte, vielmehr gerade andersherum in der fiktiven Assimilation mit einer älteren, aristokratischen Zivilisation der Vulgarität der europäischen Entwicklung zu entfliehen suchte.

Das Bild der Dämmerung drückt diese Stimmung treffend aus: *›Twilight in the Forbidden City‹* heißt der Bericht des englischen Tutors von Pu-Yi, des letzten chinesischen Kaisers. Die Gegenwelt zu

Europa, China, bricht in Stücke, kurz vor den europäischen Explosionen des Ersten Weltkriegs. Dieses Zerbersten scheint einen Blick auf das innerste Geheimnis des mehrtausendjährigen ›Reichs der Mitte‹ zu erlauben. Die Entblößung des Verbotenen, des Aller-Fremdartigsten findet aber nur fiktional statt. René Leys, Sir Edmund Backhouse, Victor Segalen und wir alle, auch wenn uns Bertolucci mit seinem Film über Pu-Yi mit ausreichend vielen und sehr schönen Bildern der imaginierten Wirklichkeit versorgt hat, blicken in ein leeres Kästchen.

14.
Innen-Ausbau: Freuds Säuberung der Seele

Die Erfindung moderner Subjektivität korrespondiert mit einer neuen Wahrnehmung psychischer Erkrankungen. Das Konzept des aus sich selbst Sinn, Ordnung und Zukunft gebärenden Individuums, dessen Unterscheidung von anderen zum Kern seiner Identität wird, verweist auf Verrücktheit und Wahnsinn als gescheiterte individuelle Versuche, different zu sein und gleichwohl in einer Sphäre des Intersubjektiven zu verbleiben. Das moderne Subjekt muß eine Gratwanderung absolvieren zwischen autistischer Isolation von aller Kommunikation, dem Einschließen in für Dritte unzugängliche Sinn-Räume und einer weitgehenden Auslieferung und Auflösung jener individuellen Signatur. Die psychische Erkrankung deutet auch immer auf ein Verunglücken moderner Subjektivität.[1]

Diese gefährliche Nähe von gelungener und mißglückter Differenzierung des »Ich« verleiht der psychischen Erkrankung eine über den einzelnen Fall hinausgehende soziale Bedeutung. In der Beschäftigung mit der kranken Subjektivität erfährt die Moderne etwas über sich, über ihre Konstitution, über ihre Wahrheiten und Identitäten. Der Wahnsinn erzählt eine Geschichte über den Menschen und es ist wohl kein Zufall, daß die Geschichte der Humanwissenschaften auch eine Geschichte der Beschäftigung, Deutung und Kurierung mit bzw. von Verrücktheit ist.

Zu erinnern ist in diesem Zusammenhang an die zu Beginn des 19. Jahrhunderts einsetzende Reform der Narren- und Irrenhäuser, verstärkte ärztliche Bemühungen, wissenschaftliche Forschungen und der politisch-administrativen Ordnung dieses Feldes. Dabei nähert sich die Medizin dem Gegenstand anatomisch und physiologisch. Das erfolgreiche Wissensmodell harter empirischer, zellular-pathologischer, bio-chemischer Erkundungen soll auch das Rätsel psychischer Erkrankungen lösen. Ja, die Psychiatrie kann sich als medizinische Teildisziplin erst nach ihrer naturwissenschaftlichen Strukturierung etablieren und professionalisieren. Exemplarisch kann der frühe Psychiater Wilhelm Griesinger zitiert werden, für den »Geisteskrankheiten Gehirnkrankheiten« waren. Theodor Meynert, bedeutender österreichischer Neurologe, Psychiater und u. a. Lehrer Freuds, beschrieb etwa die melancholische Verstimmung als funktionelle Durchblutungsstörung bestimmter Teile der Gehirnrinde, die zu Sauerstoffmangel und damit Traurigkeit führe. Ausgelöst könnten solche Melancholien durch traumatische Erfahrungen werden, beispielsweise den Verlust einer geliebten Person, die nicht mehr »da« sei, keine Sinnesreize mehr auslöse und – ähnlich einem nicht benutzten Muskel – entsprechende Gehirnregionen quasi »abschalte«.[2]

Gegen solche und ähnliche biologische und lokalisationstheoretische Beschreibungen des Wahns erhoben sich – bei aller Unstreitigkeit der Relevanz organischer Befunde – Stimmen des Widerspruchs, die darauf hinwiesen, daß es zu bestimmten Krankheitssymptomen keine hirnanatomische Entsprechungen gäbe. Insbesondere neurotische Störungen wie Hysterie und Neurasthenie konnten biologisch, physiologisch oder anatomisch nicht hinreichend erklärt werden. Damit einher geht eine neue Sicht auf den betroffenen Patienten, dessen Schicksal offensichtlich nicht auf Organbefindlichkeiten reduziert werden kann. Die Skepsis gegenüber physiologischen Deutungsdominanzen setzt den Kranken wieder in seine Rolle als versehrtes Subjekt ein. Allerdings kommt er trotzdem nicht zu seinem Recht, als krankes Individuum ernstgenommen zu werden.

Nervosität

Wenn aber bestimmte körperliche Symptome, wie sie etwa als »hysterisch« diagnostizierte Patienten zeigen, nicht auf eine organische, funktionelle Störung zurückzuführen sind, dann muß es eine andere Ursache für diese Symptome geben. Für Freud manifestiert sich beispielsweise in der Hysterie fehlgeleitete Energie, die »normal« nicht abgeleitet werden kann und deshalb zu somatischen Krankheitsreaktionen wie Krämpfen, Lähmungen, Redezwang etc. führt. Man kann sich das durchaus wie einen Fluß vorstellen, in den aus der Quelle immer neues Wasser geleitet wird und der aufgrund eines zu schmalen Bettes oder anderer Fehlleitungen Überschwemmungen produziert. Der Arzt hat nun die Aufgabe, nach den Ursachen dieser falschen Kanalisierung zu suchen.

In seinem psychologischen Frühwerk arbeitet Freud sehr schnell einen sexuellen Kausalnexus heraus. In der Ätiologie von Neurosen, Hysterie, Neurasthenie stößt er auf den Umstand einer frühkindlichen Verführung, eines sexuellen Mißbrauchs des Kindes durch Dritte. In der Anamnese kommt es dann vor allem auf die Erforschung der individuellen »Prähistorie« an. Wobei Freud an einer Stelle angibt, die entscheidende Phase liege zwischen dem zwölften und achtzehnten Lebensmonat. Hier müsse die richtige Erziehung ansetzen.

Schon an dieser Stelle soll darauf hingewiesen werden, wie die Psychoanalyse – ungeachtet ihrer Selbstbeschreibung – moderne materialistische, biologistische Sinnstiftungen für gesellschaftliche Konstruktionen des Subjekts anbietet. So ist das Konzept einer besonderen Lebensphase, der Kindheit, in der für die individuelle Identitätsfindung entscheidende Weichenstellungen vorgenommen werden, bis weit ins 18. Jahrhundert unbekannt. Freud unterfüttert diese neue gesellschaftliche Konstruktion durch ärztliches Wissen. Wobei sich in seinem Denken Traumatheorie (der realen oder phantasierten Verführung oder anderer frühkindlicher sexueller Erlebnisse) und Energietheorie (Libidotheorie) mit ihrer hydraulischen Semantik verbinden. Insbesondere die Neurasthenie soll durch falschen Libidoabfluß verursacht sein:

> »Die Neurasthenie der Männer wird erworben im Pubertätsalter und tritt in den zwanziger Jahren in Erscheinung. Ihre Quelle ist die Masturbation, deren Häufigkeit durchwegs der Häufigkeit der Neurasthenie der Männer parallel läuft... Wo nun diese Schädlichkeit lange und intensiv eingewirkt, da macht sie den Betreffenden zum sexuellen Neurastheniker, der auch in seiner Potenz Schaden gelitten hat; der Intensität der Ursache entspricht der lebenslange Verbleib des Zustandes. Ein fernerer Beweis für den Kausalzusammenhang liegt auch darin, daß der sexuelle Neurastheniker immer gleichzeitig ein allgemeiner Neurastheniker ist... Die zweite Schädlichkeit, welche ein anderes Alter der Männer trifft, stößt entweder auf ein intaktes oder ein durch Masturbation zur Neurasthenie disponiertes Nervensystem... Diese zweite Schädlichkeit ist der Onanismus coniugalis, der unvollständige Beischlaf zur Verhütung der Konzeption... Von stark Disponierten oder fortdauernd Neurasthenischen wird bereits der normale Koitus nicht vertragen, dann rächt sich die Intoleranz gegen Kondom, äußerlichen Koitus und Coitus interruptus...

Die Neurasthenie der Frauen. Das Mädchen ist normalerweise frisch, nicht neurasthenisch. – Auch die junge Frau ist es trotz aller sexuellen Traumen dieser Zeit. In selteneren Fällen zeigt sich Neurasthenie bei Frauen und alten Mädchen rein und ist dann als spontan entstandene, auf die gleiche Art entstandene Neurasthenie anzusehen. Weit häufiger ist die Neurasthenie der Frauen von der der Männer abgeleitet oder mit ihr zugleich erzeugt. Sie ist dann fast immer mit Hysterie gemengt, die gewöhnliche gemischte Neurose der Frauen... Die gemischte Neurose der Frauen entsteht aus der Neurasthenie der Männer in all den nicht seltenen Fällen, wo der Mann als sexueller Neurastheniker Einbuße in seiner Potenz erlitten hat. Die Beimengung der Hysterie resultiert direkt aus der zurückgehaltenen des Aktes. Je schlechter die Potenz des Mannes, desto mehr wiegt die Hysterie der Frau vor, so daß der sexuelle Neurastheniker seine Frau eigentlich nicht so sehr neurasthenisch als hysterisch macht.«[3]

Die Zeitgebundenheit dieser wissenschaftlichen Sicherheiten tritt deutlich hervor. Das alles ist nichts als Humbug. Gesellschaftliche Konstitutionen werden als natürliche Geschlechtscharaktere wahrgenommen. Die ärztliche Wahrheit schmiegt sich an das soziale Normenraster und bildet auch den sexuellen Doppelstandard dieser Jahre ab. Was »Männer« und »Frauen« seien sollen, entnimmt der dafür zuständige Fachmann der Natur: »Die selteneren Fälle von Angstneurose außerhalb der Ehe trifft man besonders bei Männern, sie lösen sich auf als Congressus interruptus bei starker psychischer Beteiligung mit Frauen, auf die Rücksicht genommen wird, und diese Prozedur unter diesen Verhältnissen ist für die Männer eine größere Schädlichkeit als der Coitus interruptus in der Ehe, der ja häufig auch durch normalen Koitus außer dem Hause gleichsam korrigiert wird.«[4]

Die Natur, ihre Triebenergie zwingt die Männer ins Bordell oder zur »Affäre« mit dem Dienstmädchen. Warum dann allerdings dort eine ungehemmte Triebregulierung erfolgen kann, bleibt im Dunkeln. Die Psychoanalyse steigt so bei aller Unbestimmtheit ihrer Begriffe zur Gesellschaftswissenschaft und zur Moralphilosophie auf. Richtig ist dann, was die Libido empfiehlt. Unversehens öffnet sich hier schließlich ein Abgrund der prinzipiellen sozialen Triebdämpfung, denn der soziale Zusammenhang verlangt ja gerade auch nach Triebkontrolle und -verzicht.

In der Zivilisation kann die Natur nicht mehr zu ihrem Recht kommen; die Individuen werden notwendigerweise unglücklich und krank: »Aus dem Vorstehenden ergibt sich die volle Verhütbarkeit wie die volle Unheilbarkeit der Neurosen. Die Aufgabe des Arztes verschiebt sich ganz in die Prophylaxis. Das erste Stück derselben, der Verhütung der sexuellen Schädlichkeit der ersten Periode, fällt zusammen mit der Prophylaxis der Syphilis und des Trippers, da dies die Noxen sind, welche dem drohen, der sich der Masturbation entzieht. Der einzige andere Weg wäre freier sexueller Verkehr der männlichen Jugend mit Mädchen freien Standes; er ist aber nur zu betreten, wenn unschädliche Mittel da sind, die Konzeption zu verhüten. Sonst lautet die Alternative – Onanie, Neurasthenie des Mannes, Hystero-Neurasthenie der Frau oder Lues des Mannes – Lues der Generation, Gonorrhoe des Mannes, Gonorrhoe oder Sterilität der Frau. Dieselbe Aufgabe, schadlose Beherrschung der Konzeption, stellt das sexuelle Trauma der zweiten Periode, da das Kondom eine weder sichere noch für den bereits Neurasthenischen annehmbare Lösung des Problems erbringt. Beim Ausbleiben dieser Lösung zeigt sich die Gesellschaft als bestimmt, den unheilbaren Neurosen zu verfallen, welche den Lebensgenuß auf ein Minimum herabsetzen, das eheliche Verhältnis zerstören und die ganze Generation durch Heredität ruinieren. Die tieferen Volksschichten, die Malthus(ianismus) nicht kennen, drängen danach, um naturgemäß, angekommen, demselben Verhängnis zu verfallen. Daraus stellt sich für den Arzt das Problem her, das zu lösen aller seiner Kräfte wert ist.«[5]

Libidohydraulik

Noch einmal treten in diesem Kontext die quantitativen und normativen Verwindungen solcher Libidohydraulik hervor. Denn einerseits wird die Triebabfuhr als Mengen- und Leitungsproblem beschrieben, und andererseits erhält die Libidokanalisierung bestimmte Qualitätszuschreibungen. Das hat vielleicht viel mit den selbstquälerischen Sorgen eines viktorianischen Mannes zu tun, aber wenig mit der immanenten Logik der Notwendigkeit somatischer Entladungen. Der Mediziner wirft sich hier gleichwohl zum Universal-Experten auf. Er trägt die Lösung »des« Menschheitsproblems in sich. Die konsequente Orientierung seines Denkens an scheinbar exakten Rechnungen der Energieerhaltung verleiht seinen politischen Interventionen Autorität. Freud selber wird zwar schließlich den Versuch aufgeben, nach organischen, pysiologischen oder chemischen Entsprechungen seiner Triebhydraulik zu forschen, aber das hermetische Vokabular der Libido-Macht bleibt in Gebrauch. Und die naiveren seiner Anhänger werden nichts unversucht lassen, doch noch die physiologische Begründung für solche Psychoanalyse zu finden[6].

Die Leidenserzählungen der Patienten, die Geschichten ihrer Störungen – die ja immer wieder selbst auf sexuelle Attentate hinweisen – enträtseln sich unter diesem Blick als objektive energetische Problemlagen. Relativ schnell gibt Freud die sogenannte Verführungstheorie auf. Die Rede der Patienten von sexuellen Erlebnissen, Verführung etc. gilt dann auch nicht mehr als ›wahr‹, sondern manifestiert schon die psychische Störung. Ihre Psyche wird von Energiequanten regiert, die nicht so können, wie sie eigentlich müßten. Das Subjekt, das klare, abwägende, logische Individuum ist nicht Herr im eigenen Hause, wie Freud es einmal formuliert hat. Neben das Bewußtsein tritt ein »Unbewußtes«; zum »Ich« gesellen sich – wie es dann später heißen wird – andere Instanzen, das »Es« und das »Über-Ich«. Von einem geschlossenen, mit sich identisch verharrenden Subjekt kann jetzt nicht mehr geredet werden, weil die psychischen Ober- und Untermieter, die Libido (im Spätwerk Freuds dann auch noch der Todestrieb) Störfeuer geben.

Freud hat diese Reduzierung der Allmachtsansprüche des aufgeklärten Bewußtseins als säkulare Kränkung perzipiert und sich selbst mit Kepler und Darwin verglichen, die ähnliche Reduktionen der omnipotenten Stellung des Menschen vorgenommen hätten[7]. Die Subjekte wissen dann auch wenig über sich und sitzen Phantasmagorien auf. Einige glauben z. B., Angst zu haben, leiden in Wahrheit aber an Sexualspannung: »Wie die Angst entsteht... Am meisten kehrt darin Abstinenz wieder. Durch die Tatsache, daß auch Anästhetische auf Coitus interruptus Angst bekommen, belehrt, möchte man sagen, es handelt sich um eine physische Anhäufung von Erregung, also Anhäufung physischer sexualer Spannung. Die Anhäufung ist Folge verhinderter Abfuhr, es ist also die Angstneurose eine Stauungsneurose wie die Hysterie, daher die Ähnlichkeit, und da die Angst gar nicht in dem Angehäuften enthalten ist, so drückt man die Tatsache auch so aus, die Angst ist durch Verwandlung aus der angehäuften sexualen Spannung hervorgegangen.«[8]

In den Subjekten brodelt ein Kessel, und nur beim Vorhandensein glücklicher Umstände kommt es nicht zur Explosion. Mit der Triebhydraulik – an einer Stelle spricht Freud davon, er habe die »Lustpumpe« entdeckt – steht dann ein Konzept bereit, daß die

Unsicherheit im Umgang mit psychisch Kranken reduzieren soll. Die Sprache des Wahns ist dann schnell dechiffriert und als eigentliche Stauung, Ödipus-Komplex usw. identifiziert. Der Verrückte erfährt eine doppelte Demütigung. Zum einen ist er nichts weiter als das Produkt seines Triebhaushaltes, seiner Instanzen. Zum anderen ist seine Deutung des eigenen Lebens falsch und nur als Symptom interessant. Immer muß seine Unverwechselbarkeit auf Momente der Triebstauung, Triebverströmung, Traumatisierung usw. zurückgeführt werden können. Er wird nicht verstanden, sondern erklärt. Die für die Erklärung notwendige Ursachenforschung führt zwangsläufig in die Vergangenheit.

Richtige Erzählungen

Auf Bitten Freuds operierte dessen langjähriger Freund, Briefpartner, Kollege, der Berliner Hals-, Nasen-, Ohrenarzt, Wilhelm Fließ, im Februar 1895 die »hysterische« Patientin Emma Eckstein. Diese litt unter massiven Angstanfällen und hatte Gehschwierigkeiten. Warum sie einer Nasenhöhlenoperation bedurfte, ist nicht bekannt, aber es kann davon ausgegangen werden, daß Fließ' Eingriff in engem Zusammenhang zur psychotherapeutischen Behandlung stand, denn Freud und Fließ korrespondierten in dieser Zeit über den Zusammenhang von pathologischen Veränderungen der Nase und sexuellen Störungen. Warum auch immer.

Wichtiger für unseren Darstellungszusammenhang der Entmächtigung der Subjekte in dieser Art der Psychoanalyse ist die Tatsache, daß Fließ bei der Operation einen Kunstfehler beging und einen ca. 50cm langen Gazestreifen in der Nasenhöhle vergaß. Es kam zu einer gefährlichen Vereiterung, starken Blutungen, die das Leben der Patientin bedrohten. Emma Eckstein mußte mehrmals operiert werden und zog sich eine Verstümmelung ihrer rechten Gesichtshälfte zu. Freud berichtet dem Freund erstmals am 8. März von der mißlungenen Operation und spricht in diesem Zusammenhang – wenn auch sehr vorsichtig – von einem Behandlungsfehler. Doch diese Wahrnehmung ändert sich. So heißt es in einem Brief an Fließ vom 26. April 1896:

> »Zunächst mit der Eckstein. Ich werde Dir nachweisen können, daß Du recht hast, daß ihre Blutungen hysterische waren, aus Sehnsucht

erfolgt sind und wahrscheinlich zu Sexualterminen. (Das Frauenzimmer hat mir aus Widerstand die Daten noch nicht besorgt.)«[9]

Und am 4. Mai 1896:

»Von der Eckstein, deren Geschichte ich notiere, so daß ich sie Dir schicken kann, weiß ich bis jetzt, daß sie aus Sehnsucht geblutet hat. Sie war von jeher eine Bluterin, wenn sie sich schnitt u. dgl., litt als Kind an heftigem Nasenbluten, bekam in den Jahren vor der Periode Nasenbluten, die ihr als Simulation ausgelegt wurden, die in Wahrheit durch Suggestion entstanden waren, und begrüßte darum die heftigen Periodenblutungen mit Freude als Beweis für die Echtheit ihres Krankseins, der ihr auch gelten gelassen wurde. Sie hat eine Szene aus ihrem 15. Jahr, in der sie plötzlich Nasenbluten bekommt mit dem Wunsch, von einem bestimmten dabei anwesenden jungen Arzt (Der auch im Traum vorkommt) behandelt zu werden. Als sie meine Ergriffenheit bei der ersten Blutung unter Rosanes' (der behandelnde Arzt) Händen sah, fand sie einen alten Wunsch nach Liebe in Kranksein verwirklicht, fühlte sich die nächsten Stunden trotz ihrer Gefahr so glücklich wie noch nie, bekam dann im Sanatorium nächtliche Unruhe aus der unbewußten Sehnsuchtsabsicht, mich hinzulocken, und als ich nachts nicht kam, erneuerte sie die Blutung, als unfehlbares Mittel, meine Zärtlichkeit wieder zu wecken. Sie hat dreimal spontan geblutet, und jede Blutung hielt über vier Tage an, was eine Bedeutung haben muß. Details und Termine ist sie mir noch schuldig.«[10]

Und wenige Wochen später:

«... daß es Wunschblutungen waren, ist unzweifelhaft; sie hat mehrere ähnliche Vorfälle, darunter direkte Simulationen, in ihrer Kinderzeit. Deine Nase hat wieder einmal richtig gerochen. Sie befindet sich übrigens glänzend.«[11]

Einige Zeit später (24. Januar 1897) ist dann der »Fall« Eckstein schon exemplarisches medizinisches Wissen:

»Ich bin einer Idee nahe, als hätte man in den Perversionen, deren Negativ die Hysterie ist, einen Rest eines uralten Sexualkultus vor sich, der einmal vielleicht noch im semitischen Orient (Moloch,

Astarte) Religion war. Denk Dir, daß ich eine Szene von Mädchenbeschneidung bekommen habe. Abschneiden eines Stückes von einem kleinen Labium (das heute noch kürzer ist), Aufsaugen des Blutes, wonach das Kind das Stückchen Haut zu essen bekommt. Dieses Kind behauptete einmal mit dreizehn Jahren, daß es ein Stückchen von einem Regenwurm schlucken könne und führte es auch aus. Unter der so begründeten Hämophilie hat einmal eine Operation von Dir gelitten.«[12]

Die Hämophiliekranke, »dieses Kind« ist Emma Eckstein, und nicht sie hat unter der Fließschen Operation gelitten, sondern die Operation unter ihr. An ihren Schmerzen, Blutungen, Leiden war sie selber schuld: »Meine Einsicht, daß die Behandlungsschwierigkeiten daher rühren, daß man endlich die bösen Neigungen des Patienten, seinen Willen krank zu bleiben, freilegt, stärkt und klärt sich.«[13]

Diese Immunisierung gegen Kritik geht nicht etwa auf den Wunsch zurück, Fließ zu schützen. Vielmehr entspricht die Konstruktion der anderen Wahrheit dem psychoanalytischen Modell, objektives Wissen der subjektiven Wahnphantasie der Patienten gegenüberzustellen. Die Subjekte werden in der geglückten Therapie schließlich mit dem richtigen Wissen ausgestattet. Emma Eckstein beispielsweise blieb Fließ und Freud ihr Leben lang dankbar und betätigte sich selber schließlich als Analyterikerin. Ihr gelingen bei ihren Patienten Enträtselungen frühkindlicher Schädigung durch die jeweiligen Väter. Voller Lob schreibt Freud wiederum an Fließ:

»Mein Vertrauen in die Väterätiologie ist sehr gestiegen. Die Eckstein hat ihre Patientin direkt in kritischer Absicht so behandelt, daß sie ihr nicht die leiseste Andeutung gegeben, was aus dem Unbewußten kommen wird, und von ihr dabei die identischen Vaterszenen u. dgl. erhalten. Nebenbei geht es dem jungen Mädchen vortrefflich.«[14]

Freud gibt allerdings bald danach die Theorie der Väterätiologie auf; auch über Eckstein erfahren wir nichts mehr. Bemerkenswert an dieser Fallgeschichte ist darüberhinaus die phylogenetische Deutung, die sich Freud hier leistet. Das Schicksal der »Bluterin« Eckstein, die als Kind einen Regenwurm verspeist haben will, wird zur Menschheitsgeschichte. Frühe, semitische Sexualkulte tauchen auf; Blut und das Verspeisen eigener Körperteilchen spielen eine Rolle. Solche phylogenetischen Spekulationen werden in Freuds System durch den »Fall« der Eckstein bestätigt und zeigen die Fundierung individueller Perversionen/ Hysterien im menschheitsgeschichtlichen »Erbgut«.

Neuschöpfung, Aus- und Umbau

Doch zunächst zur individuellen Psyche. Anziehungskraft geht von der Psychoanalyse auch deshalb aus, weil sie mit ihren indexikalischen Codes alles erklären und identifizieren kann. Es gibt keine Geheimnisse mehr:

> »Ein Mädchen, das die Nähschule besucht und bald beendigt haben wird, wird von der Zwangsvorstellung belästigt: Nein, Du darfst nicht fortgehen, Du bist noch nicht fertig, Du mußt noch mehr machen, noch alles mögliche lernen. Dahinter die Erinnerung an Kinderszenen, wo sie auf den Topf gesetzt wird, nicht bleiben will und denselben Zwang erfährt. Du darfst nicht fortgehen, Du bist noch nicht fertig, Du mußt noch mehr machen. Das Wort machen gestattet, die spätere Situation mit der infantilen zusammenzufassen. Die Zwangsvorstellungen bekleiden sich häufig mit einer eigentümlichen Wortunbestimmtheit, um solche mehrfache Verwendung zu gestatten. Faßt man sie (bewußt) näher ins Auge, so gerät dann der Ausdruck daneben, »Du mußt noch mehr lernen«; was später die fixierte Zwangsvorstellung wird, entsteht durch solche mißverständliche Deutung von seiten des Bewußten.«[15]

Die Angst vor dem Schulabschluß ist erklärt. Es gab Probleme in der analen Phase; die Reinlichkeitserziehung hatte zu früh eingesetzt. Die Patientin ist jetzt über sich aufgeklärt, wobei ihr Textmaterial, ihre Geschichte durch den Therapeuten Sinn erhält. Dabei muß der Neurotiker richtig »produzieren«, sonst kann die Deutungsinjektion nicht funktionieren. Das therapeutische Machtgefälle in Richtung der Patienten gehört zur Kur. Die Kranken haben sich zu unterwerfen: »Frl. G. ist jetzt gut eingespannt, eine tüchtige, aber langsame Arbeit«[16].

Immer wieder benutzt Freud ein Vokabular des Arbeitens, Produzierens, von Anforderungen und Leistungen, wenn er seine Patienten beschreibt. Ihm muß passendes Material vorgelegt werden. Über Frl. G. heißt es an anderer Stelle: »L.G. rührt sich, macht mir Vergnügen; es ist natürlich eine Arbeit auf lange Zeit. Sie war großartig verfahren.« Und über andere Patienten:

»Bei E. kommt die zweite echte Szene, durch Jahre vorbereitet, sogar eine, die sich durch Nachfragen bei seiner älteren Schwester vielleicht wird objektiv bestätigen lassen. Dahinter naht etwas Drittes, lange Vermutetes... Sie (eine Frau K.) ist natürlich ganz die Person, die ich brauche; ein schwerer konstitutioneller Fall, bei dem alle Schlüssel passen, alle Saiten nachhallen. Schmerzloses Arbeiten ist bei ihr kaum möglich, dazu hat sie Schmerzen und Schmerzen-Bereiten zu gerne; aber der Erfolg müßte sicher und dauernd sein.«[17]

Über diesselbe Kranke schreibt der Therapeut an den überweisenden Arzt:

»Du hast mir da einen Fall ausgesucht, der für diese Therapie geradezu geschaffen ist. Ich kann sagen, es geht bis jetzt hervorragend gut, vielleicht auch, weil es mir leicht wird, mich für diese Natur zu interessieren. Näheres erzähle ich Dir wohl einmal mündlich, nachdem ich die Diskretion ungestraft verletzen kann... und das Instrument gehorcht willig dem meisternden Finger. Nicht daß sie nicht Versuche genug machte, mir das Leben zu erschweren; solche waren schon und werden auch noch kommen.«[18]

Man erzählt von sich und gibt die Verantwortung für die eigene Identität ab.

In der Analyse wird das Subjekt neu geschaffen; Freud redet ab und zu von seinen »Kindern«, die da lägen und in sein Ohr raunen. Doch der Vater kann auch strafen, wenn die Neuschöpfung nicht richtig will, nicht richtig arbeitet, Unsinn erzählt:

»Von der F. de A. kann ich dir auch einmal Nachricht geben. Deine Diagnose war ganz richtig. Hier der Indizienbeweis. Als Kind viel Angst gelitten. Mit 8-10 Jahren Fluor albus. Als Kind schmerzliches Gefühl in Vagina, wenn sie die kleine Schwester prügelte. Dasselbe Gefühl heute, wenn sie von Greueln, Grausamkeiten liest und hört. Diese jüngste Schwester ist die einzige, die wie sie den Vater liebt, auch dasselbe Leiden hat. Ein auffälliger Tic, sie macht einen Rüssel (vom Saugen). Sie leidet an Ekzem um den Mund und nicht heilenden Einrissen an den Mundecken. Bei Nacht läuft ihr anfallsweise der Speichel zusammen, wonach dann die Einrisse auftreten. (Ganz analoge Beobachtungen habe ich bereits einmal auf das

Saugen am Penis zurückgeführt.) In der Kindheit (zwölf Jahre) bekam sie die Sprachhemmung zum ersten Mal, als sie mit vollem Mund vor der Lehrerin flüchtete. Ihr Vater hat ein ähnlich explosives Sprechen, als ob er den Mund voll hätte. Habemus papam! Als ich ihr die Aufklärung entgegenschleuderte, war sie zuerst gewonnen, dann beging sie die Torheit, den Alten selbst zur Rede zu stellen, der auf die ersten Anbahnungen entrüstet ausrief: Soll ich das gar gewesen sein? und mit heiligen Eiden seine Unschuld beschwor. Sie befindet sich nun im heftigsten Sträuben, gibt an, ihm zu glauben, bekundet ihre Identifizierung mit ihm dadurch, daß sie unaufrichtig wird und falsche Eide schwört. Ich habe ihr das Wegschicken angedroht und mich dabei überzeugt, das sie ein gutes Stück Sicherheit, das sie nicht anerkennen will, bereits gewonnen hat. Es war ihr nie so wohl gegangen wie an dem Tage, da ich ihr die Eröffnung machte. Nun erhoffe ich zur Begünstigung der Arbeit recht schlechte Zustände.«[19]

Hier wird ein Prozeß geführt. Es geht um die Wahrheit. Beweise werden gesammelt, Eide abgelegt, Meineide bestraft. Das Wissen schiebt sich letzlich vor die Patientin, der man sogar die Verschlechterung ihres Gesundheitszustandes wünschen darf, wenn daraus und darauf mehr deutbares Material, mehr Wissen, mehr Wahrheit produziert wird. Entsprechend sind die Größenphantasien des Arztes. Freud träumt sich als Entdecker unbekannter Kontinente, als Conquistador, als Revolutionär und phantasiert von späteren Gedenksteinen für ihn und seine Wahrheiten. »Eine undankbare Aufgabe« sei es, »die Menschen etwas aufzuklären« schreibt er; allerdings müsse der Arzt immer der Überlegene, Wissende sein. Auf seine Patienten warte er, wie der afrikanische Löwe auf den Neger, heißt es anderswo.

Zur Jahreswende 1899/1900 schreibt er an Fließ, daß das neue Jahrhundert vor allem ihre Todesjahre mit sich bringen werde. Wer sich den Machtansprüchen der sozialpatriarchalischen Identitätsproduktion unterwirft, wird belohnt:

»Tief unter allen Phantasien verschüttet fanden wir eine Szene aus seiner Urzeit (vor dem Alter von 22 Monaten) auf, die allen Anforderungen entspricht und in die alle übriggelassenen Rätsel einmünden; die alles zugleich ist, sexuell, harmlos, natürlich etc. Ich getraue mir noch kaum, daran ordentlich zu glauben. Es ist, als hätte Schliemann wieder einmal das für sagenhaft gehaltene Troja aufgegraben. Dabei geht es dem Kerl unverschämt gut. Er hat mir die Realität meiner Lehren am eigenen Leibe gezeigt, indem er mir mit einer überraschenden Wendung die von mir übersehene Lösung meiner einstigen Eisenbahnphobie gegeben. Für dies Stück Leistung habe ich ihm sogar ein Bild »Ödipus und die Sphinx« zum Geschenk gemacht.«[20]

Doch bei aller Leistung, allen richtigen Träumen, passenden Geschichten ist der erzählende Patient nicht davor gefeit, den Anforderungen nicht gerecht zu werden. Denn ähnlich wie die Bauten Kurt Schwitters, so verändert sich auch Freuds Psychoanalyse. Von dem weitgehenden Verzicht (keine frühere Position wird vollständig aufgegeben) auf die »Verführungstheorie« wurde schon berichtet. Die Mißbrauchserzählungen gelten jetzt als pubertäre Phantasien, die in die frühe Kindheit projeziert werden. Dafür rückt die natürliche polymorph-perverse Veranlagung der Kinder in den Blick. Der »Ödipus-Komplex« wird erfunden und der »Penisneid«. Zum »Lustprinzip« gesellt sich irgendwann ein »Realitätsprinzip«, »Es« und »Über-Ich« treten auf; schließlich wird die somatische Neigung zum Sterben, der Todestrieb ins System inkorporiert. Aber die Stellung des Therapeuten, sein Wissen bleiben unerschüttert. Alle Eingeständnisse des Versagens, des Irrtums verkehren sich rasch in Bestätigungen. Ein Beispiel für diese Hermetik wird beim Blick auf die sogenannte Kompromißbildung im neurotischen Symptom deutlich. Leidet etwa eine »Hysterikerin« an starkem Brechzwang, dann deutet das auf den unbewußten Kinderwunsch, aber auch auf die Angst vor der Zeugung, denn durch das häufige Erbrechen wird die Patientin krank, magert ab und macht sich häßlich, um nicht verführt zu werden. Wird vom System gerade die Urszene als auslösender Faktor gefordert, könnte jetzt nach frühkindlichen und pubertären Erfahrungen, Gefühlen, Phantasien gefragt werden. Je nachdem.

Sozialwissenschaft oder Der Vatermord als inneres Erlebnis

Die »Psychoanalyse ist Therapie, psychologische Theorie, einzigartige Beobachtungsmethode menschlichen Handelns« und damit Gesellschaftstheorie in einem, notiert ein Anhänger der Bewegung.[21] Die Wissenschaft vom Seelenleben der Subjekte ist in ihren Ansprüchen eine moderne Naturwissenschaft und folgt in ihrer Konstitution und Konstruktion, ihrem Vokabular, ihrer Professionalisierung genau – parodistisch genau – dem Expansionsmodell neuzeitlicher Wissensproduktion. Von dem damit einhergehenden Primat des ›Erklärens‹ ist schon gesprochen worden. Die Untersuchung der individuellen Urszene, der individuellen Prähistorie verlangt aber notwendigerweise nach einem Anschluß der individuellen Perversions- und Neurosenätiologie an Gattungsgeschichte.

Der Neurotiker und das Kind verweisen auf den Wilden als phylogenetische Entsprechung. Am Beispiel von Geschehnissen in der »Urhorde« kann diese Verbindung deutlich gemacht werden. In seiner Schrift »Totem und Tabu« beschreibt Freud die dominante Position des Vatertiers in der »Urhorde«, welches den sexuellen Zugriff auf alle Weibchen der Horde monopolisiert und den nachwachsenden Söhnen die sexuelle Befriedigung versagt, und geht u. a. der Frage nach, welche Bedeutung Opfermahle haben: »Die Berufung auf die Feier der Totemmahlzeit gestattet uns eine Antwort zu geben: Eines Tages taten sich die ausgetriebenen Brüder zusammen, erschlugen und verzehrten den Vater und machten so der Vaterhorde ein Ende. Vereint wagten sie und brachten zustande, was dem Einzelnen unmöglich geblieben wäre. (Vielleicht hatte ein Kulturfortschritt, die Handhabung einer neuen Waffe, ihnen das Gefühl der Überlegenheit gegeben.) Daß sie den Getöteten auch verzehrten, ist für den kannibalen Wilden selbstverständlich.

Der gewalttätige Urvater war gewiß das beneidete und gefürchtete Vorbild eines jeden aus der Brüderschar gewesen. Nun setzten sie im Akte des Verzehrens die Identifizierung mit ihm durch, eigneten sich ein jeder ein Stück seiner Stärke an. Die Totemmahlzeit, vielleicht das erste Fest der Menschheit, wäre die Wiederholung und die Gedenkfeier dieser denkwürdigen, verbrecherischen Tat, mit welcher so vieles seinen Anfang nahm, die sozialen Organisationen, die sittlichen Einschränkungen und die Religion. Um, von der Voraussetzung absehend, diese Folgen glaubwürdig zu finden, braucht man nur anzunehmen, daß die sich zusammenrottende Brüderschar von denselben einander widersprechenden Gefühlen gegen den Vater beherrscht war, die wir als Inhalt der Ambivalenz des Vaterkomplexes bei jedem unserer Kinder und unserer Neurotiker nachweisen können. Sie haßten den Vater, der ihrem Machtbedürfnis und ihren sexuellen Ansprüchen so mächtig im Wege stand, aber sie liebten und bewunderten ihn auch. Nachdem sie ihn beseitigt, ihren Haß befriedigt und ihren Wunsch nach Identifizierung mit ihm durchgesetzt hatten, mußten sich die dabei überwältigten zärtlichen Regungen zur Geltung bringen. Es geschah hier in der Form der Reue, es entstand ein Schuldbewußtsein, welches hier mit der gemeinsam empfundenen Reue zusammenfällt. Der Tote wurde nun stärker, als der Lebende gewesen war; all dies, wie wir es noch heute an Menschenschicksalen sehen. Was er früher durch seine Existenz verhindert hatte, das verboten sie sich jetzt selbst in der psychischen Situation des uns aus den Psychoanalysen so wohl bekannten »nachträglichen Gehorsams«. Sie widerriefen ihre Tat, indem sie die Tötung des Vaterersatzes, des Totem, für unerlaubt erklärten, und verzichteten auf deren Früchte, indem sie sich die freigewordenen Frauen versagten. So schufen sie aus dem Schuldbewußtsein des Sohnes die beiden fundamentalen Tabu des Totemismus, die eben darum mit den beiden verdrängten Wünschen des Ödipuskomplexes übereinstimmen mußten. Wer dawiderhandelte, machte sich der beiden einzigen Verbrechen schuldig, welche die primitive Gesellschaft bekümmerten.«[22] Das Bild, das hier gezeichnet wird, könnte einem B-Movie von Roger Corman entstammen.

Die Trieblogik des Individuums erklärt alles und steht am Beginn der menschlichen Geschichte. Inzestverbot und Scheu vor dem Vatermord kommen aus den einzelnen; sind dabei allen gemeinsam. Diese Kollektivtriebhistorie legt schließlich wiederum die individuelle Anlage zur psychischen Erkrankung. Wieder einmal geht alles auf, und die Wahrheit schlummert in den unverwechselbaren und doch uniformen Individuen.

Jetzt ist der Kreis geschlossen; solche Sozialwissenschaft braucht das Subjekt als ohnmächtigen, unbewußten Urheber allen Geschehens. Aber durch die Menschen spricht nur der Trieb. Die Faszination dieser Sicherheit der ewigen Libido ist gleichwohl groß, denn endlich weiß man wenigstens, woran man ist. Die Psychoanalyse ist die wahre monistische Wissenschaft (ohne daß Haeckel von ihr geträumt hätte). Auf der Strecke bleiben allenfalls ein paar »Unheilbare« mit ihren Symptomresten, bleiben die Meineidigen und Lügner, die keine wahren Geschichten erzählen und deshalb ihre Versehrungen chronifizieren; ihr »Es« will es wohl so.

15.
Kampf um Patente: Freuds Wahrheits-Imperium

Naive Geschichten der Wissensentfaltung stellen ihren Gegenstand in eine Kontinuität immer größerer Wirklichkeitsadäquatheit. Die Wissensproduktion erscheint so als fortlaufender Prozeß, in welchem sich schließlich die wahren Aussagen von den falschen leicht scheiden. Wahrheitsfindung wird zu einem Fortschrittsprozeß und allenfalls Vorurteile, anti-aufklärerische Interessen, Dummheit etc. können die zunehmende Wissensentfaltung verhindern. Wahrheit gerät hier zu einer Substanz, die sich der Zeit entzieht, quasi ewig währt, wie ein Edelmetall schon immer da war und ihrer Entdeckung harrt. Die genialen Wissenschaftler sieben den Sand der Erkenntnis und fördern die Goldklümpchen der Wahrheit. Daß wahre Aussagen über Tatsachen immer an bestimmte Kontexte gebunden sind, nicht als feste Substanzen, sondern schlüssig nur relational beschrieben werden können, übersieht solche heroische Naivität.

Doch solch ein Selbstbewußtsein der eigenen Zeitlichkeit und Raumbegrenzung fehlt den großen Erzählungen des 19. und 20. Jahrhunderts. Gerade die erfolgreichen, und das heißt hier diskursmächtigen Wissens- und Wahrheitsprogramme der Moderne – man denke nur an die Expansion der harten Naturwissenschaften, an den Wissenschaftlichen Sozialismus oder die Psychoanalyse – haben immer ihre Kontext- und Zeitenthobentheit behauptet.

Die Quellen des Nils

Als der junge, gerade frisch habilitierte, von der Wiener Universität mit einem seltenen, von vielen heiß begehrten Reisestipendium nach Paris zu Charcot geschickte Sigmund Freud von dort zurückgekehrt war und von seinen Erfahrungen berichten sollte, stieß er bei seinen ärztlichen Kollegen auf wenig freundliche Resonanz: »Es lag mir die

Verpflichtung ob, in der ›Gesellschaft der Ärzte‹ Bericht über das zu erstatten, was ich bei Charcot gesehen und gelernt hatte. Allein ich fand eine üble Aufname. Maßgebende Personen wie der Vorsitzende, der Internist Bamberger, erklärten das, was ich erzählte, für unglaubwürdig. Meynert forderte mich auf, Fälle, wie die von mir geschilderten, doch in Wien aufzusuchen und der Gesellschaft vorzustellen. Dies versuchte ich auch, aber die Primärärzte, auf deren Abteilung ich solche Fälle fand, verweigerten es mir, sie zu beobachten oder zu bearbeiten. Einer von ihnen, ein alter Chirurg, brach direkt in den Ausruf aus: ›Aber Herr Kollege, wie können sie solche Unsinn reden! Hysteron (sic!) heißt doch der Uterus. Wie kann denn ein Mann hysterisch sein?‹ Ich wendete vergeblich ein, daß ich nur die Verfügung über den Krankheitsfall brauchte und nicht die Genehmigung meiner Diagnose. Endlich trieb ich außerhalb des Spitals einen Fall von klassischer hysterischer Hemianästhesie bei einem Manne auf, den ich in der ›Gesellschaft der Ärzte‹ demonstrierte. Diesmal klatschte man mir Beifall, nahm aber weiter kein Interesse an mir. Der Eindruck, daß die großen Autoritäten meine Neuigkeiten abgelehnt hätten, blieb unerschüttert; ich fand mich mit der männlichen Hysterie und der suggestiven Erzeugung hysterischer Lähmungen in die Opposition gedrängt. Als mir bald darauf das hirnanatomische Laboratorium versperrt wurde und ich durch Semester kein Lokal hatte, in dem ich meine Vorlesung abhalten konnte, zog ich mich aus dem akademischen und Vereinsleben zurück. Ich habe die ›Gesellschaft der Ärzte‹ seit einem Menschenalter mehr nicht besucht.«[1]

Auch die Wiener Neurologen und Psychiater standen Charcots Diagnose und Therapie hysterischer Leiden skeptisch ablehnend gegenüber. Freud war von der französischen Suggestionstherapie, der Hypnose und der vorsichtig formulierten sexuellen Ätiologie fasziniert. Doch sein vor Psychiatern und Neurologen gehaltener Vortrag zur »Ätiologie der Hysterie«, in den neben eigener klinischer Erfahrung viel von Charcots Ideen einfließt, wird zum weiteren Desaster. Krafft-Ebing spricht von »Märchenstunde«, Meynert bekommt einen cholerischen Anfall. Freud schreibt an Fließ: »Ein Vortrag über Ätiologie der Hysterie im Psychiatrischen Verein fand bei den Eseln eine eisige Aufnahme und von Krafft-Ebing die seltsame Beurteilung: Es klingt wie ein wissenschaftliches Märchen. Und dies, nachdem man ihnen die Lösung eines mehrtausendjährigen Problems, ein caput nili aufgezeigt hat. Sie können mich alle gern haben, euphemistisch ausgedrückt.«[2]

In der veröffentlichten Fassung dieses Vortrags spricht Freud ebenfalls von der »Auffindung eines caput nili der Neuropathologie«. Sein Denken ist offensichtlich stark geprägt von einem Begriff der Wahrheit, der wahre Aussagen als getreuen Spiegel der ewigen Natur beschreibt. Immer wieder vergleicht er sich mit den großen Entdeckern neuer Kontinente, redet von Seelenlandschaften, die seinen Namen tragen müßten, objektiviert seine Ideen zur biologischen Gesetzlichkeit. Um so größer ist seine Verbitterung, wenn sich diese neue Wahrheit, diese Lösung uralter Probleme nicht durchsetzt. Gleichzeitig denunziert er seine Kritiker nicht nur als senil, unwissend, feige, sondern betont den »Eindruck«, den er gemacht habe und der sich in empörter Ablehnung manifestierte. Noch knapp 20 Jahre nach seinem Debakel spiegelt Freuds Darstellung seiner frühen Jahre diese Enttäuschung angesichts allgemeiner Wahrheitsverweigerung:

> »Erst die Stille, die sich nach meinen Vorträgen erhob, die Leere, die sich um meine Person bildete, die Andeutungen, die mir zugetragen wurden, ließen mich allmählich begreifen, daß Behauptungen über die Rolle der Sexualität in der Ätiologie der Neurosen nicht darauf rechnen könnten, so behandelt zu werden wie andere Mitteilungen. Ich verstand, daß ich von jetzt ab zu denen gehörte, die ›am Schlaf der Welt gerührt haben‹, nach Hebbels Ausdruck, und daß ich auf Objektivität und Nachsicht nicht zählen durfte. Da aber meine Überzeugung von der durchschnittlichen Richtigkeit meiner Beobachtungen und Schlußfolgerungen immer mehr wuchs und mein Zutraun zu meinem eigenen Urteile sowie mein moralischer Mut nicht eben gering waren, konnte der Ausgang dieser Situation nicht zweifelhaft sein. Ich entschloß mich zu glauben, daß mir das Glück zugefallen war, besonders bedeutungsvolle Zusammenhänge aufzudecken, und fand mich bereit, das Schicksal auf mich zu nehmen, das mitunter an solches Finden geknüpft ist.«[3]

Schlaf der Welt

Die Welt will nicht aufwachen; Aufklärung ist ein undankbares Geschäft, weil sich die Unmündigen eben nicht so leicht aus ihrer selbst verschuldeten Lage der Unwissenheit herausführen lassen. Schon an dieser Stelle ist die Delegitimierungsstrategie Freuds deutlich, der seinen Kritikern ein Wollen zum Nichtwissen unterstellen kann. Sie flüchten gleichsam in den Schlaf, um nur ja nicht die ungeheuren und gefürchteten Wahrheiten hören zu müssen. Auch auf die Dichotomisierung dieses Denkens soll schon hier hingewiesen werden. Für Freud streitet Wahrheit gegen Unwahrheit, und seine Gegner können Geltungsansprüche für ihre Argumente im Ernst nicht anmelden, weil sie der Unwahrheit verfallen sind. Wobei dann für den psychoanalytischen Entdecker gerade seine moralischen Qualitäten sprechen; im Gegensatz zu den »alten Eseln« hält Freud den Blick in den Abgrund des menschlichen Seelenlebens aus. Er erblickt das Haupt der Medusa, ohne zu erstarren – wie einer seiner Schüler schreiben wird. Er erschrickt nicht angesichts der furchtbaren Triebwahrheiten, er hält stand und nimmt in dieser Authentizität des Blicks[4] soziale Stigmatisierung auf sich.

Wiederholt beschreibt Freud seine Lebenszeit zwischen 1896 (Kritik an seinen ersten psychoanalytischen Schriften) und 1902 (eine stabile Gruppe von Schülern ist entstanden) als Jahre der Isolation, des Banns, der Verleugnung. Gerade diese Verbannung bürgt für die entdeckten Wahrheiten:

> »Isoliert bin ich, daß Du zufrieden sein kannst. Es sind irgendwelche Parolen ausgegeben worden, mich zu verlassen, denn alles fällt ringsum von mir ab. Bis jetzt trage ich es mit Gleichmut. Unangenehmer empfinde ich, daß die Ordination heuer zum ersten Male leer steht, daß ich wochenlang kein neues Gesicht sehe, keine neue Kur anknüpfen konnte und daß von den alten noch keine fertig ist. Die Sachen sind so schwer und mühsam, daß im ganzen eine starke Konstitution dazu gehört.«[5]

Die psychoanalytische »Bewegung« konstituiert sich in einer »Kampfzeit« der Mißachtung, Verleugnung, ja Verfolgung, wie Freud mit Blick auf seine leeren Sprechzimmer feststellt. Wien meidet ihn; das Ausland will von ihm nichts wissen. Die »Traumdeutung« wird totgeschwiegen oder beleidigend rezensiert; in keiner mit Blick auf die Ànhängerschar verfassten Geschichte der Psychoanalyse fehlt der Hinweis, daß die erste, 600 Exemplare umfassende Auflage des Traumbuches acht Jahre benötigte, bis sie verkauft war. Doch diese Marginalisierung bürgt nicht nur für die Wahrheit der Psychoanalyse, sondern fundiert Herrschaftsansprüche. Freud selber legt in diesen Jahren seiner Verbannung, seiner inneren Emigration den Grundstein für seinen Führungsanspruch, und auch die – sechs bis fünfzehn (H.

Sachs) – frühen Gefolgsleute dominieren die ›Bewegung‹ bis in die vierziger Jahre des 20. Jahrhunderts.

Selbst in jenen Abschnitten seiner verstreuten Anmerkungen zur Geschichte der Psychoanalyse, in denen Freud die Jahre nach der Isolierung beschreibt, herrschen Erzählungen der Verbannung und des Mysteriums vor:

»Allmählich fand auch die Isolierung ein Ende. Zuerst sammelte sich in Wien ein kleiner Kreis von Schülern um mich; nach 1906 erfuhr man, daß sich die Psychiater in Zürich, E. Bleuler, sein Assistent C.G. Jung und andere lebhaft für die Psychoanalyse interessierten. Persönliche Beziehungen knüpften sich an, zu Ostern 1908 trafen sich die Freunde der jungen Wissenschaft in Salzburg, verabredeten die regelmäßige Wiederholung solcher Privatkongresse und die Herausgabe einer Zeitschrift, die unter dem Titel Jahrbuch für psychoanalytische und psychopathologische Forschungen von Jung redigiert wurde. Herausgeber waren Bleuler und ich; sie wurde dann mit Beginn des Weltkrieges eingestellt. Gleichzeitig mit dem Anschluß der Schweizer war auch in Deutschland das Interesse für die Psychoanalyse erwacht, sie wurde Gegenstand zahlreicher literarischer Äußerungen und lebhafter Diskussionen auf wissenschaftlichen Kongressen. Die Aufnahme war nirgends eine freundliche oder wohlwollend zuwartende.

Nach kürzester Bekanntschaft mit der Psychoanalyse war die deutsche Wissenschaft in ihrer Verwerfung einig. Ich kann natürlich auch heute nicht wissen, welches das endgültige Urteil der Nachwelt über den Wert der Psychoanalyse für Psychiatrie, Psychologie und Geisteswissenschaften überhaupt sein wird. Aber ich meine, wenn die Phase, die wir durchlebt haben, einmal ihren Geschichtsschreiber findet, wird dieser zugestehen müssen, daß das Verhalten ihrer damaligen Vertreter nicht rühmlich für die deutsche Wissenschaft war. Ich beziehe mich dabei nicht auf die Tatsache der Ablehnung oder auf die Entschiedenheit, mit der sie geschah; beides war leicht zu verstehen, entsprach nur der Erwartung und konnte wenigstens keinen Schatten auf den Charakter der Gegner werfen. Aber für das Ausmaß von Hochmut und gewissenloser Verschmähung der Logik, für die Roheit und Geschmacklosigkeit der Angriffe gibt es keine Entschuldigung. Man kann mir vorhalten, es sei kindisch, noch nach fünfzehn Jahren solcher Empfindlichkeit freien Lauf zu geben; ich würde es auch nicht tun, wenn ich nicht noch etwas anderes hinzuzufügen hätte. Jahre später, als während des Weltkrieges ein Chor von Feinden gegen die deutsche Nation den Vorwurf der Barbarei erhob, in dem all das Erwähnte zusammentrifft, schmerzte es doch tief, daß man aus eigener Erfahrung dem nicht widersprechen konnte.«[6]

Freud stieß mit seinen Theorien, Diagnosen und Therapien auf wenig Verständnis seiner ärztlichen Kollegen.[7] Gleichwohl war er in der Lage, eine relativ prosperierende Praxis zu betreiben, die vor allem von Angehörigen der Wiener Oberschicht besucht wurde. Seine Kollegen – etwa Krafft-Ebing – setzten sich für seine Ernennung zum a. o. Professor ein. Die Selbstbeschreibung des permanenten Außenseiterdaseins gehört zur psychoanalytischen Identitätsproduktion wie das Konstrukt der kleinen Gemeinschaft. Folgerichtig stößt man in der Literatur der Gefolgsleute dieser frühen Jahre auf einen Ton der religiösen Überhöhung. Freud trägt da das Kreuz der Wahrheitsentdeckung, ist für die Menschheit tätig, und einer seiner Schüler fragt ganz ernsthaft, ob dieser Mann aus dem gleichen Stoffe, aus dem gleichen Ton gemacht sei wie er, der Jünger.

Erste Organisationen

Der reale und/oder phantasierte Außendruck macht die Organisation der zunächst kleinen Anhängerschar nötig. 1902 beginnen die psychoanalytischen Mittwochsversammlungen in Wien, aus denen die Wiener Ortsgruppe der 1910 gegründeten Internationalen Psychoanalytischen Vereinigung hervorgeht. Nachdem 1908 erstmals ein internationaler Kongreß zur Psychoanalyse einberufen worden war, entsteht 1909 das Jahrbuch für psychoanalytische und psychopathologische Forschung, 1910 das Jahrbuch für Psychoanalyse, 1911 das Zentralblatt für Psychoanalyse. Medizinische Monatsschrift für Seelenkunde, 1913 die Internationale Zeitschrift für ärztliche Psychoanalyse. Offizielles Organ der Internationalen Psychoanalytischen Vereinigung, 1912 Imago. Zeitschrift für Anwendung der Psychoanalyse auf die Geisteswissenschaften.

Der Wiener Verlag Deuticke läßt ab 1906 eine kleine Reihe mit Freuds Schriften erscheinen; die Reihe »Schriften zur angewandten Seelenkunde« wird etabliert. 1918 schließlich gründet Freud den Internationalen Psychonalytischen Verlag, der wiederum einen psychoanalytischen Almanach herausgibt und zum Hausverlag der Freudschen Schriften und anderer psychoanalytischer Literatur wird. 1929 erscheint die Zeitschrift Die psychoanalytische Bewegung. Förderer – etwa der ungarische Industrielle und Patient Freuds, Anton von Freund – gründen eine Stiftung zur Unterstützung der Freudschen Wissenschaft.

Immer steht Freud im Zentrum:

> »Wenn ich im Nachstehenden Beiträge zur Geschichte der psychoanalytischen Bewegung bringe, so wird sich über deren subjektiven Charakter und über die Rolle, die meiner Person darin zufällt, niemand verwundern dürfen. Denn die Psychoanalyse ist meine Schöpfung, ich war durch zehn Jahre der einzige, der sich mit ihr beschäftigte, und alles Mißvergnügen, welches die neue Erscheinung bei den Zeitgenossen hervorrief, hat sich als Kritik auf mein Haupt entladen. Ich finde mich berechtigt, den Standpunkt zu vertreten, dass auch heute noch, wo ich längst nicht mehr der einzige Psychoanalytiker bin, keiner besser als ich wissen kann, was die Psychoanalyse ist, wodurch sie sich von anderen Weisen das Seelenleben zu erforschen, unterscheidet und was mit ihrem Namen belegt werden soll oder besser anders zu benennen ist.«[8]

Die religiöse Färbung der Selbstbeschreibung verknüpft sich hier mit dem Begriff der »Schöpfung«, wo Freud doch konsequent von »Entdeckung« reden müßte. Aber zum Zeitpunkt der Niederschrift dieses Passage (1914) ist die Psychoanalyse schon auf dem Weg von der wissenschaftlichen Methode, der ärztlichen Diagnose und Therapie zur Gesellschaftstheorie, ja zur Universalwissenschaft und sozialen »Bewegung«. Jetzt kann auch von »Schöpfung« geredet werden, weil hier der Welt ein rettendes Modell der Wahrheit und der Moral vorgestellt wird. Diese Selbstwahrnehmung korrespondiert mit oft artikulierten Größenideen – man lese in diesem Zusammenhang Freuds Briefe an Fließ – und mit der schon angesprochenen permanenten Unzufriedenheit angesichts der endlich einsetzenden affirmativen Rezeption, organisatorischer Erfolge, des Ruhms usw.

Bewegung

Es gehört zur Struktur der psychoanalytischen Bewegung, daß ihre Mitglieder zum Teil von Freud selber analysiert werden, sich gegenseitig analysieren und zwischen Patient und Arzt-Status oszillieren.

Das gilt für die früh zu Freud stoßenden (und sehr schnell verstoßenen) Swoboda und Weininger, die – wie Freud selber schreibt – als schwerkranke Menschen zu ihm kommen und gleichzeitig in den wissenschaftlichen Diskurs gezogen werden. Und das gilt auch für einen seiner ersten Schüler, Felix Gattel. Gattel (1870-1904) kommt als Patient und Kollege, will – schon 1897 – durch empirische Forschungen am »Krankenmaterial« Freuds Ätiologie bestätigen. Freud schreibt über ihn: »Mein Schüler Dr. Gattel war ein Stück von einer Enttäuschung. Sehr begabt und feinsinnig, ist er durch seine eigene Nervosität und durch mehrfache unvorteilhafte Züge seines Charakters doch eigentlich als ungenießbar zu klassifizieren... Der Esel schämt sich übrigens (seiner) Geständnisse.«[9] Doch bald gibt es Probleme nicht nur wegen der Geständnis-Scham. Wie so häufig geht es um Prioritätsfragen; Gattel möchte Fälle beschreiben und Material publizieren, auf das Freud Anspruch anmeldet. Gattel wird aufgegeben: »...ist aus zu schlechtem Familienmaterial gemacht. Meine Pflicht als Lehrer habe ich gegen ihn zu erfüllen gesucht. Er hat eine Menge erfahren, begreift sehr leicht und setzt sehr gut fort. Er macht sich das Glauben allzu bequem. Hängt sich gleich mit Haut und Haaren an. Infolge all dieses Pro und Contra fühle ich gegen ihn wie gegen einen ungeratenen Sohn. Ich wünsche ihm das Beste und muß seine Schande als meine nehmen.«[10] Deutlich tritt hier wieder die Enttäuschungs- und Beharrlichkeitsgeste Freuds hervor. Gattel figuriert als ›Sohn‹. Aber alle psychoanalytischen ›Söhne‹ machen Ärger, schaffen Probleme, sind eher Belastung, denn Unterstützung. Die Isolation des Meisters können sie nicht durchbrechen[11].

Doch die Worte über Gattel kennzeichnen darüber hinaus die besondere Form psychoanalytischer Vergemeinschaftung[12]. Auf die Bedeutung der Erfahrung, Analysand und Analytiker zu sein, wurde schon hingewiesen. Die Subjekte schließen ihre ihnen selbst unbewußten psychischen Räume auf und vertrauen sich gegenseitig intime Geständnisse an, welche allerdings streng szientistisch als Ausdruck allgemeiner Trieb-Gesetze behandelt werden. Die Anlehnung, das Reden von sich, die Geständnisse, die Wahrhaftigkeit und Authentizität und der so erhaltene Trost bewirken Teilhabe an privilegiertem Wissen. Dieser warme Szientismus stützt die Individuen, verleiht ihnen Selbst-Bewußtsein; in der Form der Analyse wird Mitleid organisiert. Die Psychoanalyse verbindet damit die Stärke und Anziehungskraft moderner, expansiver Wissenschaftlichkeit mit individuellen und sozialen Sinnstiftungen.

Dabei steht das Subjekt immer im Mittelpunkt der wissenschaftlichen Bemühungen. Seine Existenz objektiviert sich in der analytischen Deutung. Eigentlicher Transformationsriemen für diese Gemeinschaftsbildung zwischen Analytiker und Analysand ist die Übertragung. Der Analysand kann in dieser spezifischen Kommunikationsform seine frühen Affekte am Analytiker ausagieren, reflektieren, durch- und verarbeiten. Dies schafft eine besondere Nähe durch besondere Emotionalisierung und Durchleben bestimmter Traumata, Ängste usw. Zwischen Analytiker und Analysand entsteht eine spezifische Gemeinschaft, denn auch der Therapeut muß ständig in sich gehen, seine Gefühle gegenüber dem Patienten reflektieren, seine Gegenübertragung kontrollieren.

Dieses Bündnis aus Rationalität und Wärme tendiert zur Dauer. Bezeichnenderweise gerät die potentiell »unendliche Analyse« schon früh in den Blick der Bewegung. Die Ablösung aus der gesuchten Nähe fällt vielen schwer. Manche Patienten unterhalten etwa zu Freud lebenslange Beziehungen, werden selber Therapeuten, übernehmen Funktionen in den psychoanalytischen Ortsgruppen und Vereinen, bemühen sich publizistisch und auf vielfältige andere Weise um die Verbreitung der Botschaft. So entsteht ein Netzwerk, ein sozio-kulturelles Gewebe, das tiefreichend wirkt und aus den Sinnproduktionen des 20. Jahrhunderts nicht wegzudenken ist.

Die Psychoanalyse mußte notwendig »Bewegung« werden. Sie meldet mit ihrer zunehmenden Organisierung und Institutionalisierung universale Geltungsansprüche an, ist Weltexpertentum, hält für alle Lebensbereiche Antworten parat (und erfindet auch ein paar Fragen, für diese Antworten). Es gibt kein Thema, zu dem sie nicht Stellung bezogen hätte: Krieg, Ästhetik, Literatur, Politik, Erziehung, Sexualität und ihre richtige Praxis. In ihrem Mix aus überlegenem Wissen und Geborgenheits-Versprechen setzt diese Ausweitung der Psychoanalyse zur Universalwissenschaft die Übertragungsnähe fort; eine totale Institution entsteht. Hermetik schützt.

Sezessionen

Aber die Bewegung sieht sich immer mit Abfallbewegungen konfrontiert, ja, genauer formuliert: immer wieder werden Sezessionen konstruiert, um die Identität der ursprünglichen Schöpfung zu schützen. Die bekanntesten frühen Fälle sind die Therapievarianten von Alfred Adler und C. G. Jung. Beide prägen eigene, originäre psychologische

Metatheorien aus und werden noch vor Beginn des Ersten Weltkriegs aus der Bewegung gedrängt. Beide gehören zur Gruppe der frühen Getreuen, was ihre Sezession besonders brisant macht. Freud schreibt zu diesen unbotmäßigen Schülern:

»Die ›Individualpsychologie‹ Adlers ist jetzt eine der vielen psychologischen Richtungen, welche der Psychoanalyse gegnerisch sind und deren weitere Entwicklung außerhalb ihres Interesses fällt. Die Adlersche Theorie war von allem Anfang an ein ›System‹, was die Psychoanalyse sorgfältig zu sein vermied... Die Adlersche Lehre ist... weniger durch das charakterisiert, was sie behauptet, als durch das, was sie verleugnet... Auf dem Münchner Kongreß sah ich mich genötigt, dieses Halbdunkel aufzuhellen, und tat es durch die Erklärung, daß ich die Neuerungen der Schweizer nicht als legitime Fortsetzung und Weiterentwicklung der von mir ausgehenden Psychoanalyse anerkenne. Außenstehende Kritiker... hatten diesen Sachverhalt schon vorher erkannt, und Abraham spricht mit Recht davon, daß sich Jung auf dem vollen Rückzuge von der Psychoanalyse befinde... Ich bin natürlich gern bereit zuzugestehen, daß ein jeder das Recht hat, zu denken und zu schreiben, was er will, aber er hat nicht das Recht, es für etwas anderes auszugeben, als es wirklich ist.«[13]

Wieder stoßen wir auf den substanzialistischen Wahrheitsbegriff, der hier pluralistischen Interpretationen entgegengesetzt wird, denn die zugestandene Freiheit, zu denken und zu schreiben, was man wolle, findet ihre Aufhebung in dem Satz, dabei müsse aber so beschrieben werden, »wie es wirklich ist«. Solche Worte zeigen darüber hinaus aber auch die Fähigkeit einer solchen psychonalytischen Argumentation, Gegner zu delegitimieren, ohne sich mit ihren Argumenten auseinandersetzen zu müssen. Lesen wir noch eine Darstellung Freuds zu den abweichenden Positionen:

»In Europa vollzogen sich in den Jahren 1911-1913 zwei Abfallsbewegungen von der Psychoanalyse, eingeleitet von Personen, die bisher eine ansehnliche Rolle in der jungen Wissenschaft gespielt hatten, die von Alfred Adler und von C. G. Jung. Beide sahen recht gefährlich aus und gewannen rasch eine große Anhängerschaft. Ihre Stärke dankten sie aber nicht dem eigenen Gehalt, sondern der Verlockung, von den anstößig empfundenen Resultaten der Psychoanalyse freizukommen, auch wenn man ihr tatsächliches Material nicht mehr verleugnete... Die Kritik begegnete beiden Häretikern mit großer Milde; ich konnte nur erreichen, daß Adler wie Jung darauf verzichteten, ihre Lehre ›Psychoanalyse‹ zu heißen. Man kann heute, nach einem Jahrzehnt, feststellen, daß beide Versuche an der Psychoanalyse schadlos vorübergegangen sind. Wenn eine Gemeinschaft auf Übereinstimmung in einigen kardinalen Punkten begründet ist, wird es selbstverständlich, daß diejenigen aus ihr ausscheiden, welche diesen gemeinsamen Boden aufgegeben haben. Doch hat man häufig den Abfall früherer Schüler als Zeichen meiner Intoleranz mir zur Schuld angerechnet oder den Ausdruck eines besonderen auf mir lastenden Verhängnisses darin gesehen. Es genüge dagegen, darauf hinzuweisen, daß denen, die mich verlassen haben, wie Jung, Adler, Stekel und wenige andere, eine große Anzahl von Personen gegenübersteht, die, wie Abraham, Eitington, Ferenczi, Rank, Jones, Brill, Sachs, Pfarrer Pfister, van Emden, Reik u. a. seit etwa fünfzehn Jahren mir in treuer Mitarbeiterschaft, meist auch in ungetrübter Freundschaft anhängen... Der Weltkrieg, der so viele andere Organisationen zerstört hat, konnte unserer »Internationalen« nichts anhaben.«[14]

Kritiker sind kranke Menschen, traumatisiert, ängstlich, feige, analsadistisch, vom Ödipus-Komplex getrieben und ganz allmählich verschiebt sich der Diskurs; nicht mehr über die Psychoanalyse wird gestritten, sondern über die psychischen Defizite ihrer Kritiker. Aus der Reihe der von Freud hier noch als Getreue Genannten werden dann irgendwann Rank und Ferenczi herausfallen und als »neurotisch gestört« diagnostiziert.

So sieht Freud in Jungs Abfall den Versuch des Sohnes, dem Vater Frauen zu stehlen. Jung habe Patientinnen abwerben wollen. Er äußert sich über einen dieser Verführungsfälle:

»Als ich ihre Krankengeschichte hörte, wollte ich sie anfangs nicht übernehmen; später war ich neugierig, unwissend und erwerbslustig genug, um doch eine zwangsfreie Analyse bei ihr zu beginnen. Mit durchaus negativem Erfolg, wenigstens für sie. Die Analyse hat ihr einiges zu danken: Sie hat mir die Aufklärung einiger Kinderlügen geschenkt, mich auf die Spur der Disposition zur Zwangsneurose geleitet. Sie war auch die erste Gelegenheit, an der C.G.Jung seinen zweifelhaften Charakter verriet, für den seine späteren schiefen

> Theorien mich nicht entschädigen konnten. Während einer Ferienanwesenheit in Zürich ließ sie ihn einmal kommen, um seine Bekanntschaft zu machen. Er drückte ihr bei diesem Anlaß sein Erstaunen darüber aus, daß sie es bei mir in einer Analyse ohne Wärme und Sympathie aushalten könne, und empfahl sich selbst für eine höher temperirte, schwungvollere Behandlung. Als sie ihn mahnte, daß sie mir diese Äußerung werde berichten müssen, erschrak er und bat sie, es nicht zu thun. Der erste noch nicht sublimirte Versuch, dem Vater das Weib-Objekt streitig zu machen, war dem zärtlichen Sohn misglückt; der zweite folgte zwei Jahre später.«[15]

Wobei mit dem Hinweis auf den zweiten Versuch Jungs Usurpation der Internationalen Psychoanalytischen Vereinigung gemeint ist. Parallel zu diesen Erklärungen der Sezessionen arbeitet Freud an »Totem und Tabu«, wo der Vatermord in der Urhorde psychoanalytisch enträtselt und als pylogenetisches Erbe jeder Einzelpsyche beschrieben wird. Diese Analyse der Sezessionen, dieses Krankschreiben aller Kritiker ist dabei relativ unabhängig von bestimmten wissenschaftlichen Details. Ja, einige der Thesen des Meisters enthüllen sich als beliebige Setzungen. So schreibt Freud etwa einmal über die Rolle der »Urszene« erster sexueller Erlebnisse:

> »Ich darf davon absehen, daß dies Verhalten erst zwei Dezennien später in Worte gefaßt werden konnte, denn alle Wirkungen, die wir von der Szene ableiten, haben sich ja in Form von Symptomen, Zwängen usw. bereits in der Kindheit und lange vor der Analyse geäußert. Die Realität dieser Szene im Gegensatz zur Annahme ihrer phantastischen Natur ist natürlich die Voraussetzung der obigen Erörterungen.«

Und entschließt sich dann ohne jede weitere Relativierung seiner Kategorien, diesen Satz zu streichen und statdessen zu formulieren: »Dabei ist es gleichgültig, ob man sie als Urszene oder als Urphantasie gelten lassen will.«[16] So ändern sich Wissenschaft und Wahrheit mit einem Bleistiftstrich. Hier geht es nicht um einen Streit zwischen unterschiedlichen ärztlichen Strategien; der Patient spielt bei diesen Sezessions-Diskursen sowieso keine Rolle. Es geht um die Wahrheit, um die Wahrheit als Machtmittel.

Freud selbst spricht von Dogma und Glauben. Und das Herausdrängen anderer Positionen dient der Identitätsstützung der Bewegung; ohne Ausschlüsse, Abfälle geht es nicht, soll der Gemeinschaftskern nicht ausfransen und seine organisierende Kraft verlieren. Schon kleinste Abweichungen reichen aus, um die Trennung zu begründen. An einer Stelle der Freudschen Selbstdarstellung heißt es über eine positive Stellungnahme des Psychiaters Bleuler zur Psychoanalyse: »Bald darauf veröffentlichte Bleuler seine Schrift zur Verteidigung der Psychoanalyse (›Die Psychoanalyse Freuds‹, 1910). So erfreulich es war, daß in dem Streit einmal auch Gerechtigkeit und ehrliche Logik zu Worte kamen, so konnte mich die Arbeit Bleulers doch nicht völlig befriedigen. Sie strebte zu sehr nach dem Anschein der Unparteilichkeit; es war kein Zufall, daß man gerade ihrem Autor die Einführung des wertvollen Begriffes der Ambivalenz in unsere Wissenschaft zu danken hatte. In späteren Aufsätzen hat Bleuler sich so ablehnend gegen das analytische Lehrgebäude verhalten, so wesentliche Stücke desselben bezweifelt oder verworfen, daß ich mich verwundert fragen konnte, was für seine Anerkennung davon erübrige. Und doch hat er auch später nicht nur die herzhaftesten Äußerungen zugunsten der »Tiefenpsychologie« getan, sondern auch seine großangelegte Darstellung der Schizophrenien auf sie begründet.«[17]

Unzureichend ist Bleulers lobende Arbeit, weil sie Ambivalenzen betont, Zweifel artikuliert und eben nicht Partei nehmen will. Ihre wissenschaftliche Nüchternheit stört; sie legt kein Glaubensbekenntnis ab, weiht sich nicht der Sache und der Person. Unparteilichkeit verträgt die Gemeinschaft nicht. Sie wird auch von den Anhängern nicht gewollt. Feste Formationen sind gefragt. Das Lagersyndrom ist in Freuds Dichotomien inhaltlich angelegt. Deutlich werden Freund/Feind Schemata produziert, in der Scheidung des Unbewußten vom Bewußten, zwischen Es und Ich, zwischen Triebchaos und Ordnung der Vernunft. Gerade dieses Denken in dualistischen Kategorien übt große Anziehungskraft aus.

Ein Jünger

Hanns Sachs (1881-1947) gehört zur Gruppe der frühen Kampfgefährten und ist Freud über dessen Tod hinaus treu ergeben geblieben. Seine Erinnerungsschrift an die Psychoanalyse trägt den Titel »Freud – Meister und Freund«. Wir haben hier damit ein Protokoll der innerpsychischen Konstruktion des analytischen Wahrheitsimperiums:

»In gewissem Sinne könnte das Buch ein Stück meiner Selbstbiographie genannt werden, denn es behandelt die Persönlichkeit des Mannes, der ein Teil, und zwar der wichtigste, alles andere verdrängende Teil meines eigenen Lebens war und noch immer ist. Der Rest meines Lebens, wie immer ich selbst darüber urteile, würde der Welt im allgemeinen kaum wichtig erscheinen. Meine Schicksalsstunde schlug, als ich die Traumdeutung zum ersten mal öffnete; es war wie die Begegnung mit der ›femme fatale‹, nur mit wesentlich günstigeren Folgen. Bis zu jenem Augenblick war ich ein junger Mann gewesen, der Jus studieren sollte, aber dieser Verpflichtung nur unvollkommen nachkam: ein ziemlich häufiger Typus in der Wiener Mittelklasse um die Wende des Jahrhunderts. Als ich das Buch beendet hatte, wußte ich, daß ich das einzige gefunden hatte, wofür zu leben es sich lohnte. Viele Jahre später entdeckte ich, daß es auch das einzige war, wovon ich leben konnte. Als ich Freud persönlich kennen lernte, wurde er das große Ereignis und Abenteuer meines Lebens. Wenn ich auf meine Vergangenheit zurückblicke, finde ich die Abschnitte darin bestimmt durch die verschiedenen Epochen unserer gegenseitigen Beziehungen und durch meine Reaktion auf seine neuen Entdeckungen und Ideen. Fast alles, was mir sonst auf meinem Lebensweg begegnete, wie tief es mich auch bewegte, ist heute bloße Erinnerung; ein seltsames Etwas, Fleisch von meinem Fleisch und Blut von meinem Blut, und doch haftet etwas Fremdes daran, als ob ich es auf einem anderen Planeten erlebt hätte. Doch mit den Dingen, die Freud betreffen, steht es anders. Sie sind heute noch, was sie einst waren, meine lebendigsten Erlebnisse. Sie gehören zu mir, genauso wie in der längts vergangenen Zeit, in der ich sie erlebte. Wenn ich dieses Buch eine Selbstbiographie nenne, so heißt das nicht, daß ich meine eigene Person in den Vordergrund schieben will. Ganz im Gegenteil; ich habe den Gedanken, über Freud anders als mit Ausschließung der eigenen Person zu schreiben, lange Zeit mit Unwillen von mir gewiesen. Ich hatte keine Lust, mich zu den Zwergen zu gesellen, die sich ihrer Freundschaft mit einem Riesen rühmen, einer Freundschaft, die sich oft zur Intimität steigert, wenn der Riese tot ist. Doch eines Tages (es geschah wirklich an einem bestimmten Tag) blickte ich um mich, und es kam mir zum Bewußtsein, daß nur wenige von denen noch am Leben sind, die den inneren Kreis seiner Jünger gebildet hatten und die jahrelang in seiner Nähe lebten, so daß ihnen der ständige persönliche Verkehr mit ihm vergönnt war. Da erkannte ich meine Pflicht und ich nahm sie auf mich.«[18]

Wieder fällt die religiöse Färbung dieser Sprache auf. Die eigenen Erfahrungen jenseits von Freud sind Sachs fremd. Das Leben erscheint merkwürdig entrückt, ungelebt. Erst mit Freud zieht in diese Existenz Authentizität ein. Sie sind noch lebendig; Freud schenkt das ewige Leben. Davon muß Rechenschaft abgelegt werden. Die Lektüre der »Traumdeutung« wird zum Schlüsselerlebnis. Sachs erlebt eine Erwekkung, eine Konversion zur Wahrheit des Lebens, zur totalen Erklärung. Alle Widersprüche werden »restlos geklärt«[19]. Wahrheiten werden enthüllt; dieser Aufklärung will Sachs seine Existenz weihen.

Enträtselung, umfassende Welterklärung bedeutet Unterwerfung unter den Meister, mit dem eine Gemeinschaft der Wärme und des Wissens gesucht wird. Unerträglich ist die Vorstellung, mit Freud im Streit zu liegen:

> »Ein einziges Mal tat ich bewußt und eigensinnig etwas, was er mißbilligte. Er sprach zu mir davon, als es fast vorüber war, nur drei oder vier Worte mit leiser Stimme – es war fast wie ein ›Beiseitesprechen‹ auf der Bühne. Diese Worte, die einzigen unfreundlichen, die ich je von ihm hörte, bleiben tief in meinem Gedächtnis eingegraben. Aber als die Episode vorbei war, war sie vergeben, wenn auch nicht vergessen, und hatte keinen dauernden Einfluß auf seine Einstellung zu mir. Wenn ich auch heute noch nicht ohne ein leises Gefühl der Beschämung an sie denken kann, so wird dieses Gefühl gemildert durch den Gedanken: Ein einziges Mal in einem ganzen Leben, einmal in fünfunddreißig Jahren! Das stellt mir kein allzu schlechtes Zeugnis aus.«[20]

Freuds Name taucht in diesem Abschnitt gar nicht auf; die Personalpronomen ersetzen den Namen. Von »ihm« ist nur in der Geste der eigenen Wertlosigkeit zu sprechen. Aus der Distanz des Unterworfenen, Schwachen heraus.

Demgegenüber steigt Freud zum Übermenschen auf, der sich seiner neuen Welt völlig hingibt. In dem ein Feuer brennt, der lebt. Psychoanalyse als – jetzt schon im Ton des Selbstverständlichen formuliert – Religion: »Wie jede andere Religon stellte sie das Leben der Gläubigen unter strenge Regeln und Verbote. Von den kleinsten Einzelheiten der täglichen Routine bis zu den allerwichtigsten Entscheidungen wurde alles durch ihr Diktat bestimmt. Nicht nur Freud selbst nahm die Befolgung dieser Regeln willig auf sich, sondern auch seine Umgebung. Daß seine Freunde mit seiner Lebensweise harmonierten, war die Folge einer natürlichen Auslese.«[21] Mit der Popularisierung der Psychoanalyse nahmen die Versuche Freuds und der anderen Alten zu, den Kurs der Großorganisation Internationale Psychoanalyse zu steuern. Insbesondere die jetzt Hinzustoßenden mußten geprüft werden.

Zu diesem Zweck wurde 1912 eine Geheimgesellschaft gegründet, das »Komitee«, die »Sieben Ringe«. Diese sechs alten, von Freud mit Freundschaftsringen ausgestatteten Kampfgefährten (Rank, Abraham, Eitingon, Jones, Ferenczi, Sachs) und er selber sollten als heimliche Elite die Entwicklung der Wissenschaft in Freuds Sinne, in der Tradition der Kampfzeiten organisieren und leiten. Die einzelnen Mitglieder wurden auf psychoanalytische Ortsgruppen verteilt, sollten von dort berichten und die weitere Entwicklung der expandierenden Wissenschaft planen. Diese Elite stand in besonderer Nähe zu Freud, mit dem etwa nach Kongreßen der Internationalen Vereinigung in diesem kleinen Kreis diskutiert wurde. Zusammen ging man auf Wanderungen, besuchte Museen usw. Der Meister beriet seine Gefolgsleute in allen Lebensfragen. Empfahl Heiratskandidaten oder riet ab, äußerte sich zu Lebensumständen, Arbeiten, Patienten. Als Otto Rank, einer der Ringträger, einer der geheimen Sieben, mit der Entwicklung der Theorie vom Geburtstraume der dogmatisierten Lehre abtrünnig wird und wenig später stirbt, notiert Hanns Sachs, der mit Rank eng befreundet war:

> »Erstaunlicher war seine Ruhe, als Rank, sein engster und vertrautester Mitarbeiter durch zwanzig Jahre, ihn verließ. Aber er hatte bemerkt, daß in Ranks Charakterbildung eine grundlegende Wandlung eingetreten war, die um die Zeit begann, da des älteren Mannes tödliche Krankheit zum Ausbruch kam. (Freud verwendete in einem seiner Bücher die Beschreibung dieser Wandlung als erläuterndes Beispiel, natürlich, ohne anzugeben, wen er im Sinn hatte. Anm. d. Verf.) Da er sich darüber klar war, daß Rank in Zukunft mehr eine Belastung als ein Aktivposten für die Psychoanalyse sein würde, blieb er frei von jedem sentimentalen Bedauern.«[22]

Personen konnten sterben, die Wahrheit nicht. Und nur auf sie kommt es an.

Bilanz

Aufklärung und Selbstaufklärung des Menschen haben seine Identität als Individuum fragwürdig, ja überhaupt erst richtig zu einem Thema gemacht. Weit fortgeschritten in Richtung auf das Glück und die Freiheit ist niemand; und Begriffe wie Selbstverwirklichung oder Emanzipation lassen wir gleich am besten dort, wohin sie gehören, nämlich in den *Fitness-Centers* der Einzel-, Paar- und Gruppentherapeuten.

Fragwürdig gewordene Selbstwahrnehmung der Individuen – dies Phänomen besitzt auch eine gesellschaftliche Dimension. Denn wenn die vielen einzelnen nicht richtig wissen (= falsch wissen), wer oder was sie sind, sein sollen, sein können oder sein möchten, wenn sie schief in ihren Angeln sitzen, dann bilden sie in ihrer (Teil-)Gesamtheit eine ziemlich sinistre Gesellschaft. Die gewissermaßen permanent quietscht.

Im 19. Jahrhundert, und besonders um die Wende zum 20. Jahrhundert, die eben keine Wende war, nur eine kalendarische Kontingenz, hat man diesen Sachverhalt alarmiert und fürsorglich beobachtet und eine fast unübersehbar breite Palette von Abhilfe-Vorschlägen entwickelt. Als Ausgangspunkte dazu dienten Weltanschauungen[1], Weltbilder und Menschenerklärungsmodelle, die sich anheischig machen, wirklich alles, und das auch noch restlos, zu erklären und zugleich Anweisungen für das korrekte Benehmen der Individuen ausgeben.

Bei der Durchsicht dieser Vorschläge stößt man immer wieder auf die Sprachfigur des Neuen Menschen. Das läßt einen an die biblische Rede vom ›alten Adam‹ denken, den abzustreifen habe, wer ernsthaft das Heil in Christus suche. Jedoch führt diese Assoziation eher auf Nebenwege. Zwar sind Konversionen und Konvertiten, Wiedererweckte und Erweckungsbewegungen auch ein Kennzeichen des 20. Jahrhunderts[2]. Aber die mit ihnen unvermeidlich einhergehende

Dramatik ist lästig und vermehrt die krankheitsbedingten Ausfälle bei der Lebensarbeitszeit. Nein, den Neuen Menschen möchte es auf konstruktivere Weise geben.

Bei allem Sarkasmus, dessen man schlecht entraten kann, wenn man die »Kuppelung von Weltanschauung mit Tätigkeiten, die nur wenig von ihr vertragen«[3] näher betrachtet, kommen wir doch das eine oder andere Mal ins Würgen, weil auf jene ›konstruktivere Weise‹ auch jede Menge Leichen produziert worden sind.

Die gesellschaftliche Entwicklung der bürgerlichen Gesellschaft wurde gegen Ende des 19. Jahrhunderts mehr und mehr als Kränkung wahrgenommen, als individuelle und kollektive Frustration, als Gefahr für die Gegenwart und als grobe Unsicherheit für das zukünftige Heil. Die Ursachen für diese mißliche Lage wurden an den verschiedensten Stellen vermutet – sie mußten aufgedeckt und Schuldige entlarvt werden.

Aber wichtiger noch war das neue *design* für Individuum und Gesellschaft. Die Menschen wurden neu geplant und neu konstruiert, so daß sie aus der Not eine Tugend machen konnten. Wer nicht erlöst werden konnte oder wollte, wurde eliminiert. Der Tod als Grenzerfahrung. Die durch sie Hindurchgegangenen als Zombies einer neuen Zeit, in der alles anders werden sollte.

In Musils Roman über die ›Krise der europäischen Kultur‹[4] steht ein freundlicher und alles in allem sympathischer ›Mann ohne Eigenschaften‹ im Mittelpunkt. Auch wird diese Qualifikation geradezu positiv beurteilt. Dem Wirklichkeitssinn wird die Fähigkeit, »alles, was ebensogut sein könnte, zu denken und das, was ist, nicht wichtiger zu nehmen als das, was nicht ist.« Und wem darüber hinaus die Freude am Besitz der eigenen Eigenschaften fehlt, dem kann der Wirklichkeitssinn sich selbst gegenüber abhanden kommen, so daß er sich »eines Tages als ein Mann ohne Eigenschaften vorkommt.«[5]

Das ist die (seltene) aristokratische Version eines Zustandes, in die alle Neuen Menschen bugsiert werden. Funktionalistisch betrachtet: Es werden individuelle und kollektive Identitäten gebraucht, die einesteils haltbar und belastbar sind, die aber auch umgemodelt werden können, und zwar je nach Konstellation ziemlich quick.

Wir wollen in diese Bilanz keine kultur- und gesellschaftskritischen Vokabularien aus den fünfziger oder sechziger Jahren wieder aufnehmen. Aber wer unser Unternehmen bis hierher verfolgt hat, von der Einleitung zu ›Befreite Sexualität?‹ bis zum ›Prospekt‹ in dem Band ›Luftbrücken‹, wird erkannt haben, daß wir uns auf den Weg gemacht haben, um die großen Schrecken des 20. Jahrhunderts analysieren zu können, vor allem die beiden Totalitarismen, die Millionen und Abermillionen von Leichen produziert haben, um der Vision einer Welt willen, die doch eigentlich nicht für Menschen, sondern nur für Zombies bewohnbar wäre.

Musil, der sich schon ganz am Anfang seiner Karriere als Schriftsteller als *»monsieur le vivisecteur«*[6] bezeichnet, also Leichensezierer am Lebendigen sein will, Zombie-Arzt, hat mit dem Terminus vom Mann ohne Eigenschaften eine Grundformel für die Anordnung der Menschen zur Gesellschaft im 20. Jahrhundert entdeckt. Sie wird in den politischen Systemen dieses Jahrhunderts vielfältig variiert. Sie führt ein in die Problematik der Unvermeidbarkeit und Unerfüllbarkeit von Authentizität im Privaten und im Öffentlichen. Sie desavouiert alle Fundamentalismen und Relativismen gleichermaßen. Sie läßt auch leise Zweifel über die Grenzen dieses Phänomens zu. Inwieweit sind die Ärzte selbst von der Krankheit infiziert? Er z. B. mit seinen distanzierten Anmerkungen zur Demokratie, oder wir mit unserem Sarkasmus? Die Metapher von der Krankheit und den Ärzten darf man nicht zu bildlich nehmen, die von den Zombies auch nicht. Es geht uns nicht um die Dichotomie von Heil/Unheil. Und die Konstruktion eines Neuen Menschen als Zombie hat zwar enorme Kosten verursacht, aber sie ist immer wieder gescheitert. Was nichts anderes heißt als: Es geht weiter.

Anmerkungen

Einleitung

Menschen-Konstrukte: Haftungsprobleme der Individuen und ihre Anordnung zur Gesellschaft

1. Zu diesem Begriff vgl. Malcolm Waters, Globalization, London und New York 1995.
2. G. Marramao, Macht und Säkularisierung. Die Kategorie der Zeit, Frankfurt/M. 1989, S. 81.
3. Dieser Satz ist keine Paraphrase des bekannten akademischen Graffitti-Spruchs, wonach es kein richtiges Leben im Falschen geben könne. Allenfalls eine sarkastische.
4. Gottfried Küenzlen, Der Neue Mensch. Zur säkularen Religionsgeschichte der Moderne, München 1994, S. 20.
5. Damit ist die Zeitsequenz gemeint, die mit dem Verblassen der Verbindlichkeit von Transzendenz einsetzt. Das war zunächst ein regionales Phänomen im ›christlichen Abendland‹ und seinen Randzonen, wurde jedoch durch die Expansion des europäischen zum globalen internationalen System im 19. Jahrhundert ubiquitär.
6. Zygmunt Bauman, Dialektik der Ordnung. Die Moderne und der Holocaust, Hamburg 1992, S. 105.
7. Walker Percy, Is A Theory of Man Possible?, in: Signposts In A Strange Land, New York 1992, S. 111.
8. Er gehört damit in einen gar nicht so kleinen Haufen.
9. Walker Percy, op. cit., S. 126.
10. Unter einem internationalen System verstehen wir mit Aron »die Gesamtheit politischer Einheiten, welche untereinander reguläre Beziehungen unterhalten und in einen allgemeinen Krieg hineingezogen werden können«. Vgl. Raymond Aron, Frieden und Krieg. Eine Theorie der Staatenwelt, Frankfurt/M. 1963, S. 117.
11. Vgl. Wilfried von Bredow, Turbulente Welt-Ordnung. Internationale Politik am Ende des 20. Jahrhunderts, Stuttgart 1994, Teil I; Theodore H. von Laue, The World Revolutiuon of Westernization. The 2oth Century in Global Perspective, Oxford 1987.
12. Dabei ist nicht nur an die neuen Religionen in Asien oder die pittoresken Kulte im mittleren und südlichen Amerika zu denken, vielmehr auch an die Renaissance von islamischen und christlichen politischen Theologien.
13. Diese These spielt mit der schwerfüßigen kulturkritischen Behauptung von der »Antiquiertheit des Menschen«, mit der wir aber sonst nicht viel anfangen können.

14. Robert Walser, Maskerade (1927), in: ders., Das Gesamtwerk, hg. v. Jochen Greven, Bd. IX, Genf und Hamburg 1968, S. 40.
15. »Einmalig wie wir alle« ist der Titel eines Gedichtbandes von Peter Rühmkorf, der am 22.1.1991 in sein Tagebuch notiert hat: »Private Mythologien als letzter Hort des Individuellen: eine märchenhafte Unteilbarkeit der Person.« Peter Rühmkorf, Tabu I. Tagebücher 1989-1991, Reinbek 1995, S. 564. Private Mythologien, als Kunst oder als Macken, sind aber nur die durch den Rost gefallenen Krümel der öffentlichen Mythologien, die sich als Schablonen für die neuen, besser haftenden Individuen anbieten.

1.
Vermessung der Devianz: Schablonen für böse und bessere Monster

1. Dazu: Edgar Wind, Kunst und Anarchie. Die Reith Lectures 1966. Durchgesehene Ausgabe mit den Zusätzen von 1968 und späteren Ergänzungen, Frankfurt/ M. 1979, S. 43.
2. Die Galerien Roms. Ein kritischer Versuch von Iwan Lermolieff. I. Die Galerie Borghese. Aus dem Russischen übersetzt von Dr. Johannes Schwarze, in: Zeitschrift für bildende Kunst, 1874, S. 9.
3. Ebd., S. 10.
4. Ebd., S. 11.
5. Ebd., S. 8.
6. Sigmund Freud, Der Moses des Michelangelo (1914), in: Ders., Schriften zur Kunst und Literatur, Frankfurt/ M. 1987, S. 207.
7. Vgl. dazu die Debatte zwischen Henri Zerner, Giovanni Morelli et la science de l'art, in: Revue de l'Art, 40/41, 1978, S. 209ff und (eher kritisch was die Bedeutung Morellis angeht) Giovanni Previtali: A propos de Morelli, in: Revue de l'Art, 42, 1978, S. 27ff.
8. Zitiert nach Thomas A. Seboek/ Jean Umiker-Seboek, »Sie kennen ja meine Methode.« Ein Vergleich von Charles S. Peirce und Sherlock Holmes, in: Umberto Eco/ Thomas A. Seboek (Hg), Der Zirkel oder Im Zeichen der Drei – Dupin, Holmes, Peirce, München 1985, S. 60f.
9. Dazu: Massimo A. Bonfantini/ Giampaolo Proni, Raten oder nicht raten?, in: Eco/ Seboek (Hg), Der Zirkel, S. 190. Man muß etwas wissen, um richtig raten zu können. Jeder Schluß findet vor dem Hintergrund bestimmten Wissens statt.
10. Dazu die Kapitel über den gefährdeten Körper und über Emil Du Bois-Reymond in unseren »Lehren des Abgrunds« bzw. den »Luftbrücken«.
11. Vgl. Richard Sennett, Verfall und Ende des öffentlichen Lebens. Zur Tyrannei der Intimität, Frankfurt/M. 1983, Kapitel 9 über Akteur und Zuschauer.
12. Carlo Ginzburg, Spurensicherung – Der Jäger entziffert die Fährte,

Sherlock Holmes nimmt die Lupe, Freud liest Morelli. Die Wissenschaft auf der Suche nach sich selbst, in: Ders., Spurensicherungen. Über verborgene Geschichte, Kunst und soziales Gedächtnis, München 1978, S. 110.

13. Alphons Bertillon, Lehrbuch der Identifikation von Verbrechern, Angeklagten oder Verhafteten, von Verunglückten, Selbstmördern etc. – Das anthropometrische Signalement, Autorisierte deutsche Ausgabe von Dr. v. Sury, Bern/Leipzig 1895, S. LI-LII.
14. Ebd., S. Vf, Vorwort des Übersetzers.
15. Dazu Ginzburg, Spurensicherung, S. 111.
16. Francis Galton, Finger Prints, London 1893; Blurred Finger Prints, 1893; Enlarged Finger Prints, 1893; Finger Print Directory, 1895; Prints of Scars, 1895; Finger Print Evidence, 1902; On Dr. Fauld's Guide to Finger-Print Identification, 1905; und ders., Memories of my Life, London 1908, S. 244 zu seinen Auseinandersetzungen mit Bertillon und der größeren indexikalischen Qualität von Fingerabdrucksammlungen.
17. Cesare Lombroso, Der Verbrecher in anthropologischer, ärztlicher und juristischer Beziehung, in deutscher Bearbeitung von Dr. M. O. Fraenkel, mit Vorwort von Prof. Dr. jur. von Kirchheim, Hamburg 1887, S. VII.
18. Ebd., S. XXVIII.
19. Ebd., S. 22.
20. Ebd., S. 125.
21. Ebd., S. VIII.
22. Ebd., S. XVIII.
23. Ebd., S. 305.
24. Dazu in unseren »Lehren des Abgrunds« das Kapitel über Darwin.

2.
Entlarvung als Maskenspiel: Nietzsches Triebhydraulik

1. Der Begriff »Individualisierung« wird hier in seinen normativen Ansprüchen, quasi aus der Binnensicht der Individuen verwendet. Deskriptiv (aus der Außenperspektive) müßte die Verbindung von Individualisierungsansprüchen und gesellschaftlicher Uniformisierung, Normierung, Regulierung berücksichtigt werden.
2. Nietzsche, Jenseits von Gut und Böse. Vorspiel einer Philosophie der Zukunft (1886), Kritische Studienausgabe in 15 Bänden (KSA), hg. von Giorgio Colli/ Mazzino Montinari, Berlin/ New York 1967-1977, Bd. 5, S. 151.
3. Ebd., S. 22f, 29.
4. Ebd., S. 34.
5. Ders., Ecce Homo. Wie man wird, was man ist (1888), KSA Colli/ Montinari, Bd. 6, S. 322.

6. Vgl. Georg Simmel, Schopenhauer und Nietzsche. Tendenzen im deutschen Leben und Denken seit 1870 (1902), Hamburg 1990.
7. Friedrich Nietzsche, Zur Genealogie der Moral. Eine Streitschrift (1887), KSA Colli/ Montinari, Bd. 6, S. 277.
8. Ebd., S. 368f.
9. Rüdiger Safranski, Wieviel Wahrheit braucht der Mensch? Über das Denkbare und das Lebbare, München 1990, zeichnet diese möglichen Strategien an den Beispielen Rousseau, Kleist und Nietzsche nach. Safranskis Buch hätte einen besseren Titel verdient.
10. Nietzsche, Jenseits von Gut und Böse, S. 55.
11. Vgl. Alasdair MacIntyre, Der Verlust der Tugend. zur moralischen Krise der Gegenwart, Frankfurt/ New York 1987, S. 149ff.
12. Nietzsche, Genealogie, S. 273.
13. Ders., Jenseits von gut und Böse, S. 143.
14. Ebd., S. 142f.
15. Ebd., S. 225f. Das sind ja Nettigkeiten an die Adresse der Wissenschaft!
16. Ders., Genealogie, S. 365.
17. Robert Walser, Maskerade (1927), in: Ders., Das Gesamtwerk, hg. von Jochen Greven, Bd. 9, Genf/Hamburg 1968, S. 39.

3.
Bürgertum als Hölle: Das Arrangement der Leichen im Keller

1. Theodor W. Adorno, Minima Moralia. Reflexionen aus dem beschädigten Leben, Frankfurt/M. 1969 (7.-11. Ts.), S. 117 – es ist uns aufgefallen, wie geradezu unheimlich orthodox Adornos Formulierungen sind. Scheinbar nur apodiktisch und unwirsch gegenüber geistig Minderbemittelten, strahlen seine Sätze häufig eine schwer erträgliche Aura von abstraktem Dogmatismus aus.
2. Ernst Bloch, Das Prinzip Hoffnung. In fünf Teilen, Frankfurt/M. 1959, S. 194 f.
3. Karl Marx, Der 18. Brumaire des Louis Napoléon (1852), in: MEW, Bd. 8, Berlin 1960, S. 160 f.
4. Helmut Kreuzer, Die Bohème. Beiträge zu ihrer Beschreibung, Stuttgart (wie sinnig:) 1968, S. 43.
5. Richard Sennett, Verfall und Ende des Öffentlichen Lebens. Die Tyrannei der Intimität, Frankfurt/M. 1983, 2. Aufl., S. 223.
6. Peter Szondi, Theorie des modernen Dramas, Frankfurt/M. 1963, rev. Ausgabe, S. 31.
7. Sigmund Freud, Über 'Rosmersholm' (1916), in: F. Paul (Hg.), Henrik Ibsen, Darmstadt 1977, S. 126-133. Hier wird messerscharf auf den sexuellen Mißbrauch der Rebekka West durch ihren freidenkerischen und dem Bürgertum gegenüber feindlich eingestellten Stief- und eigentlich

sogar leiblichen Vater Dr. West geschlossen. Weil doch sein möchte, was nicht sein dürfte.

8. Gefunden in: Gerd Enno Rieger, Henrik Ibsen mit Selbstzeugnissen und Bilddokumenten, Reinbek 1990 (17.-19. Ts.), S. 82; ein Wiedergänger ist aber nichts anderes als ein Zombie.
9. Wladimir Admoni, Henrik Ibsen. Die Paradoxie eines Dichterlebens, München 1991, S. 102.
10. Henrik IBsens Sämtliche Werke in deutscher Sprache, durchgesehen und eingeleitet von Georg Brandes, Julius Elias, Paul Schlenther, Berlin 1898-1904; Band VII enthält »Gespenster« auf den Seiten 1-89. In unserem Text wird, wenn aus diesem Drama zitiert wird, nur die entsprechende Seitenzahl dieser Ausgabe angeführt.
11. Henrik Ibsens Sämtliche Werke..., Bd. I, S. 154-159.
12. Dieses Bild oder dieser Mythos von der Leiche im Laderaum spielt übrigens auch eine wichtige Rolle in dem Roman »Das Holzschiff« von Hans Henny Jahnn. Die Handlung dieses Romans spielt vor dem Ersten Weltkrieg, und sie wird in »Fluß ohne Ufer« fortgeführt. Das verdient hier nicht nur deshalb Erwähnung, weil dieses Romanwerk von Jahnn ganz zu Unrecht nicht zu den »großen Büchern« des 20. Jahrhunderts zählt (früher oder später wird es seinen Platz in diesem Pantheon einnehmen). Vom Bild der alles verderbenden Leiche im Laderaum scheint eine ganz eigentümliche phosphorglänzende Faszination auszugehen, die mehr über die bürgerlichen Schwierigkeiten mit dem Doppelstandard aussagt, als in den wortreichen Schriften der meisten Entlarver zu lesen ist.

4.
Gesellschaft mit Eigenleben: Durkheims Soziologie

1. Emile Durkheim, Der Selbstmord (1897), 3. Auflage Frankfurt/ M. 1990, S. 17.
2. Peter Wagner, Sozialwissenschaften und Staat.Frankreich, Italien, Deutschland 1870-1980, Frankfurt/M., New York 1990.
3. Vgl. dazu die Diskussion der statistischen Verfahren und Interperetationen Durkheims in Steven Lukes, Emile Durkheim. His Life and Work: A Historic and Critical Study, Harmondsworth 1988, S. 223f. Auch der statistische Blick konstruiert seine Wirklichkeit.
4. Durkheim, Selbstmord, S. 21f.
5. Ebd., S. 30.
6. Ebd., S. 232.
7. Ebd., S. 233.
8. Ebd., S. 160.
9. Ebd., S. 263.
10. Ebd., S. 245.

11. Ebd., S. 278f.
12. Ebd., S. 289.
13. Ebd., S. 451f.

5.
Moderne als Käfig: Webers Entzauberungen

1. Wir erinnern hier an Wittgensteins Tractatus logico-philosophicus: »Wenn ein Löwe sprechen könnte, wir könnten ihn nicht verstehen.«
2. Helmut F. Spinner, Weber gegen Weber: Der ganze Rationalismus einer »Welt von Gegensätzen«. Zur Neuinterpretation des Charisma der Gelegenheitsvernunft, in: Johannes Weiß (Hg), Max Weber heute – Erträge und Probleme der Forschung, Frankfurt/M. 1989, S. 257.
3. Das ist dann auch das Ergebnis aller utopischen, kapitalismuskritischen Unternehmerexperimente von Robert Owen bis Hans Heinz Porst.
4. Vgl. dazu Hans Haferkamp, »Individualismus« und »Uniformierung« – Über eine Paradoxie in Max Webers Theorie der gesellschaftlichen Entwicklung, in: Weiß (Hg), Max Weber heute, S. 461-496.
5. Dazu: Max Weber, Politik als Beruf (1919), in: Ders., Gesammelte politische Schriften, Hg von Johannes Winckelmann, 5. Aufl. Tübingen 1988, S. 505ff. Weil alles Betrieb ist, gibt es folgerichtig Probleme bei der Mitbestimmung.
6. Dazu gehören ältere Traditionen wie die rituelle Betonung der Gemeinschaftszugehörigkeit, die in Gottesdienstordnungen großen Platz einnimmt und die Selbstvergewisserung der Gläubigen neben die Verehrung Gottes stellt, und neuere Formen der Glaubensbezeugung durch individuelle Ergriffenheitserzählungen, Konversionsgeschichten, Massentaufen Erwachsener usw. Viele Beispiele finden sich in der Wanderpredigerbewegung in den USA Mitte/Ende des 19. Jahrhunderts, in der Bewegung der »reborn christians«, im dortigen (vor allem protestantischen) Medien-Fundamentalismus.
7. Vgl. Norbert Bolz, Auszug aus der entzauberten Welt. Philosophischer Extremismus zwischen des Weltkriegen, 2. Auflage München 1991
8. Max Weber, Wissenschaft als Beruf (1919), in: Ders., Gesammelte Aufsätze zur Wissenschaftslehre, Hg von Johannes Winckelmann, 6. Auflage Tübingen 1985, S. 594.
9. Ders., Richtungen und Stufen religiöser Weltablehnung (1916), in: Ders., Soziologie, Universalgeschichtliche Analysen, Politik, Hg von Johannes Winckelmann, eingel. von Eduard Baumgarten, Stuttgart 1973, S. 465f. Dieser Aufsatz wird in der Weber-Literatur häufig auch als »Zwischenbetrachtung. Stufen und Richtungen der religiösen Weltablehnung« zitiert.
10. Ebd., S. 464.
11. Ebd. Hervorhebung im Original.

12. Ebd., S. 469. Hervorhebungen im Original.
13. Vgl. Wilfried von Bredow/Thomas Noetzel, Luftbrücken – Politische Theorie für das 19. Jahrhundert. Zweiter Teil, Münster 1993.
14. Otto Gross (1877-1920), Sohn des bekannten österreichischen Kriminologen Hans Gross, Psychiater, zeitweilige Nähe zu Freud und Jung, Lebensreformer, Teil der Münchener und Berliner Bohème, Aufenthalte in Ascona und wegen seiner therapieresistenten Drogensucht in verschiedenen psychiatrischen Kliniken. Vgl. Wilfried von Bredow/Thomas Noetzel, Befreite Sexualität? Streifzüge durch die Sittengeschichte seit der Aufklärung, Hamburg 1990; Martin Green, The von Richthofen-Sisters. The Triumphant and the Tragic Modes of Love, New York 1974; Emanuel Hurwitz, Otto Gross – Paradies-Sucher zwischen Freud und Jung, Frankfurt/M. 1979; Wolfgang Schwentker, Leidenschaft als Lebensform. Erotik und Moral bei Max Weber und im Kreis um Otto Gross, in: Wolfgang J. Mommsen/Ders., Max Weber und seine Zeitgenossen, Göttingen/ Zürich 1988 (Veröffentlichungen des Deutschen Historischen Instituts London, Bd. 21), S. 661-681.
15. Weber, Religiöse Weltablehnung, S. 470f.
16. Ebd., S. 472.
17. Georg Lukács, Briefwechsel 1902-1917, Hg Éva Karádi/ Éva Fekete, Stuttgart 1982, S. 320f.
18. Max Weber, Wirtschaft und Gesellschaft – Grundriss der Verstehenden Soziologie (1921 Hg von Marianne Weber), neu Hg und ergänzt von Johannes Winckelmann, 5. Auflage Tübingen 1980, S. 141.
19. Weitere Kategorien ebd., S. 142f.
20. Weber, Demokratie in Rußland, S. 65.
21. Ders., Politik als Beruf, S. 545, 548f.
22. Vgl. gerade heute mit besonderem Interesse, Ders., Beamtenherrschaft und politisches Fühertum (1918) und Die Beamtenherrschaft in der auswärtigen Politik (1918), in: Ders., Politische Schriften, S. 320-351, 369-382.
23. Vgl. Helmut Lethen, Verhaltenslehren der Kälte – Lebensversuche zwischen den Kriegen, Frankfurt/M. 1994.
24. Weber, Wissenschaft als Beruf, S. 589ff.
25. Ebd., S. 604.
26. Ebd., S. 605.
27. Ebd.
28. Ebd., S. 604, Ders., Zwischen zwei Gesetzen (1916), in: Ders., Politische Schriften, S. 145 beschreibt den in der Moderne unumgänglichen Kampf zwischen Wertreihen und der Notwendigkeit der individuellen Entscheidung: »Immer aber wird er sich dann im Kampf gegen einen oder einige der anderen Götter dieser Welt und vor allem immer fern von dem Gott des Christentums finden – von dem wenigstens, der in der Bergpredigt verkündet wurde.«

6. Zerfall der Sprache: Lord Chandos Gets No Satisfaction

1. Panajotis Kondylis, Der Niedergang der bürgerlichen Denk- und Lebensform. Die liberale Moderne und die massendemokratische Postmoderne, Weinheim 1991, S. 73.
2. Selbstverständlich benutzt Kondylis diesen »Auch wir sind Arbeiter, wenn auch nur der Stirn«-Begriff nicht, und auch wir tun es nur mit leicht gespitzten Lippen.
3. Walter Jens, Der Mensch und die Dinge. Die Revolution der deutschen Prosa, in: Akzente, 4. Jg. 1957, S. 319 f.
4. Paul Requadt, Sprachverleugnung und Mantelsymbolik im Werke Hofmannsthals (1955), in: Sibylle Bauer (Hg.), Hugo von Hofmannsthal, Darmstadt 1968 (Wege der Forschung, Bd. 183), S. 40 f.
5. Vgl. u.a. Erwin Kobel, Hugo von Hofmannsthal, Berlin 1970, S. 143.
6. Hugo von Hofmannsthal, Ein Brief, in: ders., Ausgewählte Werke in zwei Bänden, Bd. 2: Erzählungen und Aufsätze, hg. v. Rudolf Hirsch, Frankfurt/M. 1958, S. 337-248 (im folgenden werden bei wörtlichen Zitaten aus dieser Erzählung die entsprechenden Seitenzahlen dieser Ausgabe in Klammern nachgestellt).
7. Waltraud Wiethölter, Hofmannsthal oder Die Geometrie des Subjekts. Psychostrukturelle und ikonographische Studien zum Prosawerk, Tübingen 1990 (Studien zur deutschen Literatur, Bd. 106), S. 63.
8. Richard Brinkmann, Hofmannsthal und die Sprache, in: Deutsche Vierteljahrsschrift für Literaturwissenschaft und Geistesgeschichte, 35. Jg. 1961, S. 71.
9. Vgl. E. Kobel, a.a.O., S. 143 oder Gerhard Austin, Phänomenologie der Gebärde bei Hugo von Hofmannsthal, Heidelberg 1981, S. 62 f.
10. An dieser Stelle wäre eigentlich ein kleiner Exkurs zum »deutschen Jüngling« fällig, einer Schablone des nationalistischen Deutschland, worüber es früher voluminöse Anthologien gab. Auch der englische Lord gehört dahin.
11. Waltraut Wiethölter, a.a.O., S. 67 f.
12. Luc Ferry, Der Mensch als Ästhet. Die Erfindung des Geschmacks im Zeitalter der Demokratie, Stuttgart und Weimar 1992, S. 305.
13. Walter Benjamins Brief an Adorno vom 7.5.1940, aus dem diese Passage stammt, ist abgedruckt und kommentiert bei: Andreas Härter, Der Anstand des Schweigens. Bedingungen des Redens in Hofmannsthals ›Brief‹, Bonn 1989 (Studien zur Germanistik, Anglistik und Komparatistik, Bd. 120), S. 127 f.

7.
Die Gemeinschaft ist kein Idyll: Beobachtungen eines Vikars

1. Georg Simmel, Die Großstädte und das Geistesleben, in: ders., Brücke und Tor, hg. v. Michael Landmann, Stuttgart 1956, S. 227-242.
2. Wilhelm Bölsche, Hinter der Weltstadt. Friedrichshagener Gedanken zur ästhetischen Kultur, Jena und Leipzig 1912, 2. Aufl.
3. Das 1871 gegründete Deutsche Reich war durch die »späte« Nationalstaatsbildung in einer besonderen Aufholsituation gegenüber den etablierten europäischen Nationalstaaten mit imperialistischen Ambitionen. Jedenfalls wurde das von den Eliten so wahrgenommen. Aus solcher Selbst- und Umweltperzeption heraus sind viele der ansonsten eher merkwürdig anmutenden politischen Entscheidungen der Staatsführung und der staatstragenden Schichten einigermaßen verständlich. Darüber gibt es eine umfangreiche Literatur, deren Wertungskriterien im Lauf der Jahre Veränderungen durchliefen. Als Ausgangspunkt für eigene Reflexionen (die dann weit von ihm fortführten) diente hier: Norbert Elias, Studien über die Deutschen. Machtkämpfe und Habitusentwicklung im 19. und 20. Jahrhundert, hg. v. Michael Schröter, Frankfurt/M. 1989.
4. W. Bölsche, a.a.O., S. XI und XII.
5. Heinrich Wolfgang Seidel, Drei Stunden hinter Berlin. Briefe aus dem Vikariat 1902, hg. v. Ina Seidel, Gütersloh 1951.
6. Die erstaunliche Geschichte der Seidels als Schriftsteller-Familie wird erzählt von Christian Ferber, Die Seidels. Geschichte einer bürgerlichen Familie 1811-1977, Frankfurt/M. 1982. Hinter dem Autoren-Pseudonym verbirgt sich der Sohn von Heinrich Wolfgang und Ina Seidel.
7. Vgl. dazu das Kapitel über Wilhelm II und das späte Gottesgnadentum in: Wilfried von Bredow/Thomas Noetzel, Luftbrücken. Politische Theorie für das 19. Jahrhundert – Zweiter Teil, Münster 1993, S. 153-164.
8. Ein Beispiel: Gottfried Eisermann, Die Lehre von der Gesellschaft. Ein Lehrbuch der Soziologie, Stuttgart 1958, das Kapitel über Agrarsoziologie stammt dort von J. Allan Beegle.
9. Vgl. Wilfried von Bredow, Hans-Friedrich Foltin, Zwiespältige Zufluchten. Zur Renaissance des Heimatgefühls, Bonn 1981.

8.
Erlösung im Gesamtkunstwerk: Wagners politische Ästhetik

1. W. W., Das arische Mysterium in Bayreuth, Rheinisch-Westfälische Zeitung vom 1. 8. 1911, zit. nach: Susanna Großmann-Vendrey, Bayreuth in der deutschen Presse. Beiträge zur Rezeptionsgeschichte Richard Wagners und seiner Festspiele, Dokumentenband 3,2. Von der Ära

Siegfried Wagners bis ins Dritte Reich (1908-1944), Regensburg 1983, S. 60f.

2. Allerdings ist die weitverbreitete völkische Lesart Wagners, in der er zu einer Art Protofaschist gemacht wird und sein Antisemitismus als nationalsozialistisches Textbuch gilt, zu einfach. Zwar existiert eine solche Traditionslinie, aber Wagners Wirkung geht darüber hinaus. Und diese anderen Aspekte sollen uns im weiteren stärker beschäftigen. Die »nationale« und »völkische« Rezeption des Nationalsozialismus wendet sich dann auch konsequent bestimmten Teilen des Werks zu, etwa den »Meistersingern«. Diese Oper einer Volksbefreiung steigt dann in der DDR zum Exempel der partiellen »Fortschrittlichkeit« Wagners auf. Dazu: Dietrich Mack (Hg), Richard Wagner – Das Betroffensein der Nachwelt. Beiträge zur Wirkungsgeschichte, Darmstadt 1984, S. 169, 248.
3. Auf die biographische Unterfütterung dieser Kritik durch Wagners Wahrnehmung seiner musikalischen Erfolglosigkeit und der Dominanz Meyerbeers, Mendelsohns etc. soll hier nur am Rande hingewiesen werden. Aber im Wagnerismus kommt auch immer das Ressentiment der in der Selbstwahrnehmung Zu-Kurz-Gekommenen, der Betrogenen und Bedrohten zum Ausdruck.
4. Richard Wagner, Wie verhalten sich republikanische Bestrebungen dem Königtum gegenüber? (1848), in: Ders., Mein Denken. Eine Auswahl der Schriften, herausgegeben von Martin Gregor-Dellin, München 1982, S.78. Der »Ring der Nibelungen« liest sich dann auch wie der pessimistische (schopenhauersche) Kommentar zur Herrschaft des Geldes und den Chancen ihrer Überwindung.
5. Ders., Der Mensch und die bestehende Gesellschaft (1849), a. a. O., S. 91.
6. Ebd.
7. Ebd., S. 92, 93.
8. Ders., Das Kunstwerk der Zukunft (1849), a. a. O., S. 126f.
9. Ebd., S. 130f.
10. Ders., Die Kunst und die Revolution (1849), a. a. O., S. 104.
11. Eines der pathologischen Symptome ist für ihn die Auflösung der Oper in einzelne »Nummern«. Die Wirkung des Ganzen wird für den Erfolg von einigen »Gassenhauern« geopfert.
12. Wagner, Das Kunstwerk der Zukunft, a. a. O., S. 144.
13. Ders., Das Judentum in der Musik (1850): »Noch einen Juden haben wir zu nennen, der unter uns als Schriftsteller auftrat. Aus seiner Sonderstellung als Jude trat er Erlösung suchend unter uns: er fand sie nicht und mußte sich bewußt werden, daß er sie nur mit auch unsrer Erlösung zu wahrhaften Menschen finden können würde. Gemeinschaftlich mit uns Mensch werden, heißt für den Juden aber zu allernächst soviel als aufhören, Jude zu sein. Börne hatte dies erfüllt. Aber gerade Börne lehrt auch, wie diese Erlösung nicht in Behagen und gleichgültig kalter Bequemlichkeit erreicht werden kann, sondern daß sie, wie uns, Schweiß, Not, Ängste und Fülle

des Leidens und Schmerzes kostet. Nehmt rücksichtslos an diesem, durch Selbstvernichtung wiedergebärenden Erlösungswerkes teil, so sind wir einig und ununterschieden! Aber bedenkt, daß nur eines eure Erlösung von dem auf euch lastenden Fluche sein kann: die Erlösung Ahasvers, – der Untergang!« (a. a. O., S. 190).

14. Ders., Über das Weibliche im Menschlichen (1883).
15. Ders., Das Kunstwerk der Zukunft, a. a. O., S. 156f.
16. Zit. nach Hans Mayer, Richard Wagner, 23. Aufl. Reinbek 1992, S. 107.
17. Wilfried Schüler, Der Bayreuther Kreis von seiner Entstehung bis zum Ausgang der Wilhelminischen Ära. Wagner und Kulturreform im Geiste völkischer Weltanschauung, Münster 1971.
18. Ebd., S. 53.
19. Houston Stewart Chamberlain, Lebenswege meines Denkens, München 1919, S. 243.
20. Paul Bekker, Baireuther Glossen, in: Kölnische Zeitung 30. 8. 1909, zit. nach Großmann-Vendrey, Bd. 3,2, S. 37.

9.
Sozialpolitik mittels Totmachen: Eugenik

1. Wilhelm Schallmeyer, Vererbung und Auslese. Grundriß der Gesellschaftsbiologie und der Lehre vom Rassedienst, 4. Auflage Jena 1920 (1. Auflage Jena 1903 unter dem Titel: Vererbung und Auslese im Lebenslauf der Völker. Eine staatswissenschaftliche Studie auf Grund der neueren Biologie).
2. Ebd., Titelblatt
3. Abgebildet in: Peter Weingart/ Jürgen Kroll/ Kurt Bayertz, Rasse, Blut und Gene Geschichte der Eugenik und Rassenhygiene in Deutschland, Frankfurt/M. 1988, S. 211.
4. Zitiert nach Hedwig Conrad-Martius, Utopien der Menschenzüchtung. Der Sozialdarwinismus und seine Folgen, München 1955, S. 224.
5. Nachweise in Wilfried von Bredow/Thomas Noetzel, Lehren des Abgrunds. Politische Theorie für das 19. Jahrhundert, 1. Teil, Münster 1991.
6. Kurt Hildebrandt, Norm und Entartung des Menschen, Dresden 1920, S. 242.
7. Ebd., 242f.
8. Vgl. Nietzsches »Götzendämmerung« (etwa Abschnitt 3, 4, 14) wo zwar die »›Verbesserer‹ der Menscheit« (Hervorh. im Orig.) vehement kritisiert werden, aber gerade deshalb, weil in den herkömmlichen moralischen Szenarien die Idee der Züchtung denaturiert.
9. Alexander Tille, Darwin und Nietzsche, ein Buch Entwicklungsethik, Leipzig 1895, S. 120.
10. Psychische Krankheiten sind in diesem Denken immer Gehirnkrankheiten.
11. Weingart u. a., Rasse, Blut und Gene, S. 94, 97f.
12. Fritz Lenz, Die soziologische Bedeutung der Selektion, in: Gerhard

Heberer/ Franz Schwanitz, Hundert Jahre Evolutionsforschung. Das wissenschaftliche Vermächtnis Charles Darwins, Stuttgart 1960, S. 394.

13. Hildebrandt, Entartung, S. 78.
14. Ebd., S. 257.
15. Karl Kautsky, Vermehrung und Entwicklung in Natur und Gesellschaft, Stuttgart 1910, S. 180.
16. Ebd., S. 179. Wie die Dienstmädchen dem alten Adel genetisch auf die Sprünge halfen.
17. Ebd., S. 261.
18. Ebd., S. 267f.
19. Alfred Ploetz, Grundlinien der Rassenhygiene. I. Theil: Die Tüchtigkeit unserer Rasse und der Schutz der Schwachen, Ein Versuch über Rasenhygiene und ihr Verhältnis zu den humanen Idealen, besonders zum Socialismus, Berlin 1895, S. 144.

10.
Nation als Bürgerkrieg: Der Fall Dreyfus

1. Richard Sennett, Verfall und Ende des öffentlichen Lebens. Die Tyrannei der Intimität, Frankfurt/M. 1983, S. 282.
2. Vgl. das Kapitel zu Joly in: Wilfried von Bredow/Thomas Noetzel, Lehren des Abgrunds. Politische Theorie für das 19. Jahrhundert – Erster Teil, Münster 1991, S. 235-248.
3. Vgl. das Kapitel »Ausgrenzung nach Integration« in: Wilfried von Bredow/Thomas Noetzel, Luftbrücken. Politische Theorie für das 19. Jahrhundert – Zweiter Teil, Münster 1993, S. 279-290.
4. Vgl. hierzu: Thomas Noetzel, Die Faszination des Verrats. Eine Studie über Dekadenz im Ost-West-Konflikt, Hamburg 1990.
5 Jean-Denis Bredin, The Affair. The Case of Alfred Dreyfus, New York 1987, S. 64.
6. *Bordereau = Détail des pièces d'un dossier*, sagt der Larousse.
7. Insgesamt gesehen, bleibt die Rolle des Deutschen Reichs und seiner Repräsentanten in der ganzen Affäre nebensächlich. Vgl. über diesen Aspekt: Ernst-Otto Czempiel, Das deutsche Dreyfus-Geheimnis. Eine Studie über den Einfluß des monarchischen Regierungssystems auf die Frankreichpolitik des Wilhelminischen Reiches, München 1966.
8. Zit. nach: Siegfried Thalheimer (Hg.), Die Affäre Dreyfus, München 1986, 26.-33. Ts., S. 165.
9. Vgl. Kai-Ulrich Hartwich, Hundert Jahre danach... Die Rezeption des Centenaire der Dreyfus-Affäre in Frankreich, in: J. H. Schoeps, H. Simon (Hg.), Dreyfus und die Folgen, Berlin 1995, S. 171-204.
10. S. Thalheimer, a.a.O., S. 24.
11. J.-D. Bredin, a.a.O., S. 506 beschreibt den »Verräter Esterhazy« als Abenteurer, Erpresser, Verführer und Verrückten.

12. J.-D. Bredin, a.a.O., S. 516.
13. Theodore Zeldin, France 1848-1945, vol 1: Ambition, Love, and Politics, Oxford 1973, S. 681.
14. Wolf Lepenies, Die drei Kulturen. Soziologie zwischen Literatur und Wissenschaft, München 1985, S. 85.
15. Richard Sennett, a.a.O., S. 275; dort auch das folgende Drumont-Zitat.

11. Front/Kampf/Mythos: Der Krieg produziert Zombies

1. Marc Ferro, Der Große Krieg 1914-1918, Frankfurt/M. 1988, S. 11.
2. Zur Kriegsbegeisterung in Deutschland vgl. u.a.: August 1914: Ein Volk zieht in den Krieg, hg. v.d. Berliner Geschichtswerkstatt, Berlin 1989. Es gab einige wenige Individuen, die sich dem Sog dieser Kriegsbegeisterung widersetzten, z.B. Hans Henny Jahnn oder Georg Friedrich Nicolai – letzterer ist heute fast ganz vergessen, verdiente indes, erinnert zu werden, wozu helfen kann: Wolf Zuelzer, Der Fall Nicolai, Frankfurt/M. 1981.
3. Ernst Jünger, Ansprache zu Verdun, in: ders., Sämtliche Werke, Bd. 7: Essays I – Betrachtungen zur Zeit, Stuttgart 1980, S. 529-533.
4. Ein paar Anmerkungen, aus nachdrücklich-linker Perspektive, aus dem folgenden Band sind aufschlußreich: Eckhardt Momber, 's ist Krieg! s'ist Krieg! Versuch zur deutschen Literatur über den Krieg 1914-1933, Berlin 1981, S. 94 ff.
5. Céleste Albarat, Monsieur Proust. Aufgezeichnet von Georges Belmont, München 1982, 2. Aufl. dieser Ausgabe, S. 36.
6. Marc Ferro, a.a.O., S. 24.
7. Alfred Walter Heymel, Eine Sehnsucht aus der Zeit, zit. aus der Anthologie: Die Dichter und der Krieg. Deutsche Lyrik 1914-1918, hg. v. Thomas Anz u. Joseph Vogl, München 1982, S. 11.
8. Zit nach Marc Ferro, a.a.O., S. 12.
9. Modris Eksteins, Tanz über Gräbern. Die Geburt der Moderne und der Erste Weltkrieg, Reinbek 1990, S. 142 f.
10. Heinz Gollwitzer,, 'Für welchen Weltgedanken kämpfen wir?' Bemerkungen zur Dialektik zwischen Identitäts- und Expansionsideologien in der deutschen Geschichte, in: K. Hildebrand, R. Pommerin (Hg.), Deutsche Frage und europäisches Gleichgewicht. Festschrift für Andreas Hillgruber zum 60. Geburtstag, Köln und Wien 1985, S. 84.
11. Heinz Gollwitzer, a.a.O., S. 99.
12. Heinz Gollwitzer, a.a.O., S. 101.
13. Ernst Lissauer, Haßgesang gegen England, zit. aus: Ernst Johann (Hg.), Innenansicht eines Krieges. Deutsche Dokumente 1914-1918, München 1973, S. 35 f.
14. Diese Sätze stammen aus der Einleitung der Broschüre: Feldzugsbriefe

eines Pastors im Waffenrock. Willi Schüßler, Breslau 1916, 3. Aufl., S. 5 – die folgenden Passagen sind, ohne weitere Angaben von Seitenzahlen, aus dieser 56 Seiten umfassenden Broschüre zitiert.

15. Ernst Jünger, Der Kampf als inneres Erlebnis, Berlin 1938, 7. Aufl., S. XIf. – bei den folgenden Zitaten aus dieser Schrift wird dahinter im Text jeweils die Seitenzahl vermerkt.

16. Bernd Hüppauf, Schlachtenmythen und die Konstruktion des ›Neuen Menschen‹, in: G. Hirschfeld, G. Krumeich, I. Renz (Hg.), Keiner fühlt sich hier mehr als Mensch... Erlebnis und Wirkung des Ersten Weltkriegs, Essen 1963, S. 64 f.

17. Daß Gemeinschaft unter den Kriegs- und Kampfbedingungen des Grabenkrieges solche Regression erzwingt, das Kleinhäckseln des Individuellen, damit der so gewonnene menschliche Preßspan um so leichter in die Schablonen des »neuen Menschen« paßt, läßt sich allen Zeugnissen vom Kampf in diesem Krieg, gleichviel ob literarisch überhöht oder kunstlos autobiographisch, entnehmen. Vgl. z. B. die Beobachtung Arnold Zweigs aus seinem Roman »Erziehung vor Verdun« (Berlin 1951, S. 407): »Denn der Soldat in einem langen Kriege, so männlich er sich auch gibt, findet in allen wichtigen Funktionen auf eine Kinderstufe zurück. Er ißt nicht mehr mit Messer und Gabel, sondern löffelt seinen Brei. Er geht nicht mehr allein zu Stuhle, sondern setzt sich wie in der Kinderstube gesellig auf die Latrine.« Und so fort. Freilich werden ja Kultur und Zivilisation nicht »verlernt«, nur in den Hintergrund geschoben. Darüber hätten wir gern etwas gelesen bei Klaus Theweleit, Männerphantasien, Bd. 1, Frankfurt/M. 1977.

18. »Touched by grotesque death, they discovered to their horror that they had become the grotesque.« Robert Weldon Whalen, Bitter Wounds. German Victims of the Great War, 1914-1939, Ithaca und London 1984, S. 47.

19. Spruch meiner Amme (W.v.B.)

20. Samuel Hynes, A War Imagined. The First World War and English Culture, London 1990, S. 434. Vgl. auch als Sammelband mit vielen informativen Beiträgen: Klaus Vondung (Hg.), Kriegserlebnis. Der Erste Weltkrieg in der literarischen Gestaltung und symbolischen Deutung der Nationen, Göttingen 1980.

21. Vgl. zu dem Aspekt Massentötung im modernen Krieg: Daniel Pick, War Machine. The Rationalisation of Slaughter in the Modern Age, New Haven und London 1993, besonders die Kapitel 11-14.

12.
Jugendweihe: Erziehung zum Tod

1. Walter Flex, Wanderer zwischen beiden Welten. Ein Kriegserlebnis (1916), hier zitiert nach Ders., Gesammelte Werke in zwei Bänden, München 1925, S. 76.
2. Justus H. Ulbricht, Der Mythos vom Heldentod – Entstehung und Wirkung von Walter Flex »Wanderer zwischen beiden Welten«, in: Jahrbuch des Archivs der Deutschen Jugendbewegung, 16/ 1986-1987, Burg Ludwigstein, S. 113, 125.
3. Zitiert aus der »Freideutschen Jugend« 5 (1919), H. 10, nach Winfried Mogge, Wandervogel, Freideutsche Jugend und Bünde – Zum Jugendbild der bürgerlichen Jugendbewegung, in: Thomas Koebner/ Rolf-Peter Janz/ Frank Trommler (Hg), »Mit uns zieht die neue Zeit« – Der Mythos Jugend, Frankfurt/M. 1985, S. 187f.
4. Walter Benjamin, Die Jugend Schwieg (1913), in: Ders., Gesammelte Schriften II,1 (Werkausgabe Bd. 4), Frankfurt/M. 1980, S. 67. Alle Hervorhebungen im Original.
5. Zitiert nach ebd., S. 195.
6. Vgl. etwa eine Bemerkung von Rudolf Heß zur ewigen Jugendlichkeit Adolf Hitlers: »Wer einmal wirklich jung war, wird jung bleiben bis in das jahresmäßige Alter hinein.... Wir haben vor uns das beste Beispiel im Führer selbst – im Führer, der doch nun bald fünfzig Jahre werden wird und trotzdem innerlich und geistig immer der Jüngste unter uns ist.« Zitiert nach Joachim Schmitt-Sasse, »Der Führer ist immer der Jüngste«. Nazi-Reden an die deutsche Jugend, in: Koebner u. a. (Hg.), Mythos Jugend, S. 143.
7. Flex, Wanderer, S. 71.
8. Einem subversiven Gedanken auf der Spur war Nicolaus Sombart, Die deutschen Männer und ihre Feinde. Carl Schmitt – ein deutsches Schicksal zwischen Männerbund und Matriarchatsmythos, München 1991, aber er hat seine Spur rasch verloren, weil er sich von allen möglichen Boudoir-Gerüchen ablenken ließ.
9. Hier folgen wir Gert Sautermeister, Vom Werther zum Wanderer zwischen den Welten. Über die metaphysische Obdachlosigkeit bürgerlicher Jugend, in: Koebner et. al. (Hg), Mythos Jugend, S. 438-478.
10. Flex, Wanderer, S. 84.
11. Ders., Gesammelte Werke, Bd. 1, S. 214.
12. Ders., Wanderer, S. 91.
13. Ebd., S. 134f.
14. Ebd., S. 143.
15. Ulbricht, Heldentod, S. 153.
16. Flex, Gesammelte Werke, Bd. 1, S. 255f.

13.
Das (vorläufig) Fremdeste: Terrestrischer Exotismus

1. Eine frühere Fassung dieses Kapitels erschien in: Universitas, H. 1/1996.
2. Nichts gegen einzuwenden, bei ordentlichen Zähnen.
3. Stefan Goldmann, Wilde in Europa, in: Thomas Theye (Hg.), Wir und die Wilden, Reinbek 1985, S. 248.
4. Enno Kaufhold, Bilder des Übergangs. Zur Mediengeschichte von Fotografie und Malerei in Deutschland um 1900, Marburg 1986, S. 9 (die plattnasige Schreibweise, das ph in Fremdwörtern durch ein f zu ersetzen, mögen wir wenig, aber Zitat ist Zitat...); vgl. auch: Gisèle Freund, Photography and Society, Boston, Mass. 1986, bes. S. 83-100; Markus Schindlbeck (Hg.), Die ethnographische Linse. Photographien aus dem Museum für Völkerkunde Berlin, Berlin 1989.
5. Victor Segalen, Die Ästhetik des Diversen. Versuch über den Exotismus – Aufzeichnungen, Frankfurt/M. 1983; Victor Segalen, Aufbruch in das Land der Wirklichkeit, Frankfurt/M. 1984, S. 122.
6. Segalen, Ästhetik des Diversen, a.a.O., S. 111 f.
7. Segalen, Ästhetik des Diversen, a.a.O., S. 44.
8. Segalen, Ästhetik des Diversen, a.a.O., S. 55.
9. Segalen, Aufbruch, a.a.O., S. 123.
10. In der Ethnologie schlägt man sich mit dem Problem von Imagination und Erfahrung bis heute herum – vgl. den sehr anschaulichen Bericht von Clifford Geertz, After the Fact. Two Countries, Four Decades, One Anthropologist, Cambridge, Mass. 1995, z. B. S. 2: »What we can construct, if we keep notes and survive, are hindsight accounts of the connectedness of things that seem to have happened; pieced-together patternings, after the fact.«
11. Jan Romein, Das Jahrhundert Asiens, Bern 1958, S. 54 – man beachte die Semantik.
12. Vgl. D.K. Fieldhouse, Die Kolonialreiche seit dem 18. Jahrhundert, Frankfurt/M. 1965, S. 202.
13. Vgl. Wilfried von Bredow/Thomas Noetzel, Lehren des Abgrunds. Politische Theorie für das 19. Jahrhundert – Erster Teil, Münster 1991, S. 184 ff.
14. Bronislaw Malinowski, Ein Tagebuch im strikten Sinn des Wortes. Neuguinea 1914-1918, Frankfurt/M. 1986; Näheres dazu: Wilfried von Bredow/Thomas Noetzel, Befreite Sexualität? Streifzüge durch die Sittengeschichte seit der Aufklärung, Hamburg 1990, S. 87ff. (für den blöden Titel unseres Buches sind wir am wenigsten verantwortlich).
15. Paul Valéry, Cahiers/Hefte, Bd. 3, Frankfurt/M. 1989, S. 144.
16. Segalen, Aufbruch, a.a.O., S. 123, beschreibt dieses Siegel so: »Zwei Tiere, die sich Maul an Maul gegenüberstehen und sich ein Geldstück aus einer unleserlichen Regierungszeit streitig machen. Das linke Tier ist ein

schäumender Drachen, der aber nicht von dekadenten chinesischen Spiralen umgeben ist, sondern mit seinen kurzen Flügeln und seinem gesamten Schuppenkleid bis hin zu den Krallen vibriert: das ist das Imaginäre mit seiner diskreten Art. – Das rechte Tier ist ein langer, geschmeidiger Tiger, muskulös, straff und kräftig gebaut, mit stark ausgeprägter Sexualität: die stets selbstsichere Wirklichkeit.« Man sieht schon: daß man sich nicht an die Auflösung dieser Alternative machen soll.

17. Jürgen Osterhammel, China und die Weltgesellschaft. Vom 18. Jahrhundert bis in unsere Zeit, München 1989, S. 3.
18. Victor Segalen, René Leys, Frankfurt/M. 1982; im folgenden wird bei wörtlichen Zitaten aus diesem Text die Seitenzahl dieser Ausgabe in Klammern direkt hinter der zitierten Passage angeführt.
19. Vgl. Hugh Trevor-Roper, Hermit of Peking. The Hidden Life of Sir Edmund Backhouse, New York 1977.
20. Das Schicksal oder seine Repräsentanten lieben das Aufdecken von Fälschungen, aber nicht so sehr den, der diese Arbeit verrichtet. Hugh Trevor-Roper wurde später für die Enthüllungen über Backhouse kurios bestraft. Er gehörte nämlich zu den Experten, welche die Illustrierte »stern« aufbot, um einer staunenden Öffentlichkeit in den achtziger Jahren die ›echten‹ Tagebücher Hitlers zu präsentieren, und die ziemlich blamiert dastanden, als herauskam, daß sie nichts als Fälschungen waren.

14.
Innen-Ausbau: Freuds Säuberung der Seele

1. Vgl. Wolfgang Blankenburg, Zur Subjektivität des Subjekts aus psychopathologischer Sicht. in: Herta Nagl-Docekal/ Helmuth Vetter (Hg), Tod des Subjekts?, Wien 1987, S. 164 - 190
2. Albrecht HirschmÅller, Freuds Begegnung mit der Psychiatrie. Von der Hirnmythologie zur Neurosenlehre, Tübingen 1991, S. 112
3. Sigmund Freud, Briefe an Wilhelm Fließ 1887-1904, ungekürzte Ausgabe, herausgegeben von Jeffrey Moussaieff Masson, deutsche Fassung von Michael Schröter, Frankfurt/M. 1986, S. 27ff (08. 02. 1893)
4. Ebd., S. 71 (21. 05. 1894)
5. Ebd., S. 32 (08. 02. 1893)
6. Man denke an Wilhelm Fließ und Wilhelm Reich.
7. Freud, Zur Geschichte der psychoanalytischen Bewegung (1914), in: Ders., Selbstdarstellung. Schriften zur Geschichte der Psychoanalyse, Frankfurt/M. 1984, S. 178 und 157.
8. Freud, Briefe an Fließ, S. 31.
9. Ebd., S. 193 (26. 04. 1896).
10. Ebd., S. 196 (04. 05. 1896).
11. Ebd., S. 202 (04. 06. 1896).
12. Ebd., S. 240 (24. 01. 1897).

13. Ebd., S. 289 (03. 10. 1897).
14. Ebd., S. 312 (12. 12. 1897).
15. Ebd., S. 313 (22. 12. 1897).
16. Ebd., S. 440 (22. 02. 1900).
17. Ebd., S. 434, 497 (08. 01. 1900, 07. 10. 1901).
18. Ebd., S. 498 (02. 11. 1901).
19. Ebd., S. 232 (03. 01. 1897).
20. Ebd., S. 430 (21. 12. 1899).
21. Ebd., S. 560, Nachwort Ernst Kris.
22 . Freud, Totem und Tabu. Einige Übereinstimmungen im Seelenleben der Wilden und der Neurotiker (1912-1914), in: Ders., Kulturtheoretische Schriften, Frankfurt/M. 1986, S. 426.

15.
Kampf um Patente: Freuds Wahrheits-Imperium

1. Sigmund Freud, Selbstdarstellung (1924), in: Ders., »Selbstdarstellung« – Schriften zur Geschichte der Psychoanalyse, Einleitung von Ilse Grubrich-Simitis, Frankfurt/M. 1984, S. 46.
2. Sigmund Freud, Briefe an Wilhelm Fließ 1887-1904, Ungekürzte Ausgabe herausgegeben von Jeffrey Moussaieff Masson, Frankfurt/M. 1986, S. 193.
3. Freud, Zur Geschichte der Psychoanalytischen Bewegung (1914), in: Ders., Selbstdarstellung, S. 157.
4. In unseren »Luftbrücken« haben wir an Texten von Marx, Engels, W. Liebknecht die Sicherheit des richtigen Blicks herausgearbeitet. Hinschauen wird zum Beweis der Überlegenheit.
5. Freud, Briefe an Fließ, S. 195.
6. Freud, Selbstdarstellung (1924), S. 77.
7. Vgl. Henry F. Ellenberger, The Discovery of the Unconscious. The History of Dynamic Psychiatry, New Haven 1970.
8. Freud, Geschichte der Psychoanalytischen Bewegung (1914), S. 143.
9. Freud, Briefe an Fließ, S. 286.
10. Ebd., S. 297.
11. Tatsächlich scheitert Gattel mit seinem Versuch der empirischen Bestätigung. Sein Buch wird in den einschlägigen Zeitschriften geradezu vernichtend rezensiert.
12. Vgl. Kuno Mittenzwey, Zur Soziologie der psychoanalytischen Erkenntnis, in: Max Scheler (Hg), Versuche zu einer Soziologie des Wissens (Schriften des Forschungsinstituts für Sozialwissenschaften in Köln, II. Band), München/ Leipzig 1924, S. 365-375.
13. Freud, Geschichte der Psychoanalytischen Bewegung (1914), S. 187, 195.
14. Ders., Selbstdarstellung (1924), S. 80.

15. Ilse Grubrich-Simitis, Zurück zu Freuds Texten. Stumme Dokumente sprechen machen, Frankfurt/M. 1993, S. 265.
16. Ebd., S. 208.
17. Freud, Selbstdarstellung (1924), S. 78.
18. Hanns Sachs, Freud – Meister und Freund (1944), Frankfurt/M. 1982, S. 1f.
19. Ebd., S. 37.
20. Ebd., S. 14.
21. Ebd., S. 66.
22. Ebd., S. 107.

Bilanz

1. Weltanschauungen werden im 20. Jahrhundert zu einer Art immaterieller Personalausweis der Individuen. Was ja auch impliziert, daß man sie erneuern, verlieren, auswechseln kann, alles gegen mäßige Gebühr. Dazu eine hübsche Dialogstelle zwischen zwei Agenten aus feindlichen Lagern in einem bekannten Spionage-Thriller: »›Also, wie denken Sie, was ist Ihre Weltanschauung?‹ – ›Ich glaube, daß ihr alle miteinander Saukerle seid‹... – ›Das ist ein Standpunkt, den ich verstehe. Er ist primitiv, negativ und sehr dumm – aber es ist ein Standpunkt. Er existiert. Aber wie steht es mit den anderen...‹ – ›Das weiß ich nicht. Woher soll ich es denn wissen?‹ – ›Haben Sie mit Ihren Kollegen nie über weltanschauliche Fragen diskutiert?‹ – ›Nein, wir sind keine Deutschen.‹ John Le Carré, Der Spion der aus der Kälte kam, Reinbek 1966, S. 105. Weltanschauungen sind, wie Kindergarten und Butterbrote, zwar Angelegenheiten, die in der politischen Kultur der Deutschen einen herausgehobenen Platz einnehmen mögen; aber es gibt sie auch anderswo. Ehrlich!
2. Wie es ebenfalls die Kehrseite solcher Erschütterungen der weltanschaulichen Identität ist, der Verrat.
3. Robert Musil, Der Mann ohne Eigenschaften, Berlin 1930, S. 952. Der vollständige Satz lautet bei Musil so: »Die Kuppelung von Weltanschauung mit Tätigkeiten, die nur wenig von ihr vertragen, wie die Politik; die allgemeine Sucht, aus jedem Gesichtspunkt gleich einen Standpunkt zu machen und jeden Standpunkt für einen Gesichtspunkt zu halten; das Bedürfnis von Eiferern jeder Abschattung, die eine Erkenntnis, die ihnen zuteil geworden ist, rundum wie in einem Spiegelkabinett zu wiederholen: alle diese so landläufigen Erscheinungen bedeuten nicht, was sie sein möchten, ein Streben nach Humanität, sondern deren Ausfall.« Das könnte auch als Motto über diesem Band stehen.
4. Vgl. David S. Luft, Robert Musil and the Crisis of European Culture 1880-1942, Berkeley, CA 1984.
5. Robert Musil, Der Mann ohne Eigenschaften, a.a.O., S. 20 und 23.
6. Robert Musil, Tagebücher, hg. v. A. Frisé, Reinbek 1983, 2. Aufl., S. 2.

Namensregister

Wilfried v. Bredow · Thomas Noetzel

Lehren des Abgrunds

Politische Theorie für das 19. Jahrhundert. Erster Band

1991. 297 Seiten, gebunden · ISBN 3-89126-041-5

»Geistvoll komponiert und elegant geschrieben. – Ein Lesevergnügen.«
Frankfurter Allgemeine Zeitung

Wilfried v. Bredow · Thomas Noetzel

Luftbrücken

Politische Theorie für das 19. Jahrhundert. Zweiter Band

1993. 216 Seiten, gebunden · ISBN 3-89126-048-2

»Ein sprühendes Feuerwerk höchst unorthodoxer Gedanken. Die Fülle von quergedachten Assoziationen führt praktisch auf jeder Seite zu überraschenden Einsichten.« *Das Historisch-Politische Buch*

»Ein buntes tableau präsentiert diese Geschichte des 19. Jahrhunderts, die zum Schmökern einlädt.« *Süddeutsche Zeitung*

David Frisby

Fragmente der Moderne

Georg Simmel – Siegfried Kracauer – Walter Benjamin

1991. 316 Seiten, gebunden · ISBN 3-89126-028-8

»Ein rundum gelungenes, materialreiches Buch, an dem künftig niemand mehr vorbeikommen wird, der sich mit der Theorie der Moderne eingehender befassen möchte.« *Neue politische Literatur*